大学生心理健康教育

主　编　刘　娟　刘　燕
副主编　李曼曼　陶　醉
参　编　张庆华　柏　丹
　　　　孙舒凡　张若熙

南京大学出版社

图书在版编目(CIP)数据

大学生心理健康教育/刘娟,刘燕主编. —南京:
南京大学出版社,2020.6(2024.8重印)
ISBN 978-7-305-23437-8

Ⅰ.①大… Ⅱ.①刘… ②刘… Ⅲ.①大学生—心理
健康—健康教育—高等职业教育—教材 Ⅳ.①G444

中国版本图书馆 CIP 数据核字(2020)第 099521 号

出版发行 南京大学出版社
社　　址　南京市汉口路 22 号　　　　邮　　编　210093
书　　名　**大学生心理健康教育**
　　　　　DAXUESHENG XINLI JIANKANG JIAOYU
主　　编　刘　娟　刘　燕
责任编辑　丁　群　　　　　　　　编辑热线　025-83597482
照　　排　南京开卷文化传媒有限公司
印　　刷　南京玉河印刷厂
开　　本　787 mm×1092 mm　1/16　印张 17.5　字数 404 千
版　　次　2020 年 6 月第 1 版　2024 年 8 月第 5 次印刷
ISBN　978-7-305-23437-8
定　　价　46.80 元

网　　址:http://www.njupco.com
官方微博:http://weibo.com/njupco
微信服务号:NJUyuexue
销售咨询热线:(025)83594756

Foreword 前言

　　曾任世界卫生组织总干事的马勒博士说过:"有了健康并不等于有了一切,但没有健康就等于没有了一切。"健康不仅是生理健康,更重要的是心理健康。经过高考的洗礼、承受着沉重的学业负担和激烈的竞争压力的大学生,他们的心理健康问题尤其值得关注。在社会转型期的急剧变迁中,高昂的成长成本、自我实现的高期望值、情感的各种困惑等多种因素,致使心理承受力较弱的大学生,普遍存在着不同程度的心理问题。一些同学进入大学后,很快就感受到"理想的大学"与"现实的大学"间的巨大落差,这个落差给很多同学带来了人生目标的失落、自我发展的迷茫、人际交往的困惑、情绪情感的烦恼。有的同学及时改变自己,积极应对大学生活;有的同学选择了逃避,逃避的最终结果是不能正常地学习和生活,从而导致大学校园里各种心理问题频发。

　　进入大学后,大学生需要疏通调解成长过程中累积下来的心理困惑,获得心灵的成长与自由,也需要在大学阶段找到今后人生的目标与方向,给自己的未来定下一个蓝图。为此,我们特别邀请长期工作在大学生心理健康教育一线的教师编写了本书,旨在向大学生普及心理健康知识,提升其心理健康教育的自觉意识,使之尽快适应大学生活,有效地解决他们成长中遇到的各种问题,避免因适应不良而引发心理障碍,同时提高其心理健康水平,促进身心健康、和谐、全面发展。

　　与以往的心理健康教育教材相比,本书具有以下特点:

　　1. 系统性与针对性相结合。本书紧密结合大学生思想与心理实际,精选10

讲内容,涵盖大学生生活的主要方面和领域,保证教材内容的系统性。其中,根据大学生的心理特点,有针对性地选取了一些案例和典故,帮助大学生树立心理健康意识,优化心理品质,增强心理调适能力和社会生活的适应能力,预防和缓解心理问题。10个主题相互依存又相对独立,构建符合大学生特点的课程教育体系。

2. 知识性与趣味性相结合。本书10讲均以"案例导入—心理知识—心理自测—互动训练—拓展资源"的模式展开,让学生在生动的事例引导下,学习心理知识。"拓展资源"则让学生通过相关的心理网站、心理影片、心理书籍加深对心理知识的理解,强化自身心理健康水平。

3. 理论性与操作性相结合。本书体例中既有"心理知识"这样的理论学习,又有"心理自测""互动训练"的操作过程。不仅便于大学生确立正确的自我意识,而且可以促进理论知识转化为个人心理素质,提高心理健康水平和挫折应对能力。

参加本书编写的主要人员有刘娟(第一章)、刘燕(第二章、第三章、第九章)、陶醉(第四章)、张若熙(第五章)、孙舒凡(第六章)、李曼曼(第七章)、张庆华(第八章)、柏丹(第十章)。最后由刘娟、刘燕统稿。

本书在编写过程中参考了大量相关文献和国内外心理健康的最新研究成果,在此,向这些作者和研究者诚表谢意。由于编者水平和能力有限,书中缺点和错误在所难免,敬请读者批评、指正。

本书编者

2020 年 4 月

Contents 目录

第一章

心理健康　终身受益

案例导读

谁能理解我

某男,21岁,大一新生。从小就是老师、父母、长辈眼中的好学生。到了大学,表现积极,在班级担任班委。在学院举办的才艺展示中崭露头角,后被学院推荐参加学校剧社、合唱团等组织。周六、周日,他联系了一个家教辅导,可学校社团活动也很多。他觉得只要别人找到他,他就要好好表现,争取做到最好。虽然有时候也觉得自己忙不过来,但是有活动邀请,还是接受了。近期该同学感觉压力很大,很多事都不像以前那么有效率了,经常心慌紧张、食欲不振、失眠,近一个多月变得易怒,他感觉自己都越来越不理解自己了。

资料来源:纪美静,梁雪莲,王蕊.一例大学生一般心理问题的案例分析报告[J].新一代:理论版,2012.

想一想:

(1) 我们该怎样理解这位大学生的心情?

(2) 是什么给了他这样的压力和烦恼?

本章概要

1. 心理健康的意义;

2. 心理健康的概念及标准;

3. 大学生常见的心理困扰和影响因素;

4. 大学生健康心理的维护。

当今社会,经济迅速发展,生活节奏加快,各方面压力也越来越大。处于这一特殊时期的大学生心理健康问题已引起人们越来越多的关注。在这些问题中,有一些属于成长中的问题,如适应不良、自卑、人际交往不好、抗挫折能力低等;也有的问题较严重,如人格障碍、神经症及各类精神疾病。面对学习、人际交往、情感和就业等各方面的问题,大学生需要进一步提高心理健康素质,增强自我调节能力,这对于实现成人、成才、成功的人生目标,无疑具有非常重要的意义。通过本章的学习,学生能理解心理健康的意义、概念,了解大学生心理发展特点、常见心理困扰的表现及影响因素,掌握大学生心理健康的标准,树立正确的心理健康观,学会维护自身的心理健康。

第一节　现代健康新概念

心香一瓣

世界上最宽阔的是海洋,比海洋更宽阔的是天空,比天空更宽阔的是人的心灵。

——雨果

大学生涯对每一位大学生来说,都是一段无法割舍的人生体验。在这里,不管他们愿意与否,都要开始独立地面对真实的生活,自主地解决自己的人生难题。但是,当他们以极大的热情去直面生活、实现自己的理想之时,会发现生活之舟是那么的复杂,有时甚至是那么的难以驾驭。在痛苦的反思之后,有的人开始调整目标、重塑生活,以积极的心态去迎接新的生活;有的人则选择了逃避与自暴自弃,以消极的心理与行为去对抗生活。积极的接纳与奋进是美好人生的起点,而消极的对抗则有可能一事无成。因此,在大学阶段,树立良好的心理健康观关系着每一位学子的成长。

一、什么是健康

对于这个早已为人熟悉的话题,有人会很不屑地说:身体没病就是健康;有人又说:不吃药、不打针就是健康……事实上,健康是一个综合的、历史性概念。在不同的历史发展阶段,人类对健康的认识和要求,与物质生产、科学技术、社会结构等变化密切相关。

在人类社会发展早期,人类忙于与自然搏斗,此时的健康等同于生命,失去健康等于失去生命。后来,人们为了寻求更长的生长期,想消除疾病,患病了求医问药,认为延年益寿是医生天职。20世纪初,《简明不列颠百科全书》对健康下的定义为"没有疾病和营养不良以及虚弱状态",这类定义主要是将健康局限于身体或生理的范围。

20世纪中叶,人类对健康的认识不断更新。1948年,世界卫生组织(WHO)在成立时的宪章中指出:"健康乃是一种身体上、心智上和社会上的完满状态,而不仅仅是没有疾病和虚弱的现象。"WHO对健康的定义,是现代社会对健康概念的全面总结与更新,健康不再仅仅是躯体状况的反映,同时还必须是心理活动正常和社会功能完满的综合体现。这一定义不仅强调个体心理上的安宁,还要求具有良好的社会功能状态。

1978 年 9 月,国际初级卫生保健大会发表了《阿拉木图宣言》,宣言中提出:健康是基本人权,达到尽可能健康水平是世界范围内一项最重要的社会性目标。而健康的目标是追求一种更积极的状态,更高层次的适应与发展,是身心健康、社会幸福的完满状态。如果说身体健康是医学研究的对象,那么心理健康则是心理学研究的领域。

1989 年,世界卫生组织再次指出:健康是身体无疾病不虚弱,心理无障碍,具有良好的人际关系和适应社会生活能力,并进一步指出健康的十大标志:

● 有充沛的精力,能从容不迫地担负日常生活和繁重的工作,而且不感到过分紧张和疲劳。

● 处事乐观,态度积极,事无大小,乐于承担责任。

● 善于休息,睡眠良好。

● 应变能力强,能适应外界环境中的各种变化。

● 能抵制一般性感冒和传染病。

● 体重适当,身材发育匀称,站立时,头、肩、臂的位置协调。

● 眼睛明亮,反应敏捷,眼睛不易发炎。

● 牙齿清洁,无龋齿,不疼痛,牙龈颜色正常,无出血现象。

● 头发有光泽,无头屑。

● 肌肉丰满,皮肤有弹性。

这 10 条准则亦即健康的标准,是就一般情况和普遍情况而言的,但对不同年龄的人还有不同的标准。

随着社会的发展,人们越来越认识到真正的威胁不仅来自躯体的不适,更多来自我们的内心世界:苦闷、焦虑、孤独、恐惧……生活中困扰我们的不仅有物质的匮乏、生理的疾病,还有许多我们无法把握的情绪、欲望和烦恼。确实,人生的不幸和烦恼不请自来,幸福和快乐却要自己去寻找。感受幸福快乐不仅需要物质的满足,更需要健康的身体,需要良好的心理状态。

到了 20 世纪 90 年代,世界卫生组织又将健康的范围定义为:"一个只有在身体健康、心理健康、社会适应良好和道德四个方面都健全的人,才算是完全健康的人。"

可见,健康不仅包括了身体的健康,还包括了心理的健康。所以我们在生活中不仅要关心我们的身体健康,还要关心我们的心理健康。许多科学实验证明:心理状态能够影响疾病的易感性和抵抗力,心理因素和许多影响现代人健康的疾病,如心脏病、癌症、脑溢血、胃及十二指肠溃疡、高血压、偏头痛、糖尿病、哮喘等发病有密切关系。而且,良好的心理状态、卫生习惯、生活方式和行为特征与低死亡率有关。

二、什么是心理健康

心理健康是健康的重要组成部分,心理健康是相对于躯体健康的概念,我们可以将身体健康作为基础,而将心理健康作为核心。

关于什么是心理健康,至今尚没有一个完全统一的概念。世界心理卫生联合会将心理健康定义为:"身体、智力、情绪十分调和;适应环境,人际关系中彼此能谦让;有幸福感;在工作和职业中,能充分发挥自己的能力,过着有效率的生活。"英格利希(English H.B.)提出:"心理健康是一种持续的心理状况,当事者在那种状况下能作良好适应,具有生命的活力,并能充分发展其身心的潜能,这乃是一种积极的丰富的生活,不仅仅是免于心理疾病而已。"《简明不列颠百科全书》认为,心理健康是指个体心理活动在自身环境条件许可范围内所能达到的最佳状态,而不是指一种绝对的十全十美的状态。我国学者王登峰等人认为:"心理健康是个体在良好的生理状态基础上的自我和谐及与外部社会的和谐所表现出的个体的主观幸福感。"

一般认为心理健康有广义和狭义之分。广义的心理健康是指一种高效而满意的、持续的心理状态;狭义的心理健康,指人的基本心理活动的过程内容完整协调一致,即认知、情感、意志、行为、人格完整和协调。基于以上观点,我们认为心理健康是指个体在适应环境的过程中,生理、心理和社会性方面达到协调一致,保持一种良好的心理功能状态。

我们在理解心理健康时要注意以下几个方面的要点:第一,心理健康绝不仅限于没有心理疾病,它还要求个体具有良好的社会适应能力,追求更高的境界和最大的发展趋向。第二,所谓良好的心理功能状态,并不是绝对的,而是相对的。即个体心理在自身和环境条件许可的范围内所能达到的最佳心理功能状态,而不是绝对完美的心理功能状态。人的心理随着环境的变化有相应的改变是正常现象,但这种变化应该是适度的、适时的和良性的反应。第三,心理健康是一个相对的状态,是一个动态的发展过程。相对性包含两层含义:一是个体的心理与大多数人相比,其心理功能是正常的;二是心理健康与心理疾病是心理功能状态这一序列的两极,是一种相对关系,并不是一种非此即彼的关系。

界定一个人心理健康与否,应遵循三条基本原则:

1. 心理活动与客观环境是否具有同一性

一个人的所思所想、所作所为不论在形式上还是内容上是否能与客观环境保持同一。失去同一,即失去平衡,则心理失调,行为异常。例如,青少年儿童富于想象,幻想未来,无疑是正常现象,但若一个儿童整天想入非非,甚至产生幻觉,则是心理异常表现。

2. 心理过程之间是否具有完整性和协调性

即一个人的认知、情感、意志等心理活动是否能保持自身的完整统一,协调一致,保证准确有效地反映客观现实。如果失去这种协调和统一,必然会出现异常心理。例如,当一个人对令人愉快之事却做出冷漠的反应,而对使人痛苦之事却做出欢乐的反应,这是心理异常的表现。

3. 个性心理特征是否具有相对稳定性

即一个人在长期的生活经历中形成的个性心理特征,具有相对稳定性,一般是不易改变的。但是,如果在外部环境没有巨大变化的情况下,一个人的个性出现明显变化,就应考虑到心理活动是否出现异常。例如，一个平常热情活泼的人，突然变得沉默寡言，一反常态。在没有重大的外部环境改变的前提下，人的气质、性格、能力等个性特征是否相对稳定，行为是否表现出一贯性。

根据国内外的研究与实践，人的心理健康水平大致可划分为三个等级：

第一，一般常态心理。表现为心情经常愉快满意，适应能力强，善于与他人相处，能较好地完成同龄人发展水平应做的活动，具有承受挫折、调节情绪的能力。

第二，轻度失调心理。不具有同龄人所应有的愉快满意心境，与他人相处略感困难，独立应对生活工作有些吃力。若能主动调节或请专业人士帮助，可以恢复常态。

第三，严重病态心理。表现为明显的适应失调，长期处于焦虑、痛苦等消极情绪中难以自拔，严重影响正常的生活和工作。如不及时矫治，发展下去会成为精神病患者。

心理健康水平虽然分为不同等级，但心理健康与病态之间的界限难以界定，只是程度不同而已。心理健康状态是动态的，判断其是否健康，主要指近一段时间，既不代表过去，也不代表未来，但与过去、将来有一定联系。

相关链接

心理健康的兴起

20世纪初，美国有一位来自康涅狄格州，就读于耶鲁大学商学院的名叫比尔斯（C.W. Beers）的大学生。比尔斯与他哥哥住在一起，他哥哥患有癫痫（俗称"羊角风"），发作时四肢抽搐，口吐白沫，痛苦万分，这使比尔斯非常害怕。他听说此病有遗传，总是担心自己会像哥哥一样，终日生活在恐惧之中。终于，1900年，他因心理失常被送进精神病院。住院期间，他亲眼看见精神病人所受到的种种粗暴、残酷的待遇和非人的生活，不胜悲愤。同时有感于社会对心理异常者的歧视、偏见、冷漠。病愈出院后，他根据自己3年的亲身经历和体会，用生动的文笔写了一本书——《一颗自我发现的心》（*A Mind That Found Itself*）。1908年3月该书出版时，美国哈佛大学心理学教授威廉·詹姆斯（W.James）给予了高度评价，并为此书作序。康奈尔大学的校长列文斯通·法兰（L.Farrand）等名人也被此书所感动，纷纷支持比尔斯。于是，1908年5月，世界上第一个心理卫生组织"康涅狄格州心理卫生委员会"诞生了。1909年2月，在比尔斯等人的积极努力下，"美国全国心理卫生委员会"在纽约成立。此后，心理卫生运动不仅在美国发展迅速，而且扩展到世界各国。1930年，"第一届国际心理卫生的大会"在华盛顿召开，到会3042人，代表53个国家和地区，会上成立了一个永久性的"国际心理卫生委员会"，它的宗旨是"完全从事慈善的、科学的、文化的、教育的活动。尤其关于世界各国人民的心理健康的保持和增进，心理疾病、心理缺陷等的研究、治疗与预防，以及全体人类幸福的增进。"

资料来源：周蓓,周红玲.大学生心理健康案例教程[M].北京:人民邮电出版社,2009.

三、心理健康标准

心理健康标准是心理健康概念的具体阐述,也是心理健康教育领域中一个十分重要的基本理论问题。目前,国内外许多学者对心理健康标准进行了探讨,但各家各派观点不一,没有形成共识。

(一) 当代中国关于心理健康标准的观点

我国学者王登峰、张伯源在《大学生心理卫生与咨询》一书中,提出 8 条心理健康的指标:了解自我,悦纳自我;接受他人,善与人处;正视现实,接受现实;热爱生活,乐于工作;能协调与控制情绪,心境良好;人格完整和谐;智力正常,智商在 80 分以上;心理行为符合年龄特征。

颜世富博士在《心理健康与成功人生》一书中,认为心理健康应当包括以下 12 个方面的内容:智力正常;有安全感;情绪稳定,心情愉快;意志健全;对自己有充分的了解,并做出恰当的评价;适应能力强;能够面对现实,乐于工作、学习、社交;人际关系和谐;人格完整和谐;睡眠正常;生活习惯良好;心理和行为与年龄相符合。

台湾地区黄坚厚教授在《青年的心理健康》一书中,认为心理健康有 4 条标准:第一,心理健康者有工作,而且能够把本身的智慧和能力从其工作中发挥出来,以获取成就,他乐于工作,能够从工作中得到满足。第二,心理健康者有朋友,他乐于与人交往,能和他人建立良好的关系,而且在与人相处时,正面的态度(如尊敬、信任、喜悦等)常多于反面的态度(如仇恨、嫉妒、怀疑、畏惧、憎恶等)。第三,心理健康的人对于他本身应有适当的了解,并进而能悦纳自己,他愿意努力发展其身心的潜能,对于无法补救的缺陷,也能安然接受,而不做无谓的抱怨。第四,心理健康者能和现实环境保持良好的接触,对环境能做出正确的、客观的观察,并能够做健全的、有效的适应,他对生活中各项问题能以切实的方法处理,而不企图逃避。心理健康者未必都能够解决碰到的一切问题,但采取的方法总是积极的,适应方式是成熟健全的。

(二) 当代西方关于心理健康标准的观点

弗洛姆(Fromm,E.)也许是最早对"健康人格"做研究的心理学家之一。在 20 世纪 40 年代,他率先提出社会性格(Social Character)理论,将社会性格分为健康社会性格(生产性倾向)与病态社会性格(非生产性倾向)两大类。以自信、独立自主、现实、完整、自发、爱和创造,以给予和分享为乐,对生活热爱和敬重,脱离幻想,认识自我,不贪婪,不想入非非,不崇拜偶像,有能力克服自卑,不骗人,也不受骗,不幼稚,沉着稳重,无论命运如何,在生命过程中都要以轻松愉快为主要特征的生产性人格,便是后来许多"健康人格"的原型描述。他的以《爱的艺术》为代表的一系列著作,奠定了"健康心理学"的理论基础。

美国心理学家奥尔波特(ALlpon,G.W.)提出 6 个标准:力争自我的成长;能客观地看待自己;有与他人建立亲睦关系的能力;人生所需的能力、知识和技能的获得;具有同情心,对生命充满爱。

美国学者库姆斯(Combs,A.W.)认为,一个心理健康、人格健全的人应有4种特征:第一,具有积极的自我观念。能悦纳自己,也能为他人所悦纳;能体验到自己的存在价值,能面对并处理好日常生活中遇到的各种挑战;虽然有时也可能会觉得不顺意,也并非总为他人所喜爱,但是,肯定的、积极的自我观念总是占优势。第二,恰当地认同他人。能认可别人的存在和重要性,既能认同别人而又不依赖或强求别人,能体验自己在许多方面与大家是相同的、相通的;而且能和别人分享爱与恨、乐与忧,以及对未来美好的憧憬;并且不会因此而失去自我。第三,面对和接受现实。即使现实不符合自己的希望与信念,也能设身处地、实事求是地去面对和接受现实的考验;并能多方寻求信息,倾听不同的意见,把握事实真相,相信自己的力量,随时接受挑战。第四,主观经验丰富。能对自己、周围的事及环境有较清楚的知觉,不会迷惑和彷徨。在自己的主观经验世界里,储存着各种可用的信息、知识和技能,并能随时提取使用,以解决所遇到的问题,从而增进自己行为的效率。

马斯洛和密特曼(H.A.Maslow & Mittelman)提出关于心理健康的标准:有充分的安全感;对自己有充分的了解,并能对自己的能力做出适当的评价;生活理想和目标切合实际;与周围环境保持良好的接触;能保持自身人格的完整和和谐;具有从经验中学习的能力;保持良好人际关系;适度的情绪发展与控制;在集体要求的前提下,较好地发挥自己的个性;在社会规范的前提下,恰当满足个人的基本需要。

斯柯特(Scott)提出关于心理健康的10条标准:(1)一般的适应能力:适应性;灵活性;把握环境的能力;适应和对付变化多端的世界的能力;阐明目的,并完成目的的能力;成功的行为;顺利改变行为的能力。(2)自我满足的能力:生殖性欲(获得性感高潮的能力);适度满足个人需要;对日常生活感到乐趣;行为的自然性;放松片刻的感觉。(3)人际间各种角色的扮演:完成个人社会角色;行为与角色一致;社会关系适应;行为受社会的赞同;与他人相处的能力;参与社会活动;利用切合实际的帮助;托付他人;社会责任;稳定的职业;工作和爱的能力。(4)智慧能力:知觉的准确性;心理功能的有效性;认知的适当;机智;合理性;接触现实;解决问题的能力;智力;对人类经验的广泛的了解和深刻的理解。(5)对他人的积极态度:利他主义;关心他人;信任;喜欢他人;待人热情;与人亲密的能力;情感移入。(6)创造性:对社会的贡献;主动精神。(7)自主性:情感的独立性;同一性;自力更生;一定的超然。(8)完全成熟:自我实现;个人成长;人生哲学的形成;在相反力量之间得以均衡;成熟的而不是自相矛盾的动机;自我利用;具备把握冲动、能量和冲突的综合能力;保持一致性;完整的复杂层次;成熟。(9)对自己的有利态度:控制感;任务完成的满足;自我接受,自我认可;自尊;面对困难、解决问题充满信心;积极的自我形象;自由和自觉感;摆脱了自卑感;幸福感。(10)情绪与动机的控制:对挫折的耐受性;把握焦虑的能力;道德;勇气;自制力;对紧张的抵抗;道义;良心;自我的力量;诚实;清廉正直。

📖 相关链接 •••

身心健康自我评估的七大标准

1. 快食。快食并非狼吞虎咽,不辨滋味。而是指吃饭不挑食、不偏食,主餐吃时感觉津津有味。如果出现持续性无食欲状态,则意味着胃肠或肝脏可能出了毛病。

2. 快眠。上床后能较快入睡,睡眠舒畅,醒后头脑清醒,精神饱满,睡眠质量好。如睡的时间过多,且睡后感觉乏力不爽,则是心理及生理的病态表现。神经系统兴奋,抑制功能协调,内脏无病理干扰,是快眠的重要保证。

3. 快便。能快速畅快地排泄大小便,且感觉轻松自如,在精神上有一种良好的感觉,便后没有疲劳感,说明胃肠功能好。

4. 快语。说话流利,头脑清楚,思维敏捷,没有词不达意现象,且中气充足,心肺功能正常。

5. 快行。行动自如、协调,迈步轻松、有力,转体敏捷,反应快速,动作流畅,证明躯体和四肢状况良好,精力充沛旺盛。因诸多疾病导致身体衰弱,均先从下肢开始,人患有内脏疾病时,下肢常有沉重感;心情焦虑,精神抑郁,则往往感觉四肢乏力,步履沉重。

6. 良好的个性。性格柔和,言行举止得到公众认可,能够很好地适应不同环境,没有经常性的压抑感和冲动感。目标坚定,意志持衡,感情丰富,热爱生活和人生,乐观豁达,胸襟坦荡。能以良好的处世态度看问题,办事情都能以现实为基础。与人交往能被大多数人所接受。不管人际风云如何变幻,都能始终保持稳定、永久的适应性。

7. 良好的人际关系。言谈举止恰到好处,与人相处自然融洽,不孤芳自赏寂寞独处,具有交际广、知心朋友多的特点。众人都乐于向他倾诉心中的喜与乐。

资料来源:http://news.sohu.com/38/37/news204163738.shtml.

•••

四、大学生心理健康标准

大学生的普遍年龄一般在 18~25 岁之间,作为一个特殊群体,大学生不能完全等同于社会上的青年,由于其自身年龄、心理和社会角色诸方面的特点,必然具有一些特殊性。心理健康标准随着时代变迁、文化背景的变化而变化,综合国内外专家学者的观点,根据我国大学生的实际情况,一般认为大学生心理健康标准主要应包括以下内容:

(一) 智力正常,有强烈的求知欲

智力正常是大学生最基本的心理条件,是衡量大学生心理健康的首要标准。当然,大学生一般不存在智力问题,但是高智商的大学生,在同等努力下常会有更好的学习效果。大学生智力正常且充分发挥的标准是有强烈的求知欲。心理健康的大学生,应该具有较

强的学习兴趣,有强烈的求知欲,珍惜学习机会,克服学习中的困难,且有较高的学习效率,学习成绩稳定,并能从学习中体验到满足与快乐,从而形成良性循环。

(二)正确认识自我和悦纳自我

心理健康的大学生能够接受自我,并对自我进行客观评价,既能欣赏自己的优点,也能接纳自己的缺点,不过分自信,也不盲目自卑。心理健康的大学生能努力发展自身的潜能,即使对自己无法补救的缺陷,也能妥善处理,做到自信、自尊、自爱和自强。

(三)意志健全

意志是人在完成一种有目的的活动时,所进行的选择、决定与执行的心理过程。意志健全的大学生在各种活动中的自觉性、果断性、顽强性和自制力等方面都表现出较高的水平,在困难和挫折面前能采取合理的应对方式,能按照行动计划来开展活动,能在行动中控制情绪和言行,做事有条理且善始善终,而不是行动盲目、畏惧困难、顽固执拗。

(四)情绪稳定

心理健康的大学生能经常保持愉快、开朗、乐观和满足的心情,愉快情绪多于不愉快情绪,对生活和未来充满希望。情绪稳定性好,善于控制和调节自己的情绪,既能克制约束,又能适度宣泄,不过分压抑,使情绪的表达既符合社会的需求,也符合自身的需要,在不同的时间和场合有恰如其分的情绪表达。

(五)人际关系和谐

和谐的人际关系既是大学生心理健康必备条件,也是大学生获得心理健康的重要途径。心理健康的大学生能用尊重、信任、友爱、宽容和理解的态度与人相处,既有稳定而广泛的人际关系,又有知心朋友,能与他人合作,在集体中无孤独感,有较强的适应能力和较充足的安全感。

(六)人格结构完整统一

人格指人的整体精神面貌,人格完整指人格构成要素的气质、能力、性格和理想、信念、人生观等各方面平衡发展。心理健康的大学生具有积极进取的人生观,思、言、行协调一致,并以此为中心,把自己的需要、愿望、目标和行为统一起来,做到态度与行为相一致,不为了眼前利益而放弃远大目标,不为私欲而背弃良心。

(七)社会适应良好

社会适应能力包括正确认识以及处理个人和社会关系的能力。心理健康的大学生能够和社会保持良好的接触,对社会现状有较清晰正确的认识,在社会环境改变时能面对现实,对环境做出客观的认识和评价,与社会的要求相符合。当发现自己的需要与社会需要发生矛盾时,能迅速调整自己的需要和愿望,使自己的思想、行为与社会协调一致。

(八) 心理行为符合大学生的年龄特征

不同年龄阶段有不同的心理行为,大学生应具有与年龄和角色相应的心理行为特征。心理健康的大学生,在行为上应该表现为朝气蓬勃、热情洋溢、生龙活虎、反应敏捷、勇于探索、勤学好问。

心理健康的标准是一种理想尺度,它一方面为人们提供了衡量心理是否健康的标准,同时也为人们指出了提高心理健康水平的努力方向。正确理解大学生心理健康的标准应注意以下几个方面:第一,标准的相对性。大学生心理健康与不健康并无明显界限,人的健康状态是一个发展的过程,在心理上形成心理冲突是非常正常的,而且是可以自行解决的,即使一个人产生了某种心理障碍,也并不意味着永远保持或加重。第二,整体协调性。从心理过程看,健康的人的心理活动是完整统一的,这种整体协调性保证了个体在反映客观世界的过程中的高度准确性和有效性。第三,发展性。不健康的心理是人的发展中不可避免的发展性问题,随着个体的心理成长逐渐调整而趋于健康。

相关链接

伴你一生是心情

人生在世,没有什么能伴你始终,除了心情。

健康的父母陪伴你的前半生,孝顺的子女陪伴你的下半生。丈夫或妻子呢? 且不说婚姻的选择是一次忐忑的冒险,且不说现代婚姻是多么易变和脆弱,即使是恩爱夫妻又有多少同年同月同日来或同年同月同日去的?

健康,像天上的月亮圆少缺多;钱财,像水中的浮萍时聚时散。美丽的容颜,短促的更像是梦,还没来得及记住梦的内容就匆匆地醒了,而且一旦梦醒很难继续。

只有心情,如同呼吸一样,伴你一生,心情是你唯一不能被剥夺的财富。

可别小看心情,它能让天地动容,自然变色。同样是走进大观园,刘姥姥开心;林妹妹伤心。面对同样的江水,李后主低吟"问君能有几多愁,恰似一江春水向东流";苏东坡高唱"大江东去,浪淘尽,千古风流人物"。景无异,异的是人,是心情。

不少人心像瓷器,极易裂缝;像丝绸,极易起皱。因为塞车,因为等人,因为一顿夹生饭,因为一句闲言碎语……心情像船桨打水,"吱呀"一声便涟漪顿起,像生锈的铁盆坏得掉了底了。

好心情就不同了。好的心情能化干戈为玉帛,化疾病为健康。任何年龄的容颜都会被好心情照亮,变得魅力无穷、美丽动人。好心情能帮你获得学识、交结益友、把握机遇、成就事业、和睦家庭。

当然,好的心情不会一蹴而就,它是由人格、教养、品德、才能等综合指数酿造的,由渐悟到顿悟,由浅薄到深沉,并需要不断呵护、调理、滋养、充盈。

人生在世不在于活得多久,而在于活得富有,而好的心情是人生宝贵的财富,愿君一生与好心情相伴而行!

资料来源:李权超,谢玉茹.实用团体心理游戏与心理辅导[M].北京:军事医学科学出版社,2010.

五、大学生心理发展特点

黄希庭说:"青年期是一个人朝气蓬勃,走向独立生活的时期,是一个人开始决定自己生活道路的时期。"大学生作为青年当中文化层次较高的社会群体,他们有其自身的许多特点。

(一) 自我意识增强但发展不成熟

自我意识的发展与年龄有关,而且与人的知识水平有关,大学时代是真正自我认识的时期。大学生随着对外界认识的不断提高,生活经验的不断丰富,开始关注自己的内部世界,迫切要求了解自己和发展自己,出现了主我与客我、理想自我与现实自我的分化,力图从理想与现实的关系中把握自己、认识自己,以追求自我完善。大学生的自我意识明显增强,但由于他们生活阅历有限,与社会有一定的距离,社会实践能力不强,造成了自我意识在自我认知、自我体验等方面出现偏差。

(二) 情感日益丰富但情绪波动较大

大学生正值青年时期,丰富多彩的大学生活,使其情感日趋复杂,情感表现具有强烈跌宕、不协调的特色,因而大学时代是体验人生情感最强烈的时代。由于他们对社会的复杂性、自己欲望行为的合理性缺乏足够的正确认识,加之他们风华正茂,精力旺盛,自尊感强烈而敏锐,又比较"较真",情绪容易产生较大的波动,甚至表现为两极性。

(三) 性意识发展但易导致性心理失衡

大学生的身体发育接近成人,尤其是性机能的成熟促使大学生性意识的觉醒,产生对异性的爱慕且爱慕之情越来越强烈。与此相适应的感情欲望也逐渐增强,他们渴望与异性交往,追求美好的爱情。这一时期的男女交往极其敏感,容易冲动,常表现为激情。但性道德、性法律、校纪校规的约束容易造成性心理失衡,出现了诸如性认知偏差、性欲困扰、性焦虑等一系列的心理问题,影响大学生正常的学习和生活。

(四) 交往欲望强但心理封闭

大学时代是既渴望友情又追求孤独的时代,整个大学时代都存在着与他人建立起亲密关系以满足感情上的互助需要。然而,许多大学生对人际关系的追求往往带有较浓的理想色彩,以友谊的理想模式为标准来衡量生活中的人际关系,导致高期望值与高挫折感并存。长期的交往失败,使一些大学生把交往看成是一种负担,渐渐地造成心理上的封闭,长此以往,一种难以名状的孤独感油然而生。

第二节　大学生常见心理问题

心香一瓣

只有优异的成绩,却不懂得与人交往,是个寂寞的人;
只有过人的智商,却不懂得控制情绪,是个危险的人;
只有超人的推理,却不了解自己,是个迷惘的人。

人的心理健康是一个极为复杂的动态过程,从人的发展阶段上来看,大学生处于青年期。青年期是脱离儿童期的稳定世界以后,进入成人期固定心理结构之前的不稳定时期。因此,心理学家将青年期称为人生发展过程中"狂风骤雨"的时期,也称为人生的"第二次断乳"。在心理发展历程中,大学生面临着艰巨的心理发展课题,如自我接纳、社会适应、人际关系、异性交往、学业问题、情绪情感、社会责任等。而由于大学生心理发展不成熟,情绪不稳定,心理冲突时有发生,很容易经常处于矛盾和困惑之中,产生适应不良,从而出现各种心理问题。

一、大学生常见心理问题

大学生因其自身的心理发展特点,以及来自社会、学校、家庭和自身的各种压力,往往会面临着一些心理困扰。

(一) 大学生活适应问题

适应大学生活,完成大学生作为"文化人"与"社会人"的培养任务,帮助大学生完成社会化,是大学教育的重要内容。

相关链接+·

个案自述

开学两周以来,我努力适应大学生活,但室友经常玩乐、不学习,聊天到深夜,懒床,有时候还逃课,我和他们没共同语言,不喜欢和他们交流,感觉不是一路人。开学以来我都在教室或者图书馆看书,直到睡觉才回到寝室,但回到寝室,受到寝室同学玩乐、聊天的影响并不能马上入寝。同时,班级其他同学也活泼开放,大部分同学都忙于班级活动、社团活动等,我对此没有什么兴趣,觉得那是浪费时间,耽误学习。近来感觉越来越孤独,甚至有被人搁置一旁的感受,心情很不好,食欲下降,经常难以入睡。

资料来源:https://www.xzbu.com/9/view-7178711.htm

由于生活环境和学习方式的改变,大学新生对新环境无法很快适应。尽管高校都在倡导大学生"自我教育、自我管理、自我服务",但作为社会一员,学生普遍不能够很好地处理自己的事务。一些大学生入学前衣食住行都由父母安排好,生活能力弱、自立能力弱的情况普遍存在,进入大学后,这又不会那又不会,很难适应集体生活。学习方式也由高中的被动学习到大学的主动学习,很多大学新生显得无所适从,不知如何面对新的生活和学习方式,一些大学生出现了独立与依赖的矛盾。还有的大学生没有考上自己理想的大学,面临理想与现实的较大落差,产生失望、抑郁的情绪等。

(二) 学业问题

大学生的主要任务是学习,因而学习上的困难与挫折对他们的影响也是很大的。大学生的学业问题主要表现为:学习目的不明确,学习动力不足;学习压力大,学习困难,学习成绩不理想;学习时急功近利等。

一位大学生这样写道:"在中学时代,各方面表现都很出色,进入大学后,沿着中学的惯性学习,成绩还算理想,但常常感到心力交瘁,学而无所获。"有些学生学习就是为了能够考试过关,从来没考虑过其他学习目的。虽然很多学生都知道将来的就业很困难,也感到内心的危机感,但真正要努力学习,却提不起精神来。更有些学生学习就是为了蒙混过关。抱着上述的态度学习自然没什么动力。

调查结果表明:有69.6%的新生和54%的老生感到"学习难度加大,非常困难"。一位大二学生表示:"学习始终不能进入状态,总感到是在巨大的考试压力下被动地学,而静下来想为什么学时,会感到很苦恼。"特别是大一学生,认为"学习负担重,难以应付"的占70.4%。学习困难的学生虽然在大学生群体中占的比例并不大,但他们的负性情绪对学生的成长是不利的。有的学生上课注意力无法集中,有的学生不适应大学生生活,"小学、中学都是尖子学生,到大学后一下子变为普通学生,个人约束力又差,自制力弱,大学期间较为放任,因而学习差了";"虽然学习上很尽力,上大学就是为了求学,而学习成绩总是不理想,因而感到很自卑,也十分压抑。"

"考证热"是大学生学习功利化的直接表现。学生充分了解到市场对各种证书的青睐,因而放弃了专业课的学习去追逐各种有用的证书。很多学生在外语上花的时间占到整个学习时间的一半,再加上其他证书的考试占用的精力,很多学生冷落了基础课、专业课。学生在接触一门新课时,首先考虑的是学习它对我有什么用,因而那些涉及个人素质的基本课程根本得不到重视。

（三）人际关系问题

大学生在人际交往时常常处于矛盾之中，一方面，有些大学生由于个性上敏感、多疑、冷漠，往往担心别人不能接纳自己，甚至对自己造成伤害而把自己封闭起来；另一方面，又迫切希望社交，得到友谊。人际关系困扰常常表现为难以和别人愉快相处，没有知心朋友，缺乏必要的交往技巧，过分委曲求全等，由此引起孤单、寂寞和苦闷等痛苦感受。良好的人际关系是学生成长与社会化过程中的重要组成部分，也是保持良好心理状态的必备条件。大学生常见的人际关系问题主要表现在以下几个方面：

1. 人际关系不适

进入大学，远离原来熟悉的生活与学习环境，面对新的人际群体，学生多少有些不适。部分学生对大学的师生关系、同学关系、异性之间的关系显得很不适应。一位新生感叹说："在大学，没有一个可以谈得来的朋友，心里真的感到好孤独。"有的学生从未离开过家庭，在父母的呵护下成长，对于如何关心别人，得到朋友的关心想得较少。而大学生又希望别人的关心和认可，"心里话儿对谁说？"成为学生普通的困惑。在"目前，你感到最苦恼的事"中，有80％的学生涉及人际关系。

2. 社交不良

大学生活在一定程度上给学生创造了一个小社会的环境，可以充分地展示自我，展示大学生的风采。部分学生缺乏在公众场合表达自己思想的能力与勇气，面对各种各样的活动，充满了兴趣，却又担心失败，只是羡慕而参与不多，久而久之，开始回避参与，感叹"外面的世界很精彩，外面的世界很无奈"。特别是到了周末，学生普遍感到无处可去，甚至出现了"周末恐惧症"，"盼周末，又怕过周末，那种孤寂的感觉真难受"，这直接影响了学生潜在能力的充分发挥。

3. 个体心灵闭锁

大学生们在进入大学之前，几乎所有的关注点都在高考上，缺乏人际交往经验，而自身在人际交往中的不自信又不利于增加自身的人际魅力，妨碍了良好的人际交往圈的形成。30％的新生认为"没有朋友"，23％的学生感到"孤独、寂寞"。在与人交往的主动性上，45％的学生更希望自己成为交流的对象而不是交流的直接发起者。与此同时，由于个体间的正常的交往不够，又易引发猜疑、妒忌等，不利于学生的健康成长。某名牌大学的一名学生，自从入学以来，他的同学发现他很少与别人在一起，更奇怪的是同学们几乎不见他上洗手间，上洗手间总是趁没有人时，只要有人他从不进去。

（四）情绪问题

稳定的情绪、积极良好的情绪反映，是学生成才很重要的因素，也是学生心理健康中值得重视的问题。有关调查表明，大学生的负性情绪高于正性情绪。感到舒畅的约占31.7％，感到压抑的占41.6％；感到愉快的占21.9％，感到烦恼的占47.6％；感到充实的占14.2％，感到空虚的占63.9％；感到平和的占3.3％，感到烦躁的占78.1％。大学生常见的心理问题主要表现在以下几个方面：

1. 抑郁情绪

是指个体心中持久的情绪低落为主，常伴有身体不适、睡眠不足等，心情压抑、沮丧，无精打采，什么活动都懒于参加，什么事也提不起精神来，逃避现实。中国矿业大学连续三年对新生进行心理健康测试结果表明：列在第一位的心理不适是抑郁，家庭经济状况差、家庭亲和感差、连续的考试失败、失去亲人、失恋、同学感情失和等都是抑郁的直接诱因。

2. 焦虑情绪

学生的焦虑具有一定的代表性，其来源并非是现实的威胁，而是内心无明确的客观对象和具体内容。主要表现在自我焦虑与考试焦虑。

青年时期的大学生比任何年龄段更关注自己在他人尤其是异性心目中的形象。学生受很多因素的影响，如长相、胖瘦、高矮、能力、魄力、魅力，会产生各种各样的自我焦虑，有的学生担心自己长得不够漂亮，不能获得异性的好感，甚至部分女生因没有男生追求而苦恼；有的学生总感到自己的先天条件不够理想，因而非常自卑，不能建立自己的社交形象与公众形象。

所谓考试焦虑，是指在一定的应试情境激发下，受个体认知评价能力、人格倾向与其他身心因素所制约，以担忧为基本特征，以防御或逃避为行为方式，通过不同程度的情绪性反应所表现出来的一种心理状态。它是一种急性焦虑。尽管所有的大学生都经过了高考的严峻考验，但是考试焦虑在大学生中普遍存在，并时常危害着大学生的心理健康。考试焦虑对学生尤其是基础较差或大学第一学期考试失败的学生影响尤其突出，他们无端担心考试失败甚至产生了厌倦考试的心理状态。

3. 情绪失衡

大学生的社会情感丰富而强烈，具有一定的不稳定性与内隐性，表现为情绪波动大，高低不定，喜怒无常。大学生常常会因一点小小的胜利而沾沾自喜，也易为一次考试失败、情感受挫而一蹶不振，常常无法控制自己的情绪反映。特别是负性情绪的控制相对较弱，如有的学生很难从一次考试失败的阴影中走出。群体负性情绪又是校园事端的直接制造者，如某大学十年违纪处分的 71 例中，打架的占到 45%，起因多数为生活中小的摩擦。学生的群体情绪一旦激发，很难受到理性与校纪校规的约束，为"朋友而战"，为"义气而战"，等情绪稳定下来，又多是后悔不及。

（五）恋爱与性问题

大学生年龄多在 20 岁左右，生理发育基本上成熟，这就必然引起心理上的变化，他们一方面产生对异性的倾慕与追求，另一方面自身存在着很多不确定因素。

大学生从各个方面开始自己的情感之旅，正确处理爱情与学业的关系是学生的一门"必修课"。恋爱，成为大学生活中重要的一章在书写着，甚至有人发出了"围墙"已变成"爱情走廊"的呼声，"专业恋爱、业余学习"的情况并不是个别现象。大学生恋爱问题通常表现为：一是情感的迷茫，不知道自己的选择是否正确，该不该恋爱。二是不正确的恋爱观，诸如"每周一哥""普遍撒网、重点培养、择优而谈"。面对爱情，学生更多想到的是"不在乎天长地久,只在乎曾经拥有",甚至"预约失恋",爱情与婚姻分离是一种较为普遍的现象。

性教育是道德教育、文明教育、健康教育,也是人格教育,这种观念基本上得到社会各界的认同,但大学生性生理与性心理方面的问题并未得到很好的解决,主要表现在:首先,性生理适应不良。青春期性生理的成熟,必然带来相应的心理变化,渴望获得异性的好感与承认,产生性幻想、性冲动等。18.3%的新生和30%的老生产生过"性幻想",用一种自慰的方法解决生理冲动,这是正常的心理反应。由于性教育的严重缺失,很多学生不能正确认识自我的性反映,产生了堕落感、耻辱感与性罪错感,把性与不洁联系起来。例如,一位大学生因做性梦产生性幻想不能自拔以致萌发轻生的念头。相反,大学里也存在由于对自身性生理欲望的放纵,与恋爱对象发生两性行为的现象。其次,是性心理问题。青春期性心理与性生理密切相关。大学生开始对异性产生好感,希望在异性心目中树立良好的形象,获得对方的认可,认为"爱,不能没有性","禁欲是对美好爱情的打击"。性生理的成熟与性心理的不够成熟的矛盾,使更多的人面临这样的选择:最初的恋人可能不是最终的选择。性关系无论从道德上还是从心理上都使对方更多了一份沉甸甸的责任,"面对男朋友的性要求,如何选择才既不伤双方感情,又保持了自身的尊严?""既不破坏社会公德,又不影响他人,健康的性行为为什么不可以呢?"性好奇、性无知、性贞洁感的淡化,甚至性与爱的困惑、分离以及由于性行为引起的后果及产生的心理压力,都是值得引起重视的问题。

(六) 特困生的心理健康问题

近年来,特困生的生活受到社会各界的广泛关注,学校采取了"奖、贷、勤、免、补"的政策,广开渠道,解决困难学生的生活问题。不容忽视的是,困难学生不仅仅是经济困难,他们的心理问题也值得引起高度重视。尤其是"双困生",学业成绩不理想,家庭经济又很困难,心理负担很重。经济条件影响与制约着他们的成长,自卑、过多的自责使部分学生不能走出家庭经济条件的阴影。一位女大学生说:"因为女生的面子,我不愿写困难补助申请,而拮据的经济又始终困扰着我,我不愿走在校园里像贴上标签一样让同学用特别的目光注视。"因而出现了一方面学校存在着很多困难学生,而另一方面,学校的寒衣补助又无更多的人申请的尴尬局面。有的特困生认为学校提供的一切帮助是"理所当然","我困难,学校总不能让我回家吧?"出现了20世纪80年代大学生"躺在父母汇款单上",90年代困难学生"躺在困难补助上",这些学生被称为"困难专业户"。凡是补助、贷款、减免都有份,学生不愿参加勤工助学工作,认为太辛苦,甚至出现了困难学生的各种资助高于优秀学生奖学金,使学生对各种补助产生了心理上的依赖感,甚至将有的补助直接打入自己的预算中,助长了学生的惰性,也滋长了学生"等、靠、要"的思想,不利于健康健全人格的培养。

二、影响大学生心理健康的主要因素

大学生的心理问题多是成长过程中的发展性问题,其产生的原因是复杂的和多方面的,既有个体的遗传和生理因素,又有社会、校园和家庭等环境因素。

(一) 个体因素

有少数大学生因为遗传等生理因素的影响,在长相、身材等方面存在一些先天的生理缺陷,或是因为身体素质不好,患有疾病,在学习和生活中往往感到力不从心;也有的大学生因为自身的个性心理原因,如性格内向、心胸狭窄、孤僻封闭、急躁冲动、固执多疑等,很容易产生严重的心理负荷,其心理承受力也越来越差;还有些大学生不能客观地认识和了解自己,对自我评价过高或过低,不能准确地自我定位,这很容易导致其心理偏差和行为怪僻。

(二) 环境因素

1. 社会环境

许多心理问题是由于对环境适应不良而引起的。改革开放以来,中国社会发生了巨大改变。随着市场经济体制的确立,竞争机制的导入,人们的生活方式和价值观念都发生了重大变化。中西文化交叉,多种价值观冲突,大学生常常感到茫然、疑虑、混乱。大众传播媒介对大学生的思想及行为带来的消极影响,阻碍了他们身心的健康成长。随着改革的深入发展,大学生面临着各种竞争的压力。如毕业分配制度的重大变化,会使大学生的优越感受到强烈冲击,加之我国许多机构单位正在进行人事制度改革,社会的下岗失业人数逐年增多,均使大学生感到前途渺茫,极易导致大学生心理问题的产生。

2. 校园环境

大学生从中学来到大学,从家乡来到异乡,学习和生活环境都发生了巨大的变化。心理学研究表明:个体所处环境的巨大变迁会使个体产生心理应激。

生活环境的变迁对新生是一个不小的挑战。这种变化主要体现在大学生要自己独立生活,应付一切生活琐事。例如,几个同学共住一个寝室,彼此生活习惯、作息安排,甚至语言隔阂,都需要去面对和适应。对新环境的适应也包括对自己地位变化的适应。这种变化既包括全新的学习内容与学习方法,也包括新的人际关系、语言表达能力与未来发展定位等。对于刚刚经历巨大环境变迁的新生来讲,不仅存在一个适应外部环境的问题,同时,更重要的是他们也面临一个如何自我调适的过程。总的来看,无论是对学习和生活环境的适应,还是对人际关系以及自我地位变化的适应,都会极大地影响到大学生们当时的心理健康状况。

3. 家庭环境

家庭的影响主要包括家庭的情绪氛围、父母的教养态度及家庭结构、家庭经济状况四个方面。家庭是人生的奠基石,父母是孩子的第一任老师,对学生的成长与成才的影响是长久而深远的。家庭的情绪氛围是良好心理素质形成的前提,家庭成员间的语言及人际氛围,直接影响着家庭中每个成员的心理,对个性逐渐成熟的大学生更具有特别的影响。父母的教养态度和教育方法直接影响孩子的行为和心理,民主、平等而非命令、居高临下的,开明而非专制的,潜移默化而非一味娇宠的教养态度与教育方法有利于学生心理的健康发展;家庭结构的变化如单亲家庭、重新组合家庭等因素必然会对正在读书的大学生心理有一定影响;家庭经济状况,特别是困难甚至贫困家庭的学生易产生心理不适感。由于家庭环境带来的学生心理问题其影响是深远而长久的。

相关链接 ·+·

成　长

词曲　胡　波

独自走在青春长廊岁月匆匆忙忙

偶尔停下来回头张望才发现路走了很长

离开生我养我的家乡来到这异乡课堂

偶尔在宿舍不眠的晚上又想起故乡的月亮

把所有的惆怅都收藏在心上今夜我不再忧伤

还记得离家在车站的晚上我说过要自己去闯

人生总归有许多次离家的时候独在异乡望着月亮

在这一次一次想家的晚上我们开始成长

……

这一段歌词是刚入大学时每个人内心的真实写照:踌躇满志、思念、惆怅、孤单……有人把人生比喻成一趟单程列车,这个比喻的动人之处在于它切合了人生的几个特点:时间不可逆转的一维性、人生内容的流动性,以及沿途风景的丰富性。我们每个人从不同的轨道汇集到大学这样一个站台,再从这个站台出发,沿着自己的风景线向着各自的梦想飞奔而去。

资料来源:黄丽.校园成长列车:献给大学新生的心灵礼物[M].杭州:浙江科学技术出版社,2009.

·+·

第三节　大学生健康心理的维护

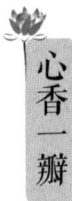

心香一瓣

　　一个人事业上的成功,只有15%是由于他们的学识和专业技术,而85%是靠良好的心理素质和善于处理人际关系。

——戴尔·卡耐基

大学生心理健康问题不仅关系到大学生个人的生活、学习、工作和身心健康成长，也关系到整个社会人口素质的提高，关系到社会的发展和未来。曾任世界卫生组织总干事的马勒博士说过："有了健康并不等于有了一切，但没有健康就等于没有了一切。"的确，健康是人生快乐、幸福、成功的基础和前提，而健康的一半是心理健康。因此，作为"天之骄子"的大学生，必须学会如何关心和维护自己的心身健康，这也已经成为高等教育中的一个重要环节。

一、学会自助

每一位大学生在其成长过程中，都具有一定的问题解决能力，有很多心理困扰是可以靠自己调节的。

（一）积极参加心理健康活动

大学生要积极参加学校开展的各项心理健康教育活动，如心理健康讲座、心理知识竞赛、团体辅导、素质拓展训练、心理情景剧大赛和心理沙龙等，通过活动学习和了解心理健康知识，增强心理调节能力，丰富心理体验，提高心理素质。

相关链接

5.25 我爱我——大学生心理健康日

为引导大学生关注自身的心理健康，2000 年，"5.25 全国大学生心理健康节"在北京师范大学拉开帷幕，健康节取"5.25"的谐音"我爱我"，意为关爱自我的心理成长和健康，活动的主题是大学生人际交往和互助问题，口号为"我爱我——走出心灵的孤岛"。此后（2004 年），教育部、团中央、全国学联办公室向全国大学生发出倡议，把每年的 5 月 25 日确定为全国大学生心理健康日。

"5.25——大学生心理健康日"在全国的高校得到认同，全国高校都利用这一天开展多种形式的心理健康教育活动，甚至认为这一天就是"大学生的心理健康节"。北京师范大学心理学教授车宏生说："大学生心理健康活动周的举行，说明心理学受到老百姓的重视。社会的发展需要心理学，希望这个活动能推广到全国各地。"如今，"5.25"大学生心理健康活动周已遍及全国各地，成为全国大学生活动的一个著名的品牌，其影响力将会越来越大。

（二）保持乐观向上的情绪

大学生应保持积极乐观的情绪，心情开朗，轻松安定，精力充沛，对未来充满信心和希望。当遇到困难、挫折或伤心的事情时会自我调节，适度地表达和控制自己的情绪，做到胜不骄、败不馁、喜不狂、忧不绝。

相关链接 ·+

快乐时光

活动步骤1:情景想象。教师事先向学生简要介绍保持快乐心境的重要性,并介绍"情景想象法"让大家准备回顾近期各自生活学习中的快乐时光。

让大家按照教师的指示进行情景想象,回顾近期各自生活学习中的快乐时光约5分钟,然后请大家用自己最擅长的表达方式把自己的快乐时光记录在白纸上。

活动步骤2:快乐分享。等大家都基本完成之后,同桌交换各自的白纸,分享自己的快乐时光约三分钟。教师总结此过程,指出此过程的作用及对大家的行为予以肯定。接着简要介绍下一个活动:保持快乐心境。教师指出:"保持快乐心境就是要善于发现每天生活中的快乐,并把这些快乐与自己的朋友和家人分享。"然后,举出一两个实例,如"今天参加这个活动,听到×××的×××故事,每当想起这个故事的情景,这一天心里都觉得很快乐。"然后请学生回忆一下今天的快乐时光,并用自己擅长的方式表现出来。接着让大家分享各自的快乐时光。

活动步骤3:活动小结。快乐分享就像做加法,你的快乐和一个人分享之后两个人都感受到了快乐,那么你的一份快乐就变成了两份快乐,大家都有了快乐;分享得越多,快乐就越多。

资料来源:阳志平.积极心理学团体活动课操作指南[M].北京:机械工业出版社,2012:139-140.

·+

(三) 建立良好的人际关系

与他人相处,多一些真诚的赞美和鼓励,不要轻易怀疑他人,甚至轻视、厌恶他人;要尊重他人、信任他人,注意倾听对方,不把自己的意志和见解强加于人,既乐于助人,也坦然接受别人的情感和帮助。人际关系是复杂的,我们交友肯定有深浅或厚薄,对于事实已证明不可深交的人,我们也不妨浅交,不必疾恶如仇,保持适当的距离即可。

(四) 改变认知

认知是指认识活动或认识过程,包括信念和信念体系、思维和想象等。每一个人在特定的家庭和社会环境下,通过主观和客观的交互作用,形成对一定事物倾向性的认知方式或认知模式。这种模式一旦形成,就成为个体应答各种生活事件的习惯性思维。对生活事件的认知评价是影响个体心理健康的重要因素,也是异常心理形成的常见的内在原因。不良认知是指歪曲的、不合理的、消极的信念或思想,它们往往会导致情绪障碍和非适应行为。良好的认知方式是指那种积极的、善解人意的、宽容的、合理的、识时务的认识和评价事物的方法。无数研究和心理咨询的实践都表明,改善认知方法是调整心理状态和解决心理问题的重要方法。

相关链接 ••

理性情绪理论

理性情绪理论又称为 ABC 理论,是由美国临床心理学家艾里斯提出的。艾里斯认为,在人们情绪产生的过程中有三个重要的因素,这就是诱发情绪发生的事件,人们对诱发事件所持有的相应的信念、态度和解释,以及由此引发的人们的情绪和行为的结果。情绪并非是由导致情绪发生的诱发事件直接引起的,而是通过人们对这一引发事件的解释和评论所引起的,即并非是事件引起了情绪,而是人们对事件的认识引起了情绪。

ABC 理论

A————————B————————C

刺激事件　　　　认知　　　　情绪反应

情绪调节的 ABCDE 技术

A————————B————————C————————D————————E

刺激事件　　　　认知　　　　情绪反应　　　　辩论　　　　新的情绪行为

理性情绪理论的应用步骤:

1. 将引发不良情绪的事件和认识一一列出。

2. 找出引发不良情绪的非理性观念。非理性观念有以下几种主要特征。

(1) 绝对化。即对什么事物都怀有认为必须或不会发生的信念,这种特征常常表现为日常生活中"应该"、"必须"、"一定"、"绝对"等用语上。

(2) 过分概括化。即以偏概全的思维方式。在这种非理性特征中,世界上事物只有两类,要么正确,要么错误。

(3) 灾难化。常会表现为"一旦出现了……即天就要塌了","再没有比这更可怕的了"等。

3. 通过对非理性观念的认识和纠正,找出合理的观念。

4. 通过建立合理的信念,最后达到情绪感受的改变。

资料来源:刘嵋.大学生班级团体心理健康辅导教程[M].北京:清华大学出版社,2009:90.

••

二、充分利用社会资源

心理学将个体以外可以利用来帮助自己的事物统称为社会资源。能否及时、合理地运用社会资源为自己服务,是衡量一个人的社会适应能力高低的重要方面。善于运用各种社会资源的支持,不仅有利于自己心理问题的解决,也有益于心理健康的保持,防止心理障碍的发生。大学生可以借助于别人来解决自己心理健康方面的问题,包括同学、老师、朋友、亲友、同乡和领导等,把自己的问题向他们倾诉,征求他们的看法、意见或建议,听听他们的劝告和安慰,接受他们的心理支持。

近些年,朋辈辅导越来越受到重视和运用,并成为高校心理辅导重要的形式之一。朋辈辅导是指非专业心理工作者经过选拔、培训和督导,向年龄相当的来访者提供具有心理咨询功能的人际互动过程,是一种特殊的心理咨询形式。其中,"朋辈"一词同时包括"朋友"和"同辈"两个概念,反映了咨访双方通常具备相近的价值观、人生经历和生活方式,具有年龄相仿以及所关注的问题相似等共同特点。国内有关研究发现,多数学生遇到心理困扰,最先向朋友倾诉和寻找帮助,极少数人寻求专业的帮助。在进行朋辈辅导的过程中,朋辈咨询员主要就来访者在学业、感情以及人际适应等方面遇到的浅层问题给予安慰和支持,而不参与深层和严重的心理问题的干预。

三、专家帮助

这里的专家是指训练有素的心理健康专业人员,包括心理咨询师、心理治疗师、心理保健师和心理辅导员等。解决心理问题求助于专家是最有效、最可靠的方法,对心理障碍更是如此。专家受过严格的专业训练,具有职业心理学家应有的知识、能力和经验,有完善的心理评估和诊断学方法和经验,有专门的心理咨询和治疗的技能。更重要的是他们能遵循职业道德和行业规范,尊重服务对象并保守秘密。

相关链接 ++

心理健康与三个渔夫

心理卫生工作有心理治疗、心理咨询与心理教育三个组成部分。心理治疗指运用心理学的理论和方法改善患者身心之间以及心理与社会之间的失衡状态,纠正不良情绪的过程。心理咨询指帮助求询者解决各种心理疑难问题,改善人际关系,提高对环境的适应能力,促进个体心理健康的一项工作。心理教育指以培养健全人格、提高个体的心理素质与生活质量、最大限度发挥个人潜力为目的的教育与辅导工作。

有一个通俗的故事可以帮助我们深刻地理解心理治疗、心理咨询与心理教育的内涵。有三个"渔夫"在潭边捕鱼,可是总发现有人被上游湍急的河水冲进水潭,筋疲力尽地挣扎求救。于是渔夫便忙着抢救一个又一个的落水者而无法安心捕鱼。后来他们似乎明白了什么,于是在上游水流湍急处插上木牌,警告人们不要在此游泳。这样,落水求救者的确少了不少,但仍有无视警告者被冲进水潭,三个渔夫仍要时不时地下水救人而影响捕鱼工作。最后,三个渔夫醒悟了,他们开办了一所游泳学校,传授小河四周的居民以高超的游泳本领。从此,居民们虽然照样下河游泳,但由于水性高超,再也没有人挣扎求救了,三个渔夫从此安心捕鱼了。有人把三个渔夫下河救人的工作比喻为"心理治疗",人生的江河湖海中总有一个一个的"落水者"需要治疗。渔夫插警告牌的工作就像"心理咨询",不少求咨询者接受了咨询与劝告,摆脱了危险处境。举办游泳学校、授人以高超的游泳本领就像"心理教育",这样,在人生的大江大海中,人们虽然仍然面临各种诸如挫折、危险、紧张等大风大浪,却能"中流击水",安然无恙,这是防病于未病,防患于未然。

资料来源:戚昕.大学生心理健康教程[M].北京:人民邮电出版社,2010:10.

心理自测

心理健康自测

说明:此心理自测的结果只能代表目前你的心理健康状态水平,分数的高低只能作为对自我评价的一个参考,由于测试可能受外界的干扰较多,加之其有一定的效度,如果你的某项得分过高或者过低,一定要在心理咨询师的指导和帮助之下才能做出正确的判断,切勿给自己乱贴"标签",从而对自己的学习、工作和生活带来影响。

对下列各题做出"是"或"否"的回答。

1. 每当考试或提问时,会紧张地出汗。
2. 看见不熟悉的人会手足无措。
3. 心里紧张时,头脑会不清醒。
4. 常因处境艰难而沮丧气馁。
5. 身体经常会发抖。
6. 会因突然的声响而跳起来,全身发抖。
7. 别人做错了事,自己也会感到不安。
8. 经常做噩梦。
9. 经常有恐怖的景象浮现在眼前。
10. 经常会发生胆怯和害怕。
11. 常常会突然间出冷汗。
12. 常常稍不如意就会怒气冲冲。
13. 当被别人批评时就会暴跳如雷。
14. 别人请求帮助时,会感到不耐烦。
15. 做任何事都松松垮垮。
16. 你的脾气暴躁焦急。
17. 一点儿也不能宽容他人,甚至对自己的朋友也是这样。
18. 你被别人认为是个好挑剔的人。
19. 你总是会被别人误解。
20. 常常犹豫不决,下不了决心。
21. 经常把别人交办的事搞错。

22. 会因不愉快的事缠身,一直忧忧郁郁,解脱不开。

23. 有些奇怪的念头老是浮现脑海,自己虽知其无聊,却又无法摆脱。

24. 尽管四周的人在快乐地取闹,自己却觉得孤独。

25. 常常自言自语或独自发笑。

26. 总觉得父母或朋友对自己缺少爱。

27. 你的情绪极其不稳定,很善变。

28. 常有生不如死的想法或感觉。

29. 半夜里经常听到声响难以入睡。

30. 你是一个感情很容易冲动的人。

评分规则:

每题回答"是"记1分,回答"否"记0分。各题得分相加,统计总分。

结果解释:

0~5分:可算一般正常的人;

6~15分:你的精神有些疲倦了,最好能合理安排学习,劳逸结合,让神经得到松弛;

16~30分:你的心理极其不健康,有必要请心理医生(老师)或者心理咨询师给以疏导和咨询,相信你很快会从烦恼不安中走出来的。

互动训练

1. 幸福账本

目的:通过活动引导学生了解自己的幸福感受,学会体验并记录自己的积极情绪;通过活动引导学生观察生活中的细节,了解到"日常生活中处处存在着幸福",从而提升主观幸福感。

材料:红色或其他颜色鲜艳的水彩笔每人一支;幸福账本每人一册。

操作:

(1) 我的幸福有几分。发给每位同学一张"幸福账本",上面印有十颗幸福之星,请每位同学用自己手中的彩笔,将代表自己幸福感受的星星涂上颜色。

(2) 分享我们的幸福。分组交流各自的幸福账本。

(3) 重新为自己打一个幸福指数。再次取出自己的幸福账本,请学生重新给自己打一个幸福指数。

很多同学打出的幸福指数有了提升,请大家思考多出来的星星包含了哪些内容。

全班一起分享交流。

总结:愿每一位同学用自己的眼睛、耳朵和心灵去发现、去感受、去体验我们身边的幸福,记下生活中的点点滴滴,去寻找和感受生活的乐趣,祝愿大家天天幸福,做一个幸福快乐的人。

2. 当我小时候

目的：回顾幼年的经验，探讨当前问题的幼年原因；促进自我了解与彼此了解。

时间：60分钟。

材料：白纸、彩色画笔。

操作：命题绘画"当我小时候"。指导者可以启发成员回想小时候住过的地方、读书的地方、家里的人物、周围的环境。画完后组内交流，以了解成员与家人的关系，探讨个人的生活。这个练习通常会带出成员小时候的经历而触发情绪。指导者要很敏感，及时给予支持，帮助成员明确今天的我与过去经历的关系。

拓展资源

心理学网站：

1. 心理访谈：http://tv.cctv.com/lm/xlft/

2. 武汉大学大学生心理健康中心：http://xlzx.whu.edu.cn/

3. 大学生心理：http://www.39.net/mentalworld/ztl/dxsxl/

4. 心理_99健康网：https://www.99.com.cn/

5. 525心理网：https://www.psy525.cn/

6. 中国心理网：https://www.psy.com.cn/

心理学电影：

1.《双重人格》(2016)

2.《飞越疯人院》(1975)

3.《爱德华大夫》(1945)

4.《异度空间》(2002)

5.《沉默的羔羊》(1991)

6.《失眠》(2017)

7.《本能》(1992)

电影片段

第二章

调整心态 重新开始

案例导读

无法适应大学生活的小朱

小朱曾经是一个幸运儿,他通过自己的努力考上了心仪的大学。但是,入学后他发现大学生活并没有自己想象的那么美好、浪漫,而他似乎与大学生活格格不入。小朱是独生子,上大学之前的生活都是父母料理,因为自理能力不足,他成了宿舍里最邋遢的人,经常被作为反面典型。在学习方面,小朱的优势也不复存在,很多同学不仅学习好,而且才华横溢,似乎个个都比他强。所学的专业也不是他认为的那样有趣,而是晦涩难懂。他想和别人交朋友,却不知道如何交流,他感到自己孤独、寂寞、自卑,觉得自己就是个失败的人。随着期末考试的来临,他感到学习越来越吃力,越来越紧张不安,生怕考不好,可又无法集中精力上课学习和正常生活,常常精神恍惚,甚至向老师提出退学。后来,老师带小朱来到了学校的心理咨询中心,经过咨询老师和小朱的交流,发现小朱有"适应性障碍"。经过几个月的辅导和帮助后,小朱的情况逐渐好转,开始了正常的大学生活。

资料来源:仲少华,蒋南牧.新编大学生心理健康教程[M].上海:上海交通大学出版社,2012:1.

想一想:

(1) 你是否遇到过类似情况,你是如何解决的?

(2) 如果你的同学出现类似情况,你应该如何做?

本章概要

1. 适应是人成长的必经过程;

2. 大学生常见的适应问题;

3. 如何提升适应能力。

从"黑色七月"到"金色九月",从中学跨入大学,进入一个新的人生阶段,许多大学生都要经历从不适应到适应的过程。一个人从中学升入大学,从大学升入社会,表面上是从一种生活环境进入另一种生活环境,实质上是一种适应过程。作为一名大学生,今天能够很好地适应大学生活,明天就能够很好地适应不断发展的社会。

第一节 适应心理概述

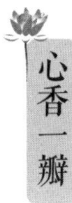

重要的不是环境,而是对环境作出的反应。

——鲍勃·康克林

大学是一个"丰富多彩的新世界",在高中阶段,每个同学都憧憬着美丽、自由的大学生活。在憧憬中,大学生活如彩虹一般,是彩色的、绚丽的。然而,很多同学置身于大学生活时,突然发现原来的梦是海市蜃楼,大学并不是什么彩色的,而是灰色的,很多同学都面临着难以适应的生活、不良的人际关系、痛苦的恋爱、强大的就业压力等。

一、适应的含义

在心理学的领域中使用适应概念时,通常有三个角度:一是生物学意义上的适应,即生理适应,如感官对声、光、味等刺激物的适应;二是心理上的适应,通常指遭受挫折后借助心理防御机制来使人减轻压力、恢复平衡的自我调节过程,这是一种狭义的适应概念;三是对社会生活环境的适应,包括为了生存而使自己的行为符合社会要求的适应和努力改变环境以使自己能够获得更好发展的适应,这是社会适应的概念。

心理学家沃尔曼对适应做了如下的定义:"一种与环境融洽和谐的关系,包括满足一个人的绝大多数需要,并且拥有符合要求所必需的行为变化,以便一个人能与环境建立起一种融洽和谐的关系。"

大学生的适应性,是指提高大学生随外界环境条件的改变而改变自身的特性和生活方式的能力,是个体在现实生活环境中维持一种良好的、有效的生存状态的过程。

二、适应的心理过程

从心理发展的角度看适应的过程,可以看到以下几个环节是最基本的。

(一)需要:发展的内部动力

个体原有发展水平与新的需要之间的矛盾,是推动人类从事各种活动的最原始的动力源泉。需要本身的产生离不开外部环境的刺激和影响作用。根据马斯洛的需要层次理论,可以将其分为生理需要、安全需要、归属需要、自尊需要和自我实现的需要五大类。按照马克思主义的有关论述,可以把需要分为自然性需要、社会性需要和精神性需要三种。从适应的角度看,通常可以分为生存性需要和发展性需要。然而,不管怎样分类,适应的过程始终是从需要的产生开始的。实际上,适应本身也是人的一种需要,是人终其一生都不可缺少的一种基本需要。

(二) 阻挠:适应状态的破坏

阻挠是指个体不能利用已有的行为习惯来满足自己某些需要的情况。这种情况通常都出现在环境发生了变化,主体遇到了新的问题情境的时候。阻挠现象出现时,人们一般都会产生程度不同的紧张与焦虑感。阻挠的产生实际上意味着主体原有的适应状态已被打破,其原有的行为模式与新的需要之间发生了矛盾,从而产生了新的不适应现象。在这种情况下,主体改变自己原有行为模式的动机便会应运而生。

(三) 尝试:满足需求的努力

为了改变不适应的被动局面,人们在没有现成模式可以参照的情况下,便会做出各种努力,采取各种方式来进行积极的尝试。这一过程实际上是一个解决新问题的过程,基本上属于试误学习的性质,是适应过程中的关键环节。但人的试误学习与动物的试误学习有本质的不同:动物的试误学习只是一种盲目的尝试,充其量也只是得到及时强化以后才能形成的稳定的条件反射;而人的试误学习则是经过认真思考、有一定理论假设作指导的理性的行为,同时还带有明显的创新色彩。在尝试过程中一旦取得了成功,被肯定和巩固下来的就不仅是解决问题的行为本身,而且包括行为背后的理性思考,特别是对事物本质与规律的概括与升华。

(四) 重新适应:恢复新的平衡

经过一番尝试,找到了新的解决问题的方式,人们新的需要就可以得到满足,原有行为模式与新的需要之间的矛盾基本上得到了解决,曾经有过的不平衡状态重新恢复了平衡。这意味着,一次不适应的问题已经解决,主体可以重新回到适应状态之中。只是这种状态仍然是短暂的,很快就会被新的不适应现象重新打破。这种不适应—适应—不适应状态的循环往复,就是适应过程的规律性表现。

相关链接 ⋅-

化蛹为蝶

蛹看着美丽的蝴蝶在花丛中飞舞,非常美慕,就问:"我能不能像你一样在阳光下自由地飞翔?"蝴蝶告诉它:"第一,你必须渴望飞翔;第二,你必须有脱离你那非常安全、温暖的巢穴的勇气。"蛹就问蝶:"这是不是就意味着死亡?"蝶告诉它:"从蛹的生命意义上说,你已经死亡了;从蝴蝶的生命意义上说,你又获得了新生。"

资料来源:仲少华,蒋南牧.新编大学生心理健康教程[M].上海:上海大学交通出版社,2012:7.

三、适应的理论

综合心理学界对适应问题的研究,主要理论有以下几个要点。

(一) 适应现象是伴随着环境的变化而出现的

由于人们生活的环境(包括自然环境、社会环境和心理环境)处在不间断的变化之中,因此每个人每时每刻都存在适应问题,都会产生不断适应新环境的需要。外界刺激会引起生理、心理和行为的应激反应,个体通过这种刺激反应来达到心理平衡和行为适应。外界刺激不可避免,但对同一刺激的应激反应强度因人而异。心理学家珍妮认为,人的一生是一系列的适应阶段,而每一个阶段都会对个人的长期调节产生影响。所以,适应能力是个体生存与发展的必备能力,是人一生中随时都要面临的任务,也是人应当具备的一种基本素质。由于适应能力不同,最终会导致个体发展水平的差异。

(二) 适应的根本目的是达到或恢复主客体之间的平衡

皮亚杰认为,心理既不是起源于先天的成熟,也不是起源于后天的经验,而是起源于主体的动作。这种动作的本质是主体对客体的适应。主体通过动作对客体的适应,乃是心理发展的真正原因。

适应有两种方式——同化和顺应。同化是指在对新的环境刺激做出反应时通过使用已经存在的结构来获得新的信息。顺应是指创造出新的结构来取代旧的结构,以适应新信息。比如,儿童可能会看见各种各样的狗(同化),并学会有的狗是安全的,可以爱抚,而有些则不是(顺应)。在儿童获得越来越多的信息时,他们改变了自己的心理结构,适应了不同的世界。这样,个体就通过同化和顺应这两种形式来达到机体和环境的平衡。显然,同化与顺应都是对环境做出反应和对自身进行调适的过程,在这一过程中,自我意识的发展水平起着决定性的作用。如果主体和环境失去平衡,就需要改变行为以重建平衡。

(三) 适应的三个环节

适应一般要经历认知调节、态度转变和行为选择三个环节。

1. 认知调节

认知调节是适应过程的起始阶段,它包括外部评估和内部评估。

(1) 外部评估。外部评估是认知调节的第一个阶段,指主体对变化了的外部环境及其对自身发展所具有的影响作用,进行全面了解并做出新的判断的过程。主要任务是确定外部环境中发生了哪些新变化,提出了哪些新要求,这些变化和要求对自身发展所具有的影响,在此基础上对发展中遇到的困难做出准确的判断,对新的角色期待形成正确的理解与把握。如果这个阶段中的认识、判断出现了偏差,就可能产生不适应的表现。比如,一个新升入大一的学生 A,面对学习成绩名次下降的新情况,出现了一时的不平衡即不适应的现象。为了重新恢复平衡,适应新环境,就要寻找成绩下降的原因,如学习任务、学习方法等方面的新特点与新要求,并对此做出正确、合理的判断,然后找到有效的对策。如果这种了解比较准确、全面,就为有效调节打下了良好的基础。如果对新环境缺乏全面、客观的判断,就会给适应带来困难。

(2)内部评估。内部评估是指主体在对外部变化做出正确判断的基础上,对自身内部状态进一步的了解与判断。实际上这是一种在自我监控系统的参与下,自我评价和自我意向重新调整的过程。具体包括对因外部变化引起的内部不平衡状态的估计,对不适应现象的归因分析,对已有经验的检索与比较,对原有行为方式应对效果的审视与判断等。通常自我评价的结果会影响到自我体验的改变,如自信心的增强或削弱。同时,自我体验的改变也会影响到对行为目标的重新选择。比如,上面那位大一学生 A,对学习环境的新特点与新要求有所了解后,还要进一步分析内部原因,如对自己原有的经验和能力做出一个估计,判断自己是否有能力满足新的要求。如果认为名次的下降只是暂时的,主要原因是一时的不适应或努力不够,这时她的自信心不会受到影响,自我观念仍然是积极的;但假如认为名次下降的原因主要是自己的能力不足,这就会使自信心水平下降,同时会感到紧张和担忧。

由外部评估到内部评估,这是认知调节发展的必然过程。在这一过程中,主体的理解力、判断力和自我评价的水平对认知调节的效果具有直接的影响。

2. 态度转变

认知过程的变化必然会引起情绪体验的变化,同时也会导致行为意向发生相应的变化。当认知、情感和行为意向都发生了变化时,就会引起态度的改变。态度的转变实际上是对动力系统和反应倾向的调节,这是适应新环境的变化、保持和恢复心理平衡的一种背景条件。比如,学生 A 如果能对名次下降的原因做出正确解释,相信自己有能力改变这一现实,就能继续保持对待学习的积极态度;但如果由于名次下降而开始怀疑自己的实力,从而导致自信水平下降,产生自卑感和紧张、焦虑感,其结果就会使她对学习的态度发生消极的变化,产生厌学心理。在这一过程中,主体的价值观念、对目标的期望水平以及情绪、情感的深刻性,对态度的转变具有重要的影响作用。

3. 行为选择

行为选择实际上是一个比较与决策的过程,其核心是对原有行为方式的调整与改变。行为方式的重新选择是以认知的调节与态度的改变为基础的,受思维方式与态度倾向的直接制约。思维方式与态度倾向如果是积极的,那么主体的行为方式也会是积极的;思维方式与态度倾向如果是消极的,那么行为方式也会是消极的。比如,学生 A 的行为就可能有不同的选择:如果她认为学习对自己非常重要,同时对学习和对自己充满了信心,就会表现出积极进取的态度和坚持不懈的努力;相反,如果她认为学习的意义无足轻重,同时对学习和对自己又丧失了信心,产生了明显的厌学态度,就会表现出退缩和放弃的行为倾向。在此过程中,远大目标的引导,坚毅、顽强的性格特征,高度的自尊与自信,是影响行为选择的重要因素。

在这一过程中,同化与顺应这两种调节方式始终在发挥着作用。面对内外环境的复杂性和行为效果的多重可能性,主体的判断与选择不可能一次性完成。所以适应过程必然会表现为一个反复循环的动态过程。一般规律是,经过以上几个环节,如果所选择的行为方式取得了令人满意的结果,对适应环境起到了积极的作用,就意味着同化与顺应的过程基本上实现了平衡,这一行为就会因受到正强化而巩固下来,逐渐形成稳定的态度倾向与行为习惯。如果行为反应的效果不理想,主体与环境之间仍然存在着不适应的现象,说明同化与顺应之间并不平衡,这时,就需要再次进入上述的自我调节系统中进行重新选择。有时,这种选择需要经历若干次的重复循环,才能取得理想效果,达到同化与顺应的平衡状态。

相关链接 ·+·

适应生活

一匹狼吃饱了,安逸地躺在草地上睡觉。另一匹狼气喘吁吁地从它身边经过。这使它十分惊奇。它问:"你在追赶羚羊吗?"

"没有!"

"有人在追赶你吗?"

"没有!"

"那你为什么没命地奔跑呢?"

那匹狼说:"听说狮子要来了。"

"狮子要来?"听了这话它放下心来,"狮子是我们的朋友,有什么可怕的呢?你去跑你的,我要睡觉了。"

后来,狮子真的来了,只来了一只,然而由于它的到来,整个草原上的羚羊奔跑速度变得极快。这匹狼不再那么容易得到食物,不久便饿死了。死时它不住地恐惧,是狮子破坏了它宁静的生活。

这则寓言所包含的深意,值得我们每个人细细咀嚼。居安思危,永不懈怠,竞争永远是生活的真正主题,生活不可能时时处处都适应你,但是你却必须学会时时处处适应生活。也只有这样,你才能永远立于不败之地。

资料来源:仲少华,蒋南牧.新编大学生心理健康教程[M].上海:上海交通大学出版社,2012.

·+·

第二节　大学生常见的适应问题

明白事理的人使自己适应世界;不明事理的人想使世界适应自己。

——萧伯纳

进入大学的新生在较长一段时间内不能很好地适应学校新的环境,由此引起的心理上的焦虑感、罪恶感、疲倦感、烦乱感、无聊感、无用感和行为上的不良症状,这种现象被称为"新生适应不良综合征"。

一、大学新生面临的环境变化

(一) 生活环境的变化

生活环境的变化体现在生活方式、生活习惯、生活范围等方面。

从生活方式看,中学生大多住在家里,不少人拥有属于自己的独立空间,起居由父母安排,除了学习外,凡事不用操心。大学生活是集体生活,住宿舍、吃食堂,凡事要靠自己处理。这种改变对缺乏独立生活能力的学生是个挑战。

从生活习惯看,饮食方面的显著差异,气候与语言环境的变化,作息制度与卫生习惯的不同,经济上安排不当等,都可能造成适应不良。

从生活范围看,中学生生活领域较窄,基本上是从家门到校门。由于高考的压力,学习成了生活的中心内容,课余时间很少,校园生活单一。进入大学犹如从"小天地"来到"大世界",丰富多彩的校园文化生活使新生目不暇接,生活的领域大大拓宽。

(二) 学习生活的变化

学习生活的变化主要体现在学习任务、学习内容、学习方法等方面。

从学习任务看,中学的学习任务主要是学习科学文化的基础知识,而大学是培养高级专门人才的场所,大学生既要学习基础知识,又要掌握专门技能。

从学习内容看,大学生不仅要学习经典的、基础的理论知识,而且要学习科技最新发展的成果,学习内容多、任务重、范围广、要求高。

从学习方式看,中学学习的主要形式是课堂讲授、灌输为主,学生巩固知识的主要方式是做题,各个教学环节老师安排具体,督促检查严格,学生对老师依赖大。大学学习强调自主、研究性学习,课堂讲授的时间相对少,学生自己安排自习、阅读、钻研学问的时间较多,要求学生独立思考、融会贯通、举一反三。

(三) 管理制度的变化

管理制度的变化主要体现在管理方法与管理系统等方面。

从管理方法上看,中学时代,学校、老师对学生采取直接管理,事事由老师安排。大学更多强调学生的自我管理、自我教育、自我服务,许多活动由学生自己组织。

从管理系统上看,中学的管理都是通过班主任实施。大学的管理属于"全面"、"网络管理",学校各个职能部门都直接参与学生管理,如思想教育管理、学籍管理、宿舍管理、课外活动管理等。

(四) 人际关系的变化

人际关系的变化主要体现在人际关系的含义、人际交往的方式与对象、人际交往的要求等方面。

进入大学后人际关系的含义发生了根本的改变。中学时代,人际关系的含义比较狭窄,只是友谊或亲密关系的一种扩展。而一旦成为大学生,人际关系就不再那么单纯。复杂的交往环境,决定了新型的人际关系不能仅以个人的好恶而定,必须学会与不同的人建立和保持协调的关系。

从人际交往的方式与对象看,中学时代人际交往的对象主要是同窗好友、父母亲戚和老师,尤其是班主任天天与学生见面,饥饱冷暖、学习成长样样关心,父母体贴入微,关怀备至。但到了大学,从各地来的同学素昧平生,重新组成新的班级,生活在同一个宿舍,脾气习惯各不相同;师生关系也不像中学那么密切,有时甚至几天见不到班主任、辅导员;远离父母难诉衷肠。由于生活领域的扩大,交往的场所扩大到学习、生活、娱乐等各个方面。

从人际交往的要求看,中学生大多依赖性较强,不善交往,有父母的照顾和学习的压力,对友谊的渴望不那么强烈。进入大学,新的伙伴和新的环境,要求大学生独立地、主动地与各种陌生人交往,社会化要求急速提高,对友谊与爱情的渴望强烈。

📖 **相关链接** ·+·

大一新生矛盾心理素描

自豪与自卑并存;放松与紧张交替;孤独与恋群交织;求知与厌学同在;
空虚与恐惧交错;自立与依赖相随;希望与失望相伴。

大一新生消极适应心理

期望过高引起的失落心理;环境生疏诱发的防范心理;目标失落导致的困惑心理;

地位变化产生的自卑心理；怀旧依赖带来的孤独心理；盲目乐观造成的挫折心理。

资料来源：张大均，邓卓明.大学生心理健康教育[M].重庆：西南师范大学出版社，2004：3.

二、大学新生入学适应存在的主要问题

大学生活与中学生活有着本质差别，如果缺乏充分的精神准备，就会给大学生的身心健康带来不良影响。从广义上讲，大学生的所有心理问题均是没有很好地适应大学生活造成的。但对大学新生来说，适应方面的心理问题主要表现在情绪、人际关系、学业、生活等方面。

（一）高考挫折导致一蹶不振

有些同学在高考中没有把握好，与理想的大学或专业失之交臂，精神颓废，从此失去了进取与奋发的动力。曾经有过的"失败"体验，使他们患上了"挫折恐惧症"，在新的环境与竞争中，他们将自己"高傲、敏感、自尊而又脆弱的心"紧紧包裹起来，因为惧怕更多的"失败"，他们选择了退缩与放弃，放弃了自己，放弃了他人，放弃了集体。在学习、工作、人际交往与集体活动中，他们"心甘情愿"充当一名"事不关己，高高挂起"的冷眼旁观者。

（二）生活变化带来无所适从

很多同学没有认识到自己在大学阶段该如何成长，结果蹉跎岁月，浪费了不少时间。他们在中学时常常把分数看得很重，也习惯了老师和家长从早读课到晚自习的叮咛与嘱托，学习几乎成为他们生活中的唯一内容。可来到大学后，他们却忽然发现找不到属于自己的位置了。没有了早读、早操，没有了模拟考、名次表，没有了班主任的监视，也没有了爸妈的"唠叨"。社团活动、学术讲座、模拟招聘、全科家教、钟点打工……如此丰富多彩的大学生活使他们在多年应试中形成的"分数至上，学习唯一"的思维模式受到了极大的冲击与震撼，于是入学后好长一段时间里他们感到无所适从。

（三）目标达成感觉空虚无聊

每一个沉甸甸的秋天之后都是空白的冬天，每片成熟的叶子之后都是一个忧郁的飘落。大学新生所处的适应期就是空白的冬天，拾到大学这片成熟的叶子，留给一个忧郁的飘落。大学新生在长达10多年的升学竞争压力下，长期处于紧张的学习中，心理上早已背上了沉重的包袱。对每一个学生来说，经过了"黑色6月"的高考洗礼，精神上都经历了炼狱的过程，终于"千军万马挤过独木桥"，如愿考上了大学。于是，有的学生认为"船到码头车到站"了，出现了明显的松劲心理；有的学生认为"我的人生目的就是考大学，考上了

就算对父母有所交代了";更有的学生认为"高中三年拼命,大学四年养病"。在这种松劲心理作用下,有的学生不思进取,没有了学习目标,没有了学习的动力,出现了"动力真空带"和"理想间歇期"。这些学生把高考作为最高目标,一旦目标实现了,便失去了继续奋斗的方向和动力。因此,当他们终于如愿以偿地来到大学校园时,急于摆脱高考时恐怖的"黑色"体验和十二年来寒窗之苦的压抑,匆匆投入浪漫、"轻松"、花前月下的生活当中。他们认为抽烟、酗酒、恋爱就是大学生活丰富的象征,而网吧、酒店、公园就是打破多年来教室、宿舍、食堂三点一线的标志。

某大学对 7 个班的 148 名大学新生进行了"入学后最迫切的愿望是什么"的调查,结果发现:40%的大学新生回答"希望有丰富多彩的文娱生活",60%的学生认为"自己的目标不明确"。另据对某大学物理系学生的问卷调查,大学生学习勤奋程度同高中相比,自认为有所提高的占 9%,大体相当的占 29%,有所下降的占 37%,大大下降的占 25%。在学习的积极性方面,自认为学习积极主动的占 23%,一般能完成学业但学习比较被动的占 45%,对学业采取应付态度的占 23%,不能完成学业、学习放任的占 9%。

这说明在相当一部分大学生身上不同程度地存在着学习动力不足的问题。这样的日子一方面使他们能感受到一直所向往的轻松、自由自在的生活,另一方面,却也无法抑制住时时来自心灵底层的极度无聊与空虚感。

(四) 价值固化错过精彩生活

经过了高考的失败体验,一些没有能够考上理想大学或专业的学生,暂时委曲求全地就读在目前的学校里。可他们并不甘心从此随波逐流,床头、日记、内心到处写着"天将降大任与斯人也,必先苦其心志,劳其筋骨……",以此励志。他们把继续升学作为唯一可以重新证明自己的机会。于是,从入学第一天起,就给自己制订了近乎苛刻的学习计划,继续着又一场考研博弈。这部分以学业成绩来衡量自己成败的大学新生,用原来的信念演绎着"学习成绩不好个人价值就低"的结论,使本应丰富多彩的大学生活变得单一而郁闷,一些学生因此而出现了失眠、神经衰弱和抑郁等症状。

(五) 技巧不足影响人际交往

进入大学前,许多人没有真正过过集体生活,无须处理人际相处问题。进入大学后,新生必须面对新的同学关系、师生关系,尤其是复杂的宿舍关系。在新的环境下,他们渴望被接纳、被认同,但由于人际交往经验欠缺、人际交往技巧不足,他们往往对人际交往缺乏应有的正确认知。当对方没有第一时间给予正面反馈时,他们就会产生焦虑、自卑、胆怯等负面情绪,严重影响良好人际关系的建立,导致人际适应问题。

他们把自己的内心世界封闭起来,经常处于一种要求交往而又害怕交往的矛盾之中,还有些学生因为不善交往或性格上的不合群,在新同学中不被理解而遭排斥,久而久之就产生一种受冷落或性格孤僻、粗暴等心理倾向。

（六）能力缺失造成生活困难

有心理学家认为，人的一生有两次"断乳期"。一次是脱离母体，一次是脱离家庭，走向社会。可以说，大学生正处在第二次"断乳期"。

对于大学生而言，由于大学里的环境与自己原来的生活环境差异很大，在生活适应上很难一下子到位，尤其是那些来自边远农村的学生和家庭条件特别好的学生。思念父母，难以抑制内心的伤感；事必躬亲，倍感处处艰难。例如，家住南方某市的一女生，上大学前事事有父母帮着，衣服父母洗，来到北方上大学，什么也没做过，一想到一大堆困难要靠自己去面对，就偷偷地哭。东北的一女生到南方某大学后，由于难以适应南方的生活习惯，经常给父母打电话，竟达到要退学的程度，父母不放心，丢下工作，千里迢迢去陪女儿。

大学生生活环境的变化体现在生活方式、生活习惯、生活范围等方面。中学生大多不住校，过着走读的生活，不少人有属于自己的独立生活空间，接受的是直接的"保姆式"管理，衣、食、住、行等生活起居都由家长安排，过着"衣来伸手，饭来张口"的生活，因而必然在心理上养成一种依赖性，缺乏独立自主的生活能力。而大学生活是走出家庭，与天南海北的同学过集体的生活，住宿舍吃食堂，经济开支、待人接物等都要靠自己处理。这对独立生活能力差的学生是严峻的挑战，尤其是南北的饮食、气候、语言、卫生、作息等习惯都或许难以适应，可能造成情绪的失落、烦恼、伤感。怎样调整自己的心态，学会宽容，学会理解，学会独立，将是大学生的必修课，可谓是生活处处皆学问。

三、导致大学生心理适应问题的主要原因

要想合理地解决大学生的适应问题，就必须对导致这些问题的因素有所了解。影响心理适应问题的因素是多方面，它是个人、学校、社会等诸多因素共同作用的结果，下面仅从几个角度加以分析：

（一）人格因素

从生理的角度讲，大一学生尚处在人格的建构过程中，人格发展还不完善，加之我国心理健康教育普及程度有限，他们在中学阶段并没有接受到良好的心理健康教育，还没有形成健康的人格，他们尚具有激进、偏激、心浮气躁、爱走极端的人格特征，或多或少地都存在着一定的心理缺陷。在情绪体验方面，他们很容易受到不利情绪的干扰，从而影响心理健康，并且自我调控能力欠缺，更使得事态变得严重。

（二）心理支持系统的缺乏

大一新生的困惑和焦虑大多是由于对某些信息不能及时获得造成的，比如刚入学时，新生可能会经常问这样一些问题：入党怎么入？入党申请书怎么写？社团是怎么回事？奖学金的评选标准是什么？我该怎样申请助学金？学习该怎么学？当然还有很多日常生

活中的情境性焦虑。如果学校、学院或者辅导员不能及时回答新生的这些问题,新生就会产生一定的困惑和焦虑。同样,来自生活和学习等各个方面的困惑和困难,一时不能解决,也会产生焦虑、迷茫心理。很多大学生从外省来求学,第一次这么长时间地远离父母,由于不能得到父母的关心和支持,不能得到老师、朋友的关心,从而产生孤独感。

(三) 自我评价失调

人对困难和挫折的感觉不在于所遭受的应激事件,而在于个体对应激事件的观念和态度。大学生尚处在心理结构发展不平衡的时期,其自我价值取向单一,对自我的认识和评价不客观。比如有的同学在大学里还持有"死读书"的观念,两耳不闻窗外事,什么班级活动、社团活动、学生会的活动都不参加,每天上自习到很晚。有的学生由于对英语、数学等学科不感兴趣,无情地把它抛弃了,并把这归因于"我能力差"、"我永远不行"等类似的话。自我认知的失调,往往使自己对自己的能力不能有一个客观评估,从而产生自我认知偏差,引发心理危机。

(四) 自控能力差

长期以来的小学教育和中学教育使得我国学生的自控能力非常差。在中学阶段,学生的学习通常以教师的讲授和监督练习为主,在这种学习背景下,严重扼杀了学生学习的主动性和积极性,只能被动地跟着老师的步伐走。而在大学教育阶段,需要的是学生的自主学习,培养的是学生的创造性思维。许多大一新生一时不能适应大学教育的方式,由于课程比较少,整天无所事事,最终沉溺于网络小说和电子游戏中不能自拔。适时培养大学生的自控能力是大学教育不容忽视的一个部分。

(五) 缺乏人际交往的技巧

心理学家丁琪说:"人的心理适应最主要的就是对人际关系的适应,所以人类的心理病态主要是由于人际关系的失调而来。"学生在中学阶段由于应试教育的影响,大多没有重视对人际交往技巧的训练,加之自我个性突出,习惯以自我为中心,以及青年期所特有的"心理闭锁",使得大一新生不同程度地存在人际交往方面的障碍。

相关链接 ++

一颗咖啡豆

萝卜、鸡蛋和咖啡豆分别放进 3 个锅里煮 20 分钟。

胡萝卜由硬变软。

鸡蛋由软变硬。

咖啡豆变水,变香。

父亲问女儿:"你是哪一个呢? 是看似强大,但一遇到逆境和痛苦就会变得软弱、失去力量的胡萝卜呢？是有着温柔的心灵,但在经过死亡、分别和离异的折磨之后就变硬的鸡蛋呢？还是让给你带来痛苦的开水发生了变化的咖啡豆？当水到达沸点的时候,咖啡的香味也最美。我希望你能努力做一粒咖啡豆,当事情并不尽如人意的时候,你能够改变你周遭的环境。生命中发生的一切都有它的道理,你需要找到原因,并从中学习。只要有信心,没有做不好的事。"

咖啡豆遇到挑战主动与环境融合,拥有了纯正的香浓。

一切都可以战胜,一切都是经历,一切都是选择,一切都是感悟。

资料来源:http://www.duwenzhang.com/wenzhang/lizhiwenzhang/20181029/395528.html.

第三节 大学新生适应能力的培养

> 心香一瓣
>
> 一个人绝对不可在遇到危险的威胁时,背过身去试图逃避。若是这样做,只会使危险加倍。但是如果立即面对它毫不退缩,危险便会减半。决不要逃避任何事物,决不!
>
> ——丘吉尔

一般来说,大学新生由于心理不适应而导致的心理失衡,其存在时间因新生心理素质的不同而有长有短。有些新生因心理素质较差,又得不到外部支持,很可能需要长时期调适才能适应,有的还可能长期不能适应,而导致一些心理问题和疾病的产生,有的甚至因此而休学或退学。所以,应注重对新生入学后的心理调适,帮助其顺利渡过心理失衡期。

一、大学新生心理适应调适

(一) 正确评价,合理定位

首先新生要逐步接受已成为普通一员的事实,能够接纳自我。在新的环境中大家都在同一起跑线上,都应从头开始。所以适当地降低对自己的希望值,接受"不完美"的自己,以开朗的心情投入大学生活,从而得到丰富多彩的人生感受。

其次,对自己的评价要恰当、适度。"天生我材必有用","尺有所短,寸有所长",每个人都有自己的长处和短处。只有对自己有一个清楚全面的认识,才能准确地对自己进行新的角色定位,也才能很快地适应新环境,克服心理失衡。

新生在认识、评价自我时,也应"对心目中的大学进行调整,使其回归到现实中,以减少理想大学与现实大学间的冲突而导致的心理落差和失衡"。同时新定位的角色也只有建立在现实大学的基础上,才可能正确。

(二)独立自理,主动学习

正视现实,提高自立和自理能力。当新生远离家乡来到外地上大学时,从事事由大人做主到常常要自己拿主意,从由老师制订学习目标、计划到自己独立去适应新的教学风格和学习方式,从中学时代拥有一些亲密好友到初入大学的孤独失落,大学新生面临众多的"心理丧失"的困扰。所以,大学新生入学后在思想上要认识到,人的一辈子其实就是一个不断"失去"的过程,如果我们一辈子都惧怕失去,都不愿意付出任何代价,那么我们也终将失去发展的机会。

调整学习方法。学习方法对学习结果的影响是不言而喻的,而大学的学习方法又与中小学的方法差别很大,许多学生一时难以适应。在高校心理咨询中心,一些大学生心情沮丧、神态忧郁,主诉的内容多与学习上的挫折有关。

例如,某一理科女大学生在高校心理咨询中心主诉时,觉得自己上课听不懂,作业不会做,学习成绩总上不去,尤其是高等数学和英语最感头疼。过去在读高中时,自己能控制、掌握自己,通过努力,学习成绩总能赶上去,可是自从上了大学,这一套却不管用了。

究其原因,我们不难发现,承袭过去在高中阶段的学习方法,即使勤奋用功可能也难以获得能力的全面提高,这在大学新生里是相当普遍的现象。尤其对那些高中阶段的学习尖子来说,这种挫折可能会造成自信心的丧失,严重者可导致神经症和精神病。要使他们从这种打击中恢复过来并非一两天的事。

大学里面的学习气氛是外松内紧的。进入大学后,以教师为主导的教学模式变成了以学生为主导的自学模式。在学习上,要变被动学习为主动,教师在课堂讲授知识后,学生不仅要消化理解课堂上学习的内容,而且还要大量阅读相关方面的书籍和文献资料。可以说,自学能力的高低成为影响学业成绩的最重要因素。这种自学能力包括:能独立确定学习目标,能对教师所讲内容提出质疑,查询有关文献,确定自修内容,将自修的内容表达出来与人探讨,写学习心得或学术论文等。

和中学相比,在大学里很少有人监督你,很少有人主动指导你。这里没有人给你制定具体的学习目标,考试一般不公布分数、不排红榜……但这里绝不是没有竞争。每个人都在独立地面对学业;每个人都该有自己设定的目标;每个人都在和自己的昨天比,和自己的潜能比,也暗暗地与别人比。大学的学习环境弹性很大,在学业完成、课程选修等方面有很大的自由选择空间,这就需要大学生做出独立的判断和选择。在大学生活的每一阶段都要很好地进行自我设计,把每一阶段的学习生活与自己的未来打算联系在一起,给自己明确的定位,使学习生活更有目的性。同时,在生活上也要逐步学会独立自理,在为人处世上,不要人云亦云,唯有如此,大学生活才不会虚度,才能更好地实现自我价值。

除自己积极调适外,还应该积极寻求外部支持。如向老生请教,积极参加各种文体活动,参加各种学生组织。心理问题长久不能解决的,则应该寻求老师和心理医生的帮助。

（三）热情宽容，诚信做人

人对环境的适应，主要是对人际关系的适应。有了良好的人际关系，人才有了支持力量，有了归属感和安全感，心情才能愉快。新生入学，常常会由于人际关系复杂、交往受挫而引发自卑、孤僻等心理问题。为了与同学和睦相处、交往顺畅，新生应本着诚实的原则，变被动为主动。处于青春期的大学新生，有着强烈的自尊、认同和归属的需要，但往往由于青春期的闭锁心理，他们宁愿采取被动接受的态度，从而阻碍了相互间的沟通和交流。如果始终沉浸在自己的"孤独"之中，永远把感情寄托在过去的环境上，那就无法走出心理丧失感。因此，与其消极被动地等待友情，不如积极主动地去适应新的环境。同时，与人交往时，既不要为了交往而有意委屈自己，同时也要尊重别人。与同学发生不快和矛盾时，应通过换位思考来冷静处理。人际交往要心理相容。每个人的长处短处各不相同，本着"求大同存小异"的原则，学习别人的优点，包容别人的缺点，你就会得到很多的朋友。尽管现在社会竞争激烈，利益冲突增多。然而，无论什么时候，那些不过分计较自己，多为别人着想的人，总会受到大家的尊重和喜爱。当你有了新朋友时，就会有人分享你的快乐和烦恼，你也就有了更多的进步动力。

作为学生，应学会多渠道主动与老师交流和合作。首先要理解老师的多种角色，有的老师，不仅是老师，而且是领导，还是科研工作者。因此，他们的时间非常宝贵，所以如果你不能主动与大学老师沟通和交流，老师可能以为你没有这样的需求。当然，与老师的沟通和交流有多种方式，不仅可以面对面地交流，还可以通过网络、电话、书信等来交流。

（四）明确目标，积极进取

无论工作、学习、生活，要想有好的结果，必须规划好目标。很多适应困难都与目标确定不当有关。许多新生入学后，往往会有意放纵自己，导致目标、理想、方向的迷失，这是诱发心理问题的病灶。

确立目标首先应当根据社会发展和自我发展的需要，为自己制定一个远期目标。还要制定一个为实现远期目标而设立的近期目标，即短期内立即要做的事，这样的事要一件一件地做，并以此一步步地接近并最终达到远期目标。目标的制定要依据自己的个性特点、能力以及客观所提供的条件，盲目地追随别人或社会时尚，不但不会获得成功，还会影响心理的平衡。

其次，还应该随时根据已经变化了的情况，及时做出调整，以免目标脱离实际而不能实现。只要我们能确立一个合适的目标，就会有行动的方向和动力，就会充满信心和活力，就能如愿地实现自己的目标和理想。这样，你才能体会大学生活和学习中的成就感和充实感。

再次，积极行动。积极行动可以摆脱由于环境不适应带来的孤独、苦闷、烦躁、恐惧和空虚。当你对环境不满意、不熟悉时，只要你积极行动，为集体、为他人多做些事情，你就会逐渐熟悉环境，别人也会从你的行动中了解你，你就会逐渐融于新的环境之中。当你全身心地投入学习中去的时候，你就不会像往日那样去琢磨自己的心境。其实，很多烦恼都来自于自己的"冥思"。那些专心于自己事业的人们,那些辛勤劳动着的人们,根本没有工夫去"空虚"、"烦恼"和"失落",这样那样的不适和疾病往往与他们无缘。即使面对严重的生活事件或心理应激,只要他不放弃积极行动,必能以积极的态度去处理和应对,把损失或伤害降到最低限度。

有一位失去爱女的父亲,在极度悲痛时接受心理医生的劝告,尽快去投入工作,在充实的生活中缓解严重的不良情绪,最终保持了身心的健康。而他的妻子则在持续而极度的痛苦中患上了癌症。所以那些为活得太累而经常烦恼的人,应赶快行动起来,行动会带给你价值,行动会带给你心理的健康与欢乐。

作为大学生,积极行动意味着你能积极投入学习和学校各项活动中去,积极投入社会的各项实践活动中去,在这些活动中提高自我选择、自我决断、自我管理能力,提高处理各种复杂事物的工作能力,同时也提升自信心,完善自己的人格。

总之,为了尽快适应大学学习生活,新生应积极调整心态,对自己要有一个再认识:不因生活环境不适应而产生失望感;不因人际关系不适应而产生孤独感;不因在中学时的优势消失而产生失落感;不因对学校管理制度不适应而产生压抑感。可多翻阅心理健康方面的书籍或多去参加学校组织的有关心理咨询活动,以帮助自己尽快适应新的学习生活。

相关链接

练习正视别人并微笑,如果一下习惯不了,可以先练习正视对方的鼻梁。这样可以让你自己有信心,也让别人觉得你友好并值得信任。

很多事情别人通知你了,要说谢谢,没有通知你,不要责怪,因为那些事你应该自己弄清楚。

千万别迷恋网络游戏。

每个星期抽出一定的时间锻炼身体。

一定要利用好图书馆的资源。

如果你的个性让很多人敬而远之,那么你的个性是失败的,个性的成功在于吸引,而不是排斥。

不要希望自己做个任何人都不得罪的人,总会有人反对,有人支持。

多给家里人打电话、写信,告诉父母你的情况。

如果你的家庭一般,那么不要乱花钱;如果你的家庭富足,也不要乱花钱。

养成良好的生活习惯。

不要因为遇到点小小的不适应就想着要结束自己宝贵的生命,那样既伤了父母的心,又不会获得尊重。

融入团队,适当参加一些班级、系里组织的集体活动。

资料来源:仲少华,蒋南牧.新编大学生心理健康教程[M].上海:上海交通大学出版社,2012:11.

二、如何更好地利用大学生活

观念决定收获。问问自己：我将如何最大限度地受益于大学教育？抱着积极的态度对待大学的教育，明白大学教育对你的人生意义，那么你会从课程和老师那里获得更多的东西。

放弃逆反心理。逆反是问题的表现。与师长、他人对着干并非显示自我存在或价值的有效方式，明智的选择是对自己的一生负责。每个人都可以找到和师长闹别扭的理由，你可以找出千万条理由解释自己对学习兴趣不高，没有信心或没有动力，你也可以指责老师上课没有热情，讲课单调乏味，课程一成不变，缺乏生动的例子等。要知道，在任何情况下你都不会一无所获，不要找借口！学无止境，抓住任何机会学习，就像海绵一样汲取知识。如果你离开大学的时候还跟过去一模一样，那你怪不得别人，只能怨你自己。大学是一个变化的过程，但你得自动促成这些变化，谁也无法保证未来，"玉不琢不成器，人不经难不成才。"

遇事要有主见。不要轻易相信别人说这个老师"好"或那门功课有多难，要知道每个人的情况不同、背景不同，工作准则也并不同。有些事情对这个人来说很难而对那个人可能易如反掌。

大学本身就是生活。大学不是你的生活序曲、准备或前奏。你的价值观、你的兴趣以及工作准则在大学期间就已经开始形成，你的人生航船已经扬帆。

学会提问和听取意见。经常提问是提高生活价值的一个重要途径。没有问题的生活空洞而没有意义。良好的建议不会自己找上门，你得经常找你的导师及辅导员谈心。承担责任意味着从负责人那儿获得建议，而不是依靠你的同学或朋友为你解答重要问题。懒人只听一面之词，而不考虑消息的来源，在做出重大决策前不愿听取多方意见，聪明的人则广泛聆取信息。

相关链接

一位科学家曾经对两只老鼠进行"精神压力"的实验。他把其中一只老鼠的压力基因全部抽取出来，另外一只则维持原样。然后把它们放到一个仿真的环境中。那只无压力基因的白鼠兴奋异常，到处乱跑。另外那只则仍是"胆小如鼠"，小心翼翼，一遇风吹草动就警觉躲避。也许有人说："就像人一样，有压力，很可能畏首畏尾一事无成。"实验的结果是：那只无压力鼠爬上13米高的假山，掉下来摔死了。

看来，"人无远虑，必有近忧"还是有一番道理，可是面对一种新的环境的时候我们同样不能跟压力鼠一样缩手缩脚，正确认识我们在适应过程中的问题，才能更好地适应大学生活。

资料来源：http://www.1010jiajiao.com/gzyw/shiti_id_ce7656 c3ff2524d46d2a1820b9efc803/.

三、大学新生适应能力训练策略

（一）增强对问题的预测力

"凡事预则立"，大一新生如果在心理上对问题有个准备，就不会仓促应战，弄得自己措手不及。

现在拿出一张纸，以笔作剑吧，不停地逼问自己：你遇到了哪些问题？你回避问题吗？你是否觉得"山雨欲来风满楼"而惶惶不安？

高尔基说："勇敢的海燕在暴风雨来临之前高傲地飞翔"，而"蠢笨的企鹅怯懦地将头埋在岩石下"。你是否像一只鸵鸟，以为将头埋在沙里危险就会消失了？以下观点对你减轻压力肯定有帮助：

1. 问题的普遍性。一旦你知道这些适应问题是所有大一新生都普遍面对的问题时，你就不会觉得孤军奋战了，你就不会觉得老天不公了吧。

2. 问题的必然性。这些问题是成长过程中必然要遭遇的，就像人无法回避死亡。既然这样，就当思考如何解决吧。

3. 问题的发展性。回想一下，谁不是在问题中成长和成熟的，没有问题就没有成长，人类总是在发现问题和解决问题中获得成长的。问题越复杂，对我们成熟更有利（想想看，如果你现在的问题还是上街怕走丢了，那你现在的发展水平是可想而知的），也预示着我们新的一轮成长开始了，所以你应该勇敢地面对问题！

（二）准备"应变"

《西游记》中的孙行者在西天取经路上，靠着自己七十二变，当然也靠着一行人同心协力，战胜妖魔鬼怪，最终打通取经的成功道路。如果你知道大学生活也是一个改变的过程，是不是就知道你需要做的就是"应变"。

首先写出关于"变"的词语。

其次，回忆自己曾经走过的生活道路，想想自己是如何应"变"的？比如，在困难时，你是如何随机应变？在一种办法不能解决问题时，你又是如何变通的？在人前遭遇尴尬时，你是如何应变的？

最后，请写出你对"应变"的思考。

提示：要适应环境，就要变通，有时甚至要放弃自己原有的东西，才能适应环境转变的需求，才能获得更大的发展。有人认为大学新生至少应该有"四变"。第一是"心变"，转变对人对事主观的、天真的心态；第二是"脸变"，担任多种角色，少点娃娃脸，多点成人颜色；第三是"向变"，调整或改变原来的奋斗目标；第四是"法变"，转变自己的学习、生活、交往的方式方法。

还有哪些需要"变"，请你补充。

（三）做好三个转变

第一是转变你的学习目的、学习方式方法。大学的学习以自我监控与指导为主,如果不能很好地调整自己的学习方法,适应这一差异,就很容易在学习上落下来。有的学生对于"能力与学习哪个更重要?"这一问题认识有误,认为专业学习不再是衡量一个学生优良的标准,取而代之的综合素质和能力的提升才是最重要的,于是他们几乎把所有的时间都花在了所谓的能力提升上,在众多学生组织中任职,耗费了大量的时间,耽误了学习。

第二是转变你的人际关系观念。不能根据个人好恶交往,学会与自己看不惯的人和平共处。不能以自己的标准强加于人,而应在相互协调的约定下进行自我的心理调试。要以一种平等的姿态,以一颗坦诚之心与他人进行交流沟通和相处,从而拥有一个良好的人际关系网,而这种人际关系又会使你感到轻松自如、心情舒畅,能够帮助自己从紧张的心理状态中解放出来,减轻甚至摆脱不必要的心理困扰。

第三是转变你对自己的认识与评价。通过对自己存在的不足以及和别人的差距进行客观分析。差距分为两类,一类是必须想办法缩短的差距,比如学习方面、人际交往方面的问题。因为学习、掌握知识是将来开创事业的必备手段,而交往是重要的辅助手段,这是你今后安身立命的根本。另一类差距是正常的差距。这类差距能缩短更好,不能缩短也无大碍,因为个体之间肯定存在差异,一个人不可能在所有方面都优秀。在了解自己的不足和差距的同时,还要肯定自己的优点,自爱、自信、保持开放的心态,这样才能客观面对"相对平凡"的现状。

（四）正确面对挫折

在新的环境里,学生肯定会遇到各种挫折,比如进入了不理想的大学或者不理想的专业,不能很好地适应新的环境,和同学搞不好关系,不能跟上教师的教学进度……这些都是挫折。所以,大一学生首先要学会应对各种挫折。

美国心理学家埃里斯认为,导致人们对环境适应不良而出现消极心态的原因,并不在于人们所经历的各种事件本身,而是在于人们对这些事件的看法、评价和解释,即个人对事物的错误认知方式。

一位大学生因为自己没有考入理想的大学而烦恼。他会认为烦恼是因为没考入理想的大学。而他烦恼的原因实际产生于"我只有考入理想的大学才会成才,没有考入理想的大学,对于个人来说是最倒霉的事"这样的不合理的观念。如果他认为,无论什么样的大学,只要个人努力都会成才;世界上的事情未必样样都能如己愿;个人理想不能完全实现是常有的事,不必过分在意,就不会悲观和烦恼了,他会很快适应现在的环境,努力发展自己。

那么,你也可以试着列出自己头脑中的不合理观念,例如对环境的不合理信念、对别人的不合理信念、对自己的不合理信念,并尝试用合理的信念去替代它。

（五）开放自己，寻求支持

对大学新生，为了尽快适应大学生活，你必须寻求，教师、学长、有关书籍等"高参"为你提供关于大学的更多信息，帮助你尽快地认识大学，适应大学。

做一做：建议你用一些时间去找有经验的老师、学长以及有关大学生的书籍，和他们交流，并将如何尽快适应大学的有关内容和观点摘录，汇总，形成指导自己的学习、生活、交往的基本思路。

（六）明确自己的任务

要适应大学生活，必须处理好以下几个方面问题，这里我们只是给你提出来，至于如何具体处理，你将在本书之后的篇目中具体了解，这里希望你有个清晰的思路。

1. 处理好心理落差。新生在适应大学新环境变化中最主要的心理障碍是理想的大学生活与现实环境之间的差距所造成的心理落差。

2. 选准参照系，重新认识自己、评价自己，给自己重新进行角色定位，扬长避短，发展自己。

3. 学会与人相处，调整人际关系。

4. 合理安排时间，掌握科学学习方法。

5. 重新确立在大学的学习、奋斗目标。

相关链接

小故事大道理

有人问登山家："如果我们在半山腰，突然遇到大雨，应该怎么办？"

登山家说："你应该向山顶走。"

"为什么不往下跑？山顶风雨不是更大吗？"

"往山顶走，固然风雨可能更大，却不足以威胁你的生命。至于向山下跑，看来风雨小些，似乎比较安全，但却可能遇到爆发的山洪而被活活淹死。"登山家严肃地说："对于风雨，逃避它，你只有被卷入洪流；迎向它，你却能获得生存！"

资料来源：http://tieba.baidu.com/p/5571847643.

心理自测

适应能力自测

下面的问题能帮助你进行心理适应能力的自我判别。请认真阅读，并决定其与你实际情况的符合程度,然后从每个项目的三个备选答案中选出一个来。

1. 我最怕转学或转班级,每到一个新环境,我总要经过很长一段时间才能适应。

A. 是　　　　　　　　B. 无法肯定　　　　　　　C. 不是

2. 每到一个新的地方,我很容易同别人接近。

A. 是　　　　　　　　B. 无法肯定　　　　　　　C. 不是

3. 在陌生人面前,我常无话可说,以致感到尴尬。

A. 是　　　　　　　　B. 无法肯定　　　　　　　C. 不是

4. 我最喜欢学习新知识或新学科,它给我一种新鲜感,能调动我的积极性。

A. 是　　　　　　　　B. 无法肯定　　　　　　　C. 不是

5. 每到一个新地方,我第一天总是睡不好,就是在家里,只要换一张床,有时也会失眠。

A. 是　　　　　　　　B. 无法肯定　　　　　　　C. 不是

6. 不管生活条件有多大变化,我也能很快习惯。

A. 是　　　　　　　　B. 无法肯定　　　　　　　C. 不是

7. 越是人多的地方,我越感到紧张。

A. 是　　　　　　　　B. 无法肯定　　　　　　　C. 不是

8. 我的期末成绩多半不会比平时练习差。

A. 是　　　　　　　　B. 无法肯定　　　　　　　C. 不是

9. 全班同学都看着我,心都快跳出来了。

A. 是　　　　　　　　B. 无法肯定　　　　　　　C. 不是

10. 对他(她)有看法,我仍能同他(她)交往。

A. 是　　　　　　　　B. 无法肯定　　　　　　　C. 不是

11. 我做事情总有些不自在。

A. 是　　　　　　　　B. 无法肯定　　　　　　　C. 不是

12. 我很少固执己见,常常乐于采纳别人的观点。

A. 是　　　　　　　　B. 无法肯定　　　　　　　C. 不是

13. 同别人争论时,我常常感到语塞,事后才想起该怎样反驳对方,可惜已经太迟了。

A. 是　　　　　　　　B. 无法肯定　　　　　　　C. 不是

14. 我对生活条件要求不高,即使生活条件很艰苦,我也能过得很愉快。

A. 是　　　　　　　　B. 无法肯定　　　　　　　C. 不是

15. 有时自己私下里明明把材料背得滚瓜烂熟,可在当众背的时候,还是会出差错。

A. 是　　　　　　　　B. 无法肯定　　　　　　　C. 不是

16. 在决定胜负成败的关键时刻,我虽然很紧张,但总能很快地使自己镇定下来。

A. 是　　　　　　　　B. 无法肯定　　　　　　　C. 不是

17. 我不喜欢的东西,不管怎么学也学不会。

A. 是　　　　　　　　B. 无法肯定　　　　　　　C. 不是

18. 在嘈杂混乱的环境里,我仍然能集中精力学习,并且效率较高。

A. 是   B. 无法肯定   C. 不是

19. 我不喜欢陌生人来家里做客,每逢这种情况,我就有意回避。

A. 是   B. 无法肯定   C. 不是

20. 我很喜欢参加社交活动,我感到这是交朋友的好机会。

A. 是   B. 无法肯定   C. 不是

评分规则:

1. 凡是单数号题(1,3,5,7……),选"是"得－2分,选"无法肯定"得0分,选"不是"得2分。

2. 凡是双数号题(2,4,6,8……),选"是"得2分,选"无法肯定"得0分,选"不是"得－2分。

3. 将各题的得分相加,即得总分。

结果解释:

35~40分:心理适应能力强。能较快地适应新的学习、生活环境,与人交往轻松、大方。给人印象好,无论进入什么样的环境,都能应付自如,左右逢源。

29~34分:心理适应能力良好。

17~28分:心理适应能力一般,当进入一个新的环境,经过一段时间的努力,基本上能适应。

6~16分:心理适应能力较差,依赖于较好的学习、生活环境,一旦遇到困难则易怨天尤人,甚至消沉。

5分以下:心理适应能力很差,在各种新环境中,即使经过一段相当长时间的努力,也不一定能够适应,常常困惑,因与周围事物格格不入而十分苦恼。在与他人的交往中,总是显得拘谨、羞怯、手足无措。

如果你在这个测查中得分较高,说明你的心理适应能力较强,但需保持和继续努力;如果你得分较低,也不必忧心忡忡,因为一个人的心理适应能力是随着年龄的增长、知识经验的丰富、各种能力的提高而不断增强的。只要你充满信心,刻苦学习,虚心求教,加强锻炼,你的心理适应能力一定会增强的。

互动训练

1. 总结过去,面对未来

在进入大学前,同学们都多多少少经历过一些变化,并从以前的一些变化中适应过来,可能有的适应是被迫的,有的适应是在不知不觉中发生的,对这些适应过程,大家并没有形成清晰的认识,不知道要怎么改进,也不知道用什么方式改进,甚至都不曾和别人交流过,今天我们要完成的任务就是和别人交流自己曾经成功适应环境的经验,学习新的方式方法。

任务方式:6~8个同学为一组,准备好纸和笔,回忆自己曾经走过的生活道路,想想自己是如何应"变"的? 如在困难时,你是如何随机应变的? 在一种办法不能解决问题时,你又是如何变通的? 在人前遭遇尴尬时,你是如何应变的? 然后在组内分享自己当时的故事及解决问题的方法,然后展开讨论,总结出面对现在困境的方式方法。

2. 观看电影《谁动了我的奶酪》

写出对"应变"的思考:

_____

_____

提示:人的一生要经历很多变化,要不断变通,有时甚至要放弃自己原有的东西,才能适应环境转变的需求,才能获得更大的发展。如何应对各种各样的变化?《谁动了我的奶酪》告诉我们一个最简单的办法,那就是把跑鞋挂在脖子上,时刻准备穿上它,在千变万化的世界里追寻自己的目标。

新的生活中有哪些内容需要你去"应变",请写出来:

_____

_____

_____

3. 规划大学第一年目标

步骤1:选出在这一年里对你最重要的四个目标。

最重要的四个目标	实现目标的理由 (或者目标的重要性)	实现目标的把握

步骤2:列出你实现目标过程中已有的各种重要的有利条件和不利条件以及你的对策或措施。

目标对策	目标1	目标2	目标3	目标4
有利条件				
不利条件				
对策或措施				

4. 确立人生目标

纵向目标

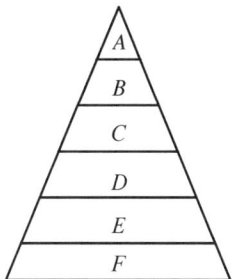

人生总目标：_____。

长期目标(10年～　)：_____。

中期目标(5年～10年)：_____。

短期目标(1年～5年)：_____。

近期目标(1年内)：_____。

日常计划(每周、每天)：_____。

横向目标

做人：_____。

做事：_____。

(也可以具体分为学习、品德、能力、工作、身体等方面)

拓展资源

心理学网站：

1. 西南大学阳光心理网：http://soul.swu.edu.cn/s/soul/news3/

2. 中国大学 MOOC——好心态，如何造：https://www.icourse163.org/course/HUNNU-1205793808

3. 网易哈佛大学公开课：幸福课：http://open.163.com/special/positivepsychology/

4. 大学生活网：http://www.sxnet.com.cn/

心理学电影：

1.《喜福会》(1993)

2.《美丽心灵》(2001)

电影片段

第三章

认识自己　悦纳自我

案例导读

小李的自尊心

小李是某高校的一名大一女生,从小学到高中一直成绩优秀、品行端正,受到老师的喜爱和同学的尊重,并且长期担任班干部。然而,一次考试中小李有一门功课不及格,对于从未在学习上亮过"红灯"的她而言,不亚于一场灵魂的地震。她感到万分羞愧,无地自容,在同学、老师、父母面前再也抬不起头来,仿佛以前所有出色的表现一下子都不真实了,别人都用怀疑、责备、怜悯甚至挖苦的眼光看着她。小李惶恐之极,为了挽回自尊,她拼命地学习,并以此为理由辞去班干部职务。但是,在沉重的心理压力和抑郁、痛苦的情绪状态下,她难以专心致志地学习,成绩反而全面下滑,并且出现了严重的神经衰弱和情绪、行为的异常状态,只好办理休学手续,长期待在家养病。

资料来源:李梅,潘永亮.大学生心理健康教育[M].杭州:浙江大学出版社,2014:55.

想一想:

(1) 小李为什么会出现严重的心理压力?

(2) 如何帮助小李正确看待自我?

本章概要

1. 个体自我意识的发展及功能;

2. 大学生自我意识的发展特点与偏差;

3. 大学生健康自我意识的形成与培养。

在古希腊一座古老的神殿上,镌刻着这样一句话:"认识你自己。"中国古语亦云:"人贵有自知之明。"大学生若对自我认识不清,误判自我,或自负,或自卑,可能导致诸多心理问题。对青年大学生来说,拥有完善的自我意识,能够促进心理健康成长。通过本章的学习,我们将了解自我意识的概念,认识自我发展的重要性,识别成长过程中自我意识的偏差,掌握培养健康自我意识的方法。

第一节　自我意识概述

心香一瓣

　　无论在什么时候,永远不要以为自己已经知道了一切。不管人们把你们评价的多么高,但你们永远要有勇气对自己说:我是个毫无所知的人。

——巴甫洛夫

　　俊美的河流之子那喀索斯在水中看到一个人的面影,他迷恋上了那个水中人,并为之而茶饭不思,最终抑郁而死,化作水仙花,永远待在河边顾影自怜。如果说那喀索斯不知道水中人就是他自己近乎荒诞,那么今天,我们同样会看到很多的大学生因为缺乏完善的自我意识而让自己陷在迷茫和惆怅之中。心理学者认为从某种意义上讲,人认为自己是怎样一个人,比他真正是怎样一个人更重要,因为每个人都是按照自己认为是怎样一个人而行动的。而一个人只有对自己各方面都有比较积极的认识,才能在环境的适应、个体的发展上,获得较满意的结果。所以积极正确的自我意识是心理健康的首要条件。

一、什么是自我意识

　　自我是心理学的重要内容。精神分析学派创始人弗洛伊德提出了"自我的三结构说"即本我(id)、自我(ego)和超我(superego),从人格的三个维度上研究自我的发展。意识是人脑对客观事物的主观反映,意识既是心理学研究的重点,也是难点。与意识相对应的是"潜意识",弗洛伊德曾用冰山比喻。意识只是冰山浮出水面的尖峰,而潜意识则是潜藏于海底的冰体,蕴藏深厚,但不被看到,在他的理论中强调了潜意识对人发展的重要性。

　　美国心理学家詹姆斯(W.Jame)提出,凡属于我或与我有关的事物都是自我的内容,如身体、品质、能力、愿望、家庭等,自我从物质自我、精神自我和社会自我三个层次起作用。

　　社会心理学家库利(C.H.Cooley)指出,自我是一面镜子,它从别人那里反映自己的行为,自我是经历无数次他人评价而形成的社会产物。而米德(G.H.Mead)则认为,自我分为主体我(I)和客体我(Me),主体我代表每个人的自然特性,而客体我代表自我社会的一面;主体我先于客体我形成,客体我形成需要很长时间,自我意识的发展包含主体我与客体我不断对话。

自我意识(Self-consciousness)是意识的核心部分,就是对"自我的认知",或者说自己对自己的认知。它包含自我认知、自我评价和自我控制。如果再进一步简化,自我意识是对自己及自己与周围环境关系的认识,包括对自己存在的认识,以及对个体身体、心理、社会特征等方面的认识。这种认识是个体通过观察、分析外部活动及情境、社会比较等途径获得的,是一个多维度、多层次的心理系统。

二、自我意识的发展

最原始的自我意识是自己的身体与其他物体的区别。在生命降生之初,婴儿是没有自我意识的,基本是生活在主体和客体未分化的状态之中,甚至不能意识到自己同外界事物的区别。因此,婴儿经常会把自己的指头当作母亲的乳头来吸吮也就不足为怪了。大约到8个月时,自我意识的最初形态——生理自我开始萌发了。以后,经过20多年的发展,自我意识才逐渐稳定、成熟,这期间大致可分为三个阶段。

(一) 自我意识的产生(3 岁前)

8个月时,婴儿产生的"生理自我",是自我意识的开端。这是个人对自己身体的意识,是对自身与外界相区别的意识,包括对他物的占有感、对他人的支配感与对自身的爱护感及满足感。"生理自我"一般在3岁时表现得最突出。

1岁左右,儿童开始把自己的动作与动作的对象区分开来,例如,他可以将拿着玩具的手与玩具区分开,不会再认为玩具是手的一部分。而且可以认识到镜子里的人是"自己",不再会对着镜子哭,反而表现出莫大的兴趣,非常喜欢照镜子。一周岁后,已逐渐认识了自己的身体、身体的各个部位及相应的感觉。但这时的儿童是将"自己"当客体来认识的,最有代表性的行为是,用自己的名字称呼自己,并以此表达自己的需要。例如,宝宝要喝、宝宝饿、宝宝嘴……却不会用"我"这个词。大约在2周岁,儿童才逐渐学会使用词"我",而且往往是先掌握了"我的",而后才是"我"。

如果我们注意身边的3岁左右的儿童,通常会发现他们有一种"小大人"的可爱又蛮横的特点。身高不足,却要自取高物;体力欠佳,却非自摆桌椅不可。如果大人好意帮助,还会招致反感,甚至哭闹着要求让自己来做一遍。心理学上称这个时期为第一反抗期,是自我意识的一个明显外化时期。"我"的使用大大增加,有很多非常极端的"自立"要求,使得大人常常或胆战心惊,或连喊带吓,或无可奈何。因而心理学家也把这一时期称为"自我中心期"。

(二) 自我意识的发展(3 岁—青春期)

从3岁到青春期,是个体自我意识的发展时期,但这个时期个体的眼光是向外的,他的兴趣中心是自身以外的外部世界,对自身内在的世界并未关注。个体在不断地与外界接触,在与他人交往的过程中,进一步确定自己,逐渐明确自己与他人、与世界的关系,以及自己的作用与地位。因此,我们也把这一时期的自我意识称为"社会自我意识",即个体对自身社会角色的意识。

如果让我们回忆 12 岁(或初中)以前的生活,我们更多的是对当时生活环境、周围伙伴、老师以及父母对我们的教养等印象深刻,而有关自身内心的感受、思想的发展几乎是难寻痕迹的。也许还记得幼儿园时期的口头禅"老师说的"、"我爸爸说的",小学时期的"我们班主任老师说的"或"张三也这样的"等。那时的"自我"只是外部世界的镜子,只会被成人、他人的观点左右,虽然也有不认同的时候,但那时的"辩护"、"抗议"也不过是成人不同认识的反映,并非真正自己思考的结果。这时我们认识自己的一个最主要的途径就是"他人的评价"。这一时期是受外界社会文化影响最深的。通过他人的评价,我们会从周围的世界中寻找榜样,模仿、认同、内化为自身的行为方式、评价标准;或从自身的奖惩经历中总结一定教训,加以改正,种种这些都使我们逐渐形成了各种社会角色,诸如淘气包、乖乖女、捣蛋鬼、"三好生",等等,正因为这是一个外在自我形成的时期,所以有的学者称其为"客观化时期"。

(三) 自我意识的成熟(青春期—成人)

青春期是人发展过程中的一个非常特殊又重要的时期,不知有多少名人名家以此为题,大做文章,心理学、教育学的书籍里也有大量的篇章专述此问题,称它为"暴风骤雨期",家长、老师更是对这一时期视作"危险期"、"莫名其妙期"。何以如此?

还是让我们先回过头看看自己的青春期吧!那时的你与以往有何不同?是不是开始有了关于自己的秘密,是不是开始渴望一种内心的交流,是不是开始对"父母之命"、"尊师之语"产生了疑虑,是不是开始注意到性别上的种种差异。那时的你与现在的你有什么不同呢?也许你还记得那时你对父母的不满、对老师的挑剔、对时世的愤愤不平吧,不愿意父母过问太多,常常要为自己的权利"抗争",激烈的时候,甚至即使是喝水这样的小事也会发生冲突。

那时的你又好像回到了 3 岁时的"任性"、"蛮横",可又与 3 岁时不同。3 岁的你是逞强的,几乎是过分地在表现自己,并不会认真地去考虑所做之事的对错是非,也不会在事后进行必要的反思;而这时的你会反思、会矛盾,甚至在与父母、师长发生了冲突后会自责。

父母、老师都会发现进入青春期的孩子往往会变得不如以往活跃了,好像懂事了,但同时又常常很"激烈"、很"逆反",因为这时的个体开始将注意力从外界转入自身,开始渴望了解自己了。这之前犹如一张白纸,任外界涂抹,这时开始注重个人选择,开始要以一个独立的个体来比较、评价、选择,不再像从前那样要么自恃什么都知道,要么什么都希望有个样板好去模仿,这时自己的内部像生出了一把尺子,有了衡量的标准。

应该说青春期是我们身心发展的过渡期,更是自我意识发展的关键时期,这个时期有人称它是自我意识由"客观化期"到"主观化期"的过渡,伴随着个体此时在生理、认知、情绪等各方面的急剧变化,如性的成熟、逻辑思维和想象力的发展、感受性的提高,个体把关注的重点转向内部,开始去发现、体验自己的内心世界,关心自己的形象,不再简单地认同别人的观点,而有自己的独特理解。经过此后 10 年左右的发展,自我意识最终趋于成熟,个体获得"心理自我",即个人对自己心理的意识,包括个人对自己的智力、性格、态度、信念、理想和行为等的意识。

自我意识的发展是连续的过程,伴随我们的一生,虽然理论上一般可以分为以上三个阶段,但不同的个体在不同的生理机制、生活经历、社会文化环境的影响下又会有所差别;同时并不是每一个体都能获得成熟的自我意识,也许他的一生都会处在"客观化"时期,使得自己完全随外界而动,而有的人也许过早地进入"主观化"时期,显得与生理年龄不相协调的"沉思",或由于过度关注自身而产生焦虑、紧张等适应不良。分析心理学的创始人荣格曾指出,极度关注外界是神经质的病因,而极度关注自身则会导致精神分裂。因此,自我意识发展是否正常、是否完善是心理健康的一个重要标志,甚至是划分心理正常与异常人群的一个衡量标准。

三、自我意识的心理功能

(一) 决定个体行为的持续性与目标性

人是社会的动物,人的行为既受诸多社会因素决定,又在很大程度上与自己的自我意识有着很大的关系。每个人的现实行为,并不单是由其所在的情境决定的,而且更重要的是与对自我的认知、自我意识有着密切的联系。那些自我意识积极的学生,其成就动机和学习投入及学习成绩也明显优于那些自我意识消极的学生。当学生认为自己声名不佳时,他们会放松对自己行为的约束。可以说,个人怎样理解自己,是保证个体如何行为及以何种方式行为的重要前提。

(二) 决定个体对经验的解释

不同的人可能会获得完全相同的经验,但每个人对这种经验的解释却可能有很大的不同。解释经验的方式决定于一个人的自我意识。一个自认为能力一般,只该获得平均成绩的学生,对于比较好的成绩会认为是取得了极大的成功,感到十分满足;而对于同样的成绩,一个自认为能力优秀、应当获得出众成绩的学生,会解释为遭到了很大的失败,并体会到极大的挫折。事实证明,当个人的既有自我意识消极时,每一种经验都会与消极的自我评价联系在一起;而如果自我概念是积极的,每一种经验都可能被赋予积极的含义。

(三) 影响个体的期望水平

自我意识不仅影响到个体现实的行为方式和个体对过去经验的解释,而且还影响到个体对未来事情发生的期待。这是因为,个体对自己的期望是在自我意识的基础上发展起来的,并与自我意识相一致的,其后继的行为也决定于自我意识的性质。研究发现,差生的成绩落后并不是孤立存在的,而是他的整个行为动力系统都出现了角色偏离的结果。成绩长期落后对于普通学生是不正常的,但对于差生,由于他们的整个行为动力系统都出现了偏离,并在偏离的状况下形成了一个新的自相一致的系统,因而在系统内部一切并没有不正常。换言之,落后的学习成绩正是差生自己"期待"的结果。

四、自我意识的内容

自我意识可以从不同的角度进行分析。我们从知、情、意分为自我认识、自我体验、自我控制;从自我本身分为生理自我、社会自我与心理自我。

(一) 知、情、意的自我意识

1. 自我认知

自我认知是主观自我对客观自我的评价,包括自我感觉、自我观察、自我印象、自我分析、自我评价等。自我认知解决"我是一个什么样的人"的问题。自我认知层面上还包含现实自我与理想自我的冲突。特别是青年大学生,他们的理想自我一般都比较完美,高于现实自我,在实际中就会出现对现实自我的不满意,表现出自卑甚至自弃。一名沉溺于网络的大学生曾经这样写道:"我的理想是做一个有抱负、有成就、成功、非凡的人,在大学我要为将来的成就奠定基础,我的理想自我是一个优秀大学生,可在现实中,我却发现自己意志薄弱、缺乏奋斗精神而且比较懒散,约束不好自己。当我第一次为上网逃课时,我对自己说:仅这一次,但每次的决心都在网络巨大的诱惑面前败下阵来。我越来越觉得现实自我距离理想自我越来越远,甚至有时都不敢正视自己。"大学生的自我认知以真实自我为轴心上下摆动,当学生取得一点成绩时,便显示出自负的一面;而当遇到挫折时,学生便表示出自卑的否定性评价,这都是大学生自我认知中客观存在的。

进行客观、正确的自我评价是复杂、毕生的,人的自我发展也是一个持续终生的过程,对自我的认识将是人类永恒的话题,"认识你自己"也将是一个终生课题。

2. 自我体验

自我体验是主观自我对客观自我产生的情绪体验,是在自我认知基础之上产生的。自我认知决定自我体验,而自我体验又强化着自我认知,主要集中在"能否悦纳自己"、"对自我是否满意"等方面。自我体验的内容十分丰富,可以包括义务感、责任感、优越感、荣誉感、羞耻感等。

在传统的教育中,我们对自我体验的重视与强化不够。事实上,自我体验对成长着的个体而言,具有不可替代的重要作用。有时,同样的事件,他人的体验与自身的体验截然不同。很多从体验中获得的自我远远高于从理性获得的体验。这是一个学生在盲行体验后写的体会:"我是一个失去母亲的人,从母亲离开我的那一刻,我总是想命运对我不公平,假如爱我的母亲还在,我会有更加灿烂的明天,我会活得更加快乐,可命运就像跟我开了一个天大的玩笑,将如此美丽而智慧的母亲赐予我,却又极其容易地夺走了她。老师的心理互动课上,让我们体验盲行,那一刻,我首先感到的是恐惧,顷刻,我生活在没有光明的世界里,我忽然失去了最初的安全感与自由感,我心里害怕极了,我担心牵我的手突然放开,我担心不知如何找到回来的路,最初的恐惧使我对牵我的手有了心理上的依赖,在他的牵引下,我一步步地向前。当光明再一次展示在我面前时,我顿悟:我拥有很多,失去母亲固然是生活中的不幸,但我是幸运的,因为还有很多爱我的人,我拥有明亮的眼睛,能够直接看到这个美妙的世界。"这种自我体验具有不可替代性,每份体验都是独特的。在此,希望大学生用心体会自我的成长,体会你成长中的每一次阵痛、每一次受伤、每一份微笑,这些都将构成你们灿烂人生中美丽的风景线。

3. 自我控制

自我控制是对自己行为、思想和言语的控制,以达到自我期望的目标。包括自我激励、自我暗示、自强自律,核心内容是"我将如何规划自己的人生"。自我控制是自我中最高阶段,其核心是"我应该做什么?""我应该成为什么样的人?""我可以选择如何做?"我们经常讲的"自制力"其实就是自我控制的能力。心理学研究表明:自我控制与大脑额叶的发展紧密相关,当我们生理正常时,自我认知与自我体验决定了自我控制,大学生通过主观能动性,选择认识角度,转变认知观念,调整自我认知评价体系,感受积极自我。

自我控制是自我意识的关键环节,"知"与"行"之间有很长的路,大学生常常"心动而不行动",事实上心动是一件容易的事,而真正历练意志则需要更多的自我控制。我们不妨打一个比方:早晨起床,应当是一件最简单不过的事,但对懒惰者而言,也是需要意志的,特别是寒冷冬天的早晨,想想被窝里的温暖,再面对起床的痛苦,都要进行思想斗争,而当意志成为一种习惯时,自我控制便转变为"自动化"。成功的人都有较高的自我控制。但并非所有的自我控制都是积极的,有的大学生对自己的要求非常高,自我控制能力强,而在实际中却因为主观或客观原因没有能够达到,容易对自我产生怀疑与否定。

(二) 生理、心理、社会的自我意识

从自我意识的活动内容来看,自我意识又可分为生理自我、心理自我与社会自我。生理自我是个体对自己身体、生理状态(如身高、体重、容貌)的认识和体验,它是一个人在与他人交往的过程中通过学习而逐渐形成的,它使一个人把自我和非我区别开来,意识到自己的生存是依托于自己的躯体内的。生理自我是与生俱来的,我们只能接受它不能改变,随着自我意识的成长,我们逐渐对生理自我有一个明晰的看法与正确的认识,但由于青年时期的不确定性,有的学生对生理自我产生较高的心理关注,女生关注自己是不是漂亮、迷人、有吸引力;男生关注自己的体型与身高,甚至生理器官、声音的吸引力等,这些都是因为大学生正处于青春期乃至青年初期,对生理自我处于高度关注时期。心理自我是个体对自己的心理活动、个性特点、心理品质的认识、体验和愿望,包括对自己的感知、记忆、思维、智力、能力、性格、气质、爱好、兴趣等的认识和体验。心理自我也伴随着成长着,我们的情感、智力、能力、兴趣、情绪等都与日俱增,我们学会评价自己的心理自我、体验心理自我,如初恋与失恋的体验、成功与失败的体验等。随着自我意识的发展,个体的社会角

色渐渐浮出水面并占据重要位置,与此相应的责任感、义务感、角色感都在增长着。社会自我是个体对自身与外界客观事物关系的认识、体验和愿望,包括个人对自己在客观环境及各种社会关系中的角色、地位、权利、义务、责任、力量等的意识。青年男女常用"我已经长大了"来表达自己的社会自我,期望社会给予积极的肯定与认可。生理自我、心理自我与社会自我是密切联系的、相互影响的,它们都包含着不同的自我认知、自我体验与自我控制,但由于比例和搭配的不同,构成了个体对个体自我意识之间的差异。也使得每个人都有自己的对人、对己、对社会的独特的看法和体验。

相关链接

王子的故事

有一个王子,长得十分英俊,但是他却是一个驼背,他请了许多名医来医治自己的病,也没有治好。这使王子非常自卑,不愿意出现在大众面前面。国王见到这种情况非常着急,专程请教国中的一个智者,智者帮他出了一个主意。回来后,国王请了全国的雕刻家,刻了一座王子的雕像。刻出的雕像没有驼背,后背挺得笔直,脸上充满了自信,让人一见就觉得风采照人。国王将此雕像竖立在王子的宫前。当王子看到这座雕像时,他心中像被大锤撞击了一下,心里产生一种强烈的震撼,竟流下了泪来。国王对他说:"只要你愿意,你就是这个样子。"以后王子时时注意着要挺直后背,几个月后,见到的人都说:"王子的驼背比以前好多了。"王子听到这些话,更有信心,以后更注意时时保持后背的挺直。有一天,奇迹出现了,当王子站立时,他的后背是笔直的,与雕像一模一样。

资料来源:http://blog.sina.com.cn/s/blog_675f26c40100nmsg.html.

第二节　大学生自我意识的发展特点与偏差

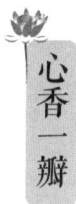

心香一瓣

与我们应该成为的人相比,我们只苏醒了一半。我们的热情受到打击,我们的蓝图没能打开,我们只运用了我们头脑和身体资源的很小一部分。

——心理学家威廉·詹姆斯

很多大学生在认识自己的时候,会表现为过高或过低的评价自我。高估自我的原因在于自信心过强,对自己的现状或未来都给予充分的肯定,喜欢以己之长比他人之短的人时常会高估自我。反之,低估自我的原因则有:自我期望偏高,理想与现实距离较大,理想自我难以实现,导致对现实自我的不满;竞争的激烈导致对自我现状的焦虑;过分的自尊心和好胜心一旦难以满足时,常常会导致自我否定。

一、大学生自我意识发展特点

随着个体心理和意识的不断发展,大学生自我意识的发展达到了新的水平。独立感、自尊心、自信心、好胜心等逐步趋于成熟;自我认识、自我体验和自我控制三方面趋于协调发展;自我意识的核心——世界观、人生观和价值观已基本确立。总的来说,大学生自我意识的发展是随着年级的上升而发展的,并表现出以下几方面的主要特点。

(一) 自我认识日趋成熟

大学校园这个特殊的学习、生活环境,为大学生提供了一个博览群书、自由发展和自我实现的新天地,也为大学生的自我认识向广度和深度发展提供了有利条件。大学生的视野更开阔了,关心的社会问题也多了,社会对他们的期望也比较高。他们的自我认识不只涉及气质、风度和性格等一般问题,而且还涉及自己的社会地位、社会责任、自我价值等问题,通过对这些问题的分析和思考,大学生的自我认识达到新的广度和深度。

小时候,父母总是会问我们这样的问题:你将来想做个什么样的人,成就什么事业?将来能为社会做些什么贡献?对于这些问题同学们总是避而不谈。然而大学期间,很多同学都会十分感兴趣而又急切地思考着这些小时候不愿去面对的人生话题,如"我究竟是怎样的一个人?""在大社会、小环境中我究竟处在什么样的位置?""别人怎样看待我呢?""我应当成为怎样一个人呢?""我怎样改变现状成为理想中的那种人呢?"等,并强烈地期待着每一个问题都有一个满意的答案。因此,进入大学之后,强烈的求知欲促使我们对自我的思考比中小学阶段更主动、更自觉,且具有更高水平。

(二) 自我体验更加丰富

随着自我认识的迅速发展和所接触的环境日益复杂,大学生自我体验也呈现出更加丰富多彩的特点。总体上,大学生自我体验的情感基调是积极的和健康的。具体来讲,大学生自我体验的形式和内容发生了极大的变化。自我体验的形式显示出丰富性、敏感性、深刻性和不稳定性等几方面的特点;自我体验的内容有自尊心增强、好胜心强烈、自卑感伴随、孤独感常有等几个方面的特点。

1. 丰富性

大学生丰富多彩的学习生活为他们发展丰富的自我体验提供了有利条件。例如,由于意识到自己的成熟而产生的成人感;由于意识到自己能力和品德的高低而产生的自豪、自尊或自卑、自惭等体验;由于意识到自己的社会角色和社会地位而产生的社会责任感和义务感。一般来说,就自我体验而言,男生比女生更有自信心,更富于活力,但容易急躁;女生则更热情,内心舒畅感更明显,但容易多愁善感。

2. 敏感性

大学生由于对自我的认识还在不断进行中，个性还不够成熟和稳定，意志也缺乏驾驭情感的力量，因此他们的情感体验表现出明显的敏感性和波动性。他们可能因一时成功而产生积极愉快的情感体验，甚至骄傲自满、忘乎所以；也可能因一时挫折失败而低估自我或丧失自信心，甚至悲观失望。到了高年级，随着大学生的自我认识和自我控制比较稳定后，这种波动才逐渐减少。

3. 深刻性

大学生的自我体验是深刻的，他们的自我体验不仅与自己的个性特点相联系，而且还与自己的生活信念和人格倾向相联系。当自我的生活信念和人格倾向为别人所悦纳，或客观事物符合自己的生活信念和人格倾向时，他们就产生愉快的情感体验，否则就产生消极的、不愉快的体验。

4. 不稳定性

大学生特别是大学一年级的学生，常感到对自己无法进行确认，弄不清自己究竟是一个什么样的人，有的学生说："我相信自己最了解自己，但实际上我并不真正了解自己。我有时觉得自己是这样的，有时又觉得自己并非这样，常常自己推翻给自己下的结论。"这说明自我体验并未成熟，一般到了大三、大四年级，才形成了比较稳定的自我体验。网络上流传这样一句话："大一的学生不知道自己不知道，大二的学生知道自己不知道，大三的学生知道自己知道，大四的学生不知道自己知道。"这也正是大学四年自我体验发展不稳定性的表现。

5. 自尊心增强

处于青年中后期的大学生，由于认识到自身存在的价值，强烈地要求肯定自己和保护自己，他们的自尊心很强烈，对触及自尊心的刺激十分敏感，开始初步具有悦纳并尊重自己，对自己抱肯定态度的情感体验，同时也希望别人尊重自己。在一项问卷调查中，回答"自己有强烈自尊心"的大学生达到90%以上。

6. 好胜心强烈

有的大学生有目的地参加各种有益的社会活动，从中锻炼和表现自己的才干；大多数学生则把好胜心用在学习上，勤奋努力，博览群书，提高自学能力，为将来事业上的成功打下良好的基础；当然我们也能看到有些大学生用赢得恋爱对象作为证明自己能力的表现。需要我们注意的是，适当的自尊心和好胜心能激发我们奋发向上的斗志，但是把握不当，就容易转化为自卑感或嫉妒心。

7. 自卑感伴随

我们经常看到大部分同学都是很自信的，但也有少数大学生具有自卑感。轻微的自卑并无大碍，过度的自卑则可导致精力不集中，意志消沉，自信心极低，甚至自暴自弃，严重的可能导致自杀。

8. 孤独感常有

"越长大越孤单"，这是大学生们经常哼唱的歌词，也是我们成长过程中不可忽略的一种情感体验。大学生产生孤独感的最主要原因是青年期的闭锁性心理。尽管我们看到大部分同学自尊心强、独立欲望强烈,但他们的内心世界一般不轻易向外人袒露,这就造成了一定时期的心理闭锁。他们虽然生活在父母、老师和同学们之间,却感到缺少可以交心的朋友,因而常常有莫名的孤独感。

(三) 自我控制能力提高

在成年人眼中,青年人是精力旺盛、富有朝气的,但也是极为冲动、多变的。这是因为青年人的自我控制能力还较差,处于低年级的大学生,冲动性还比较明显。进入中年级,特别是进入高年级后,随着知识积累、生活阅历的增加,大学生自我认识和自我评价水平增强,他们能够根据别人的评价和自己的行动结果进行反省,及时调整自己的行为以适应目标的要求。这说明大学生的行为自觉性和自我控制能力明显增强,而盲目性和冲动性则逐渐减少。

大学生自我控制能力的明显提高,还表现在他们的行为和目标能以社会期望和社会要求为转移,注重各种能力的培养,以便能更好地适应社会。当然,大学生自我控制水平还缺乏一定的稳定性,还需进一步发展和完善。

自我控制的水平明显提高也表现在自我设计和自我规划上,大部分同学进入大学后都奋发向上、力争成才,努力做好大学生涯规划和职业生涯规划,同时根据自我设计目标自觉调节行为,也能够自觉地根据社会的要求来调节自己不合实际的目标。

相关链接

小蜗牛的壳

小蜗牛问妈妈:"为什么我们从生下来就要背负这个又硬又重的壳呢?"妈妈说:"因为我们的身体没有骨骼的支撑,只能爬但又爬不快。所以要这个壳的保护!"小蜗牛:"毛毛虫姐姐没有骨头,也爬不快,为什么她却不用被这个又硬又重的壳呢?"妈妈:"因为毛毛虫姐姐能变成蝴蝶,天空会保护她啊。"小蜗牛:"可是蚯蚓弟弟也没骨头爬不快,也不会变成蝴蝶,他为什么不背这个又硬又重的壳呢?"妈妈:"因为蚯蚓弟弟会钻土,大地会保护他啊。"小蜗牛哭了起来:"我们好可怜,天空不保护,大地也不保护。"蜗牛妈妈安慰他:"所以我们有壳啊! 我们不靠天,也不靠地,我们靠自己"。

资料来源:戚昕,刘国军.大学生心理健康教程[M].北京:人民邮电出版社,2010:49.

二、大学生自我意识的偏差

(一) 缺乏客观的自我认识

自我接受是建立在对物质自我、社会自我,特别是心理自我的正确认识基础上,对自我的优点和长处给予恰当、客观的评价，是心理健康的表现。自我拒绝是不喜欢自己，对自己的缺点和不足常常抱怨和自责。有些大学生在自我接受和自我拒绝方面都超过了适当的"度"，要么夸大自己的优点和长处，要么只看到自己的缺点和不足，这就是缺乏对自我客观的认识。

1. **主观我与客观我的矛盾**

美国心理学家詹姆斯认为，自我由主观、客观两个方面构成，表示主观的"我"（I），即对"自己认识的自我"；表示客观的"我"（ME），乃是一个能称之为人的一切的总和，包括能力、社会性和人格特征以及物质所有物等。生活在象牙塔的大学生接受高等教育，在主观上对自我有积极的评价。但是客观上来讲，一方面由于他们远离社会，缺乏社会经验，在校园浓郁的学术与文化氛围中生存成长，对社会缺乏切肤的实践；另一方面，社会上对当今大学生"重理论轻实践，重专业轻基础，重科学轻人文"的评价及"本科生不专，硕士生不研，博士生不博"的看法，使环绕在大学生身上的光环逐渐消失。这种主观意识与客观评价的矛盾造成大学生的失落感。

2. **理想我与现实我的矛盾**

理想我是指个人想要达到的完美形象，是个人追求的目标，它引导个体实现理想中的自我，如有的同学想成为一名出色的政治家，有的同学想成为像比尔盖茨、李嘉诚那样的人，有的同学想成为一名飞行员等。现实我是个人从自己的立场出发，对现实中自我的各种特征的客观认识。在现实生活中，理想自我与现实自我总是存在着一定差距，这是正常的，它可以激励我们奋发图强、积极向上，向着梦想的方向飞奔。但当现实我距离理想我太过遥远时，大学生会产生各种各样心理不适，甚至自暴自弃、无所事事，导致一系列心理问题的产生。

3. **自负与自卑的矛盾**

如果个体自己的估计与社会上其他人对自己的客观评价距离过于悬殊，就会使个体与周围人们之间的关系失去平衡，产生矛盾。长此以往，将会形成稳定的心理特征——自满或自卑，不利于个体心理上的健康成长。由于大学生自我意识在发展过程中，心理尚未完全成熟，不能对自己有正确的认知，因而对自己的认知会出现偏差：自负或自卑，两者都不符合心理健康标准。自负就是过高地评估自己的长处。自卑是一种自我否定，表现为对自己缺乏信心，对自己不满和否定。拥有这种心理的人总以为自己存在着缺乏、不足与失误，因而遇事总会胆怯、心虚、逃避、退缩，缺乏独立主见。自卑的人对别人的评价特别敏感，胆小怕事，把自己封闭起来，这种人由于瞧不起自己，也必然会引起别人的轻视，让人瞧不起。

（二）缺乏正确的自我体验

自我体验是在自我认知的基础上产生的，自我认知决定自我体验，而自我体验又强化着自我认知，主要集中在"能否悦纳自己"、"对自我是否满意"等方面。大学生有强烈的自尊心，好胜、好强、满怀激情和不甘落后，这些都是促使大学生上进的内在动力。自卑感这种消极的心理现象在适当的程度也会催人奋进，"知耻而后勇"、"登高必自卑"，因此，自尊心与自卑感只要不"过"都是有益的。然而，有的大学生自尊心过强，唯我独尊，特别在意别人的评价与批评，顾全面子，自尊心一旦受到伤害，便自认羞愧无比，使过强的自尊心趋向于过度自卑的消极状态。

大学生正处在人生中第二次飞跃的"心理断乳期"，一方面生理与心理的成熟使他们渴望独立，以独立的个体面对生活、学习与工作中遇到的问题，希望自立自强，成为一个有独立见解、能决定自己命运的人，但是由于长期的校园生活使他们应有的社会阅历与经验相对匮乏，当应激事件出现时，却又盼望亲人、老师和同学能够替自己分忧，无法做到人格上的真正独立。另一方面，大学生心理上的独立与经济上的不独立也形成了明显的反差，这都使大学生无法产生正确的自我体验。

（三）缺乏持久的自我控制

自我控制是对自己的行为、思想和言语的控制，包括自我激励和自我暗示，比如"我应该做什么？""我应该成为什么样的人？"自我控制是自我意识的关键环节，但是，在"知"与"行"之间还有很长的路，部分大学生常常是"心动而不行动"。所以说，大部分大学生都有很好的认知能力，而缺少的就是行动，也就是自我控制力。

相关链接 +·+

自负的博士

一个晴朗的星期六，李医生的诊所里来了一名博士，他诉说着自己的苦闷，说自己的学历是单位里最高的，却得不到尊重，更气人的是同事和一个清洁工亲切地打招呼，却不愿理他。在李医生的诱导下，博士讲出了一件与同事相处的小事：

有一天他到单位后面的小池塘去钓鱼，正好正副所长在他的一左一右，也在钓鱼。他只是微微点了点头，这两个本科生，有啥好聊的呢？不一会儿，正所长放下鱼竿，伸伸懒腰，"蹭蹭蹭"从水面上如飞地走到对面上厕所。博士眼珠瞪得快掉下来了。水上漂？不会吧？这可是一个池塘啊。正所长上完厕所回来的时候，同样也是"蹭蹭蹭"地从水上漂回来了。

怎么回事？博士又不好去问，自己是博士啊！过一会儿，副所长也站起来，走几步，"蹭蹭蹭"地漂过水面上厕所。这下子博士更是差点儿昏倒：不会吧，到了一个江湖高手云集的地方？

博士也内急了，这个池塘两边有围墙，要到对面厕所非得绕10分钟的路，而回单位又太远，怎么办？博士也不愿意去问两位所长，憋了半天后，也起身往水里跨：我就不信本科生能过的水面，我博士生不能过。只听"咚"的一声，博士栽到了水里。

两位所长将他拉了出来，问他为什么要下水，他问："为什么你们可以走过去呢？"两位所长相视一笑："这池塘里有两排木桩子，由于这两天下雨涨水正好在水下面。我们都知道这木桩的位置，所以可以踩着桩子过去。你怎么不问一声呢？"

李医生听完,笑着说:"小伙子,问题出在你自己身上啊,你自己都不愿意和别人打交道,别人怎么会和你打成一片呢?"

资料来源:邢群麟,王君.心理医生讲述的 88 个心理故事[M].北京:中央编译出版社 2007.

三、大学生自我意识偏差的成因

在校大学生出现自我意识偏差的心理表现形式是多种多样的,产生这种心理的原因也是多种多样的,是生理、学校、家庭、社会和个体倾向性等诸多因素相互作用的结果。

(一) 生理因素

人类自出生就有自我意识的萌芽,对于一个发育正常、健康的人来说,别人不会认为有什么特殊,他也不会发现自己与别人有什么不同,也就不会有积极或消极的评价和体验。而对于一个发育异常和有残疾的孩子来说,他会从自己与他人的比较中发现不同。有的学生觉得自己太胖,不愿参加文体活动;有的学生觉得自己长得太丑,不愿与同学交往,这都是生理因素的作用。

大学生一般都处在 17~22 岁的年龄阶段上,男生特别重视自己的身高,女生也更加重视自己的相貌。一位大学二年级学生在答卷中写道:"在许多场合下,我都不想出头露面,因为我的个子低,我总避免与高个子的同学在一起,以免衬托我更低。"很多女生不满意自己的长相,希望自己再漂亮一点,一位女生说:"我每天都照镜子,我的第一个念头是'我能再漂亮一点就好了'。每当看到我那淡而短的眉和翘起的两颗黄牙,我总感到不是滋味,尤其是对我那漂亮(至少比我漂亮)的同桌,我更有一种难以言状的妒意。"因此,生理因素是形成自我意识的最初因素。

(二) 学校因素

在高手云集的大学,中学时代学习优秀的优越感慢慢被成为芸芸众生的普通学生的感受所替代,有的学生认为,"我不是老师和同学眼中拔尖的学生了""在这个地方,我得不到我原来所得到的特别的关注和爱护了"。有的学生因为种种原因,出现考试不及格现象,往往把原因归为"我不是学这个专业的材料""我缺乏创造性"等。

另外,由于大学生思想的不成熟,总觉得学校严格的管理制度、校规、校纪与他们所追求的个性张扬相矛盾,从而在内心产生了激烈的冲突。这种困扰使很多学生难以接受,严重的还可能出现伤害自己或他人的行为。

(三) 社会因素

随着市场经济体制的确立,竞争机制的导入,新的社会刺激的冲击,当代大学生的人生观、价值观等发生了重大变化,这直接影响到大学生对自我的认知。即使在同一社会中,由于每个人所处的社会地位不同,所从事的社会实践不同,具体的社会关系不同,因而对自我的认识、评价也会有所差异。大学生在现实的社会实践中,从做事的经验中了解自己。任何一种活动都是一种学习,不经一事,不长一智,成败得失,其经验的价值也因人而异。

另外,随着科学技术的发展,大众传播手段越来越丰富。随着电视的普及、广播电视节目播放时间的延长、报纸杂志的增多、互联网的普遍应用,大学生不但受到学校、家庭的影响,还受到电视、电影等传媒的影响,尤其是受到网络交流信息的影响。当操纵电脑,接受信息、处理信息和公布信息时,犹如"运筹帷幄之中",发挥着自己的主动性和创造性,这种社会发展模式以一种前所未有的方式促进自我意识的发展,但是一些大众传媒的消极内容对大学生的自我意识发展也产生了不良影响。

(四)家庭影响

家庭环境对人的一生发展会产生重要的影响,无论是积极或消极的影响,一个人的早期经验对他的自我意识的形成有非常重要的意义。每个人来到这个世上,首先接触到的第一个学习场所是家庭,第一任老师是家庭成员,尤其是父亲和母亲,他们早期的教养方式、教养态度和家庭的经济地位直接影响了孩子后来的自我意识的发展。

现在随着独生子女的增多,越来越多的过分溺爱的家庭教养类型出现,这些家长的过分保护、过分顺从,容易使大学生产生过分依赖的心理,而使自我意识长期处于幼稚水平。另外,社会经济地位高的家庭,子女容易产生优越感,家庭经济水平或家庭成员社会地位的急剧变化,易使自我意识的发展出现混乱。

(五)个体倾向性

个体倾向性包括需要、动机、兴趣、理想、信念、世界观和人生观。青少年时期是一个人理想、信念和世界观从形成到成熟的过渡时期,理想、信念和世界观一旦形成,决定了青少年成为怎样的人,准备如何实施,从而及时调整自我理想,深化自我认识,实现和超越自我。一个人年轻时对自己的人生设计不合理,形成消极人生观将对其自我意识发展产生负面影响,震惊社会的"马加爵事件"主角之所以犯下滔天大罪,一方面与他的家庭贫困有关,更重要的是由他"自我中心"的性格缺陷和扭曲的人生观所造成的。

(六)他人的影响

俗话说"旁观者清,当局者迷",他人的评价是客观认识自己的一面镜子,可以帮助自己了解"现实自我"的形象,知道自己在别人心目中所处的地位。我们大学生可以通过竞赛评比、表扬与批评、学习成绩报告单等途径获得他人正式的评价,也可以通过相互交谈等获得别人非正式的评价,这些评价都可能对大学生的自我意识产生影响。不恰当的评价会对大学生的自我意识产生不良的影响。

应该看到,大学生在自我意识发展过程中出现的这样那样的困扰,是心理发展还不成熟的表现,是由身心发展状况、家庭、学校等种种原因所决定的,这些因素既可以促进大学生心理迅速成熟,也可能成为自我健康发展的阻力。

第三节 大学生健康自我意识的形成与培养

> 不做完美的自己,做完整的自己。的确,我们每个人都行走在寻求完美的旅程中,很多时候完整的过程比完美的结果更容易让我们获得幸福。
>
> ——荣格

从前,在遥远的海上,有一个美丽的小岛,岛上藏着一部伟大的书,谁得到了这部书,谁就能永生。通往小岛的道路充满了千难万险,无数的英雄为了探寻那部书,付出了自己的生命。最终,有一个英雄成功地到达小岛,取得了那部书。他打开一看,每一页都只是一面镜子,照见的是他自己的容颜。积极的、健康的自我意识是大学生确立自我认知图式,进行自我设计、规划人生目标、选择行为策略、调节情绪和建立良好人际关系的重要前提。充分了解大学生自我意识的形成过程,才能提出大学生自我意识的培养途径。

一、大学生自我意识形成的主要信息源

自我意识是人特有的心理标志,是个体在社会环境中,在与他人的互动中逐渐形成的。一般而言,大学生的自我意识可以通过以下四个方面逐渐形成。

(一) 他人的反馈

通常,别人会对我们的品质、能力、性格等给予清晰的反馈,从而增强我们对自己的了解。当我们被老师告诫要更加大胆、更加主动、更加勤奋一些时,我们便会从反馈中得知:自己有些害羞,不够主动,学习不够勤奋。特别是当许多人的看法一致时,我们就会相信这种看法是正确的,从而确定自己是这样的人。激励,对成长中的大学生是非常重要的,我们经常说"优秀的学生是夸出来的"。当否定性评价过多时,学生会产生"习得性无助"。这是由马丁·西格曼(Martin Selgiman)研究提出的,它是指对环境失去控制的一种信念,当一个人拥有这种信念时,他感到不能从环境中逃脱出来,便会放弃了脱离环境的努力。如有的大学生会说:"无论我如何努力,我也不会成为受大家欢迎的人。"事实上,"习得性无助"是一种严重的自我意识障碍,它抑制了人改造与影响环境的能力,强化了顺从甚至

屈从并转化为一种内在信念。"习得性无助"是后天形成的,特别容易受到环境的影响。尤其是当大学生来到一个陌生环境,开始新的学习生活时,环境适应中的自我意识显示出巨大的张力,很多在中学时代有着骄人成绩的学生由于种种原因而认同了自己的平凡并不尝试改变时,就极易产生"习得性无助"。

(二) 反射性评价

在生活中,那些与我们生活无关紧要的人有时并不会给予我们清晰明确的反馈,但我们可以从他们的态度与反应中来了解自己。正如库利提出的"镜像自我",认为我们感知自己就像别人感知我们一样,镜子中的我或别人眼中的我就是我们感知的对象,我们常常依据别人如何对待我们来了解自己,这一过程又称为"反射性评价"。

大学生在与同学、老师交往中感知到的"自我",可得到一些反射性评价。如有同学说:"我感到非常孤独,宿舍的同学不喜欢我,常常是当我在宿舍外面听着里面在热烈地谈论一个问题,而我进入宿舍时,谈话就中断了,大家的表情也显示出冷淡与不在乎,我不知道自己做错了什么,得不到大家的认同。这使我非常痛苦。在来自不同家庭背景的同学中,我的家境略好些,可这不是我的过错,我一直主动地想与同学相处好,甚至做了一系列努力都得不到大家的认同。在中学以前,我一直是非常受人欢迎的,我现在变得沉默了,因为不知道该如何做。""反射性评价"对自我的形成也起着重要作用。

(三) 依据自己的行为判断

贝姆(D.Bem)的自我知觉理论(Self-perception)认为,在内部线索微弱或模糊的情况下,人们常常依据外在行为来推断自己的特征,如性格、态度、品质、爱好等。如当学生参加公益事业时,学生认为自己是一个高尚的人。但在大多数情况下,人们常常依据内部线索了解自己,如想法、情绪等,而且比外显行为更准确,因为行为易受外在压力的影响,更易伪装。可见,个体的行为既具有外显性更有内倾性,依据对自己行为的判断,可以为自我意识的培养提供可靠的依据。

(四) 社会比较

费斯廷格提的社会比较(Social comparison)理论认为,人们非常想准确地认识自我、评估自我,为此,在缺乏明确标准时,人们常常和自己相似的人做比较。

大学生正处于人生重要的发展时期,他们的人生目标、职业理想、生活态度等都在形成之中,社会比较为大学生提供了认识自我、了解自我和发展自我的重要标尺,也是每个个体认识自我不可或缺的方面,没有社会比较,就没有自我的进一步优化。当然,自我比较并不总是向着积极的方向,自我比较又分为向上比较、向下比较与相似比较。当个体的目的与动机不同时,采用的社会比较策略也不相同。例如,自我保护与自我美化的动机促使学生与那些不如自己走运、成功和幸福的人相比;而自我成功动机强的人更倾向于向上比较,与那些比自己更加成功的人比较,促使自己更加成功。

二、大学生自我意识的培养

(一) 全面认识自我

正确地认识和评价自我指的是全面地了解自我,分析自身的长处和短处,认清自己与集体的关系,并对自我做出不偏不倚的评价。正确认识自我是个体形成正确自我意识的基础,是调适现在的我与理想的我的有力保障。通常,我们可以用以下几种方法做到正确地认识自我。

1. 通过自省

《启迪与智慧》在 2009 年曾经刊登了松下幸之助的一件事:一次,一位下属因经验欠缺而使一笔贷款难以收回,松下幸之助勃然大怒,在大会上狠狠地批评了这位下属。事后,仔细一想,松下为自己的过激行为深感不安。因为那笔贷款发放单上自己也签了字,下属只是未摸准情况而已。既然自己也应负一定的责任,那么就不应该这么严厉地批评下属了。想通之后,他马上打电话给那位下属,诚恳地道歉。恰巧那天下属乔迁新居,松下幸之助得知后便立即登门祝贺,还亲自为下属搬家具,忙得满头大汗。而且,事情并未就此结束。一年后的这一天,这位下属收到了松下的一张明信片,上面留下了一行亲笔字:"让我们忘掉这可恶的一天吧,重新迎接新一天的到来!"看到松下的亲笔信,这位下属感动得热泪盈眶。知耻者近乎勇。能够做到自省自检,还有什么办不到的呢?大学生要学会自省,在不断地检查自身行为是否正确的过程中发现自身的不足,从事件的结果中获得经验和教训,在不断自省中发现长短得失,这样才能有的放矢地完善自我。

2. 通过他人的评价

三国时的吕岱位高权重,名声显赫,但能虚心听取批评意见。他的朋友徐厚为人忠厚耿直,常常毫不留情地批评吕岱的缺点。吕岱的部属对徐厚不满,认为徐厚太狂妄,并将此告诉了吕岱。可吕岱反而更加尊重和亲近徐厚。徐厚死后,吕岱失声痛哭,边哭边诉:"徐厚啊!以后我从哪儿去听到自己的过失啊!"如果一个人的自我评价与他人对其客观评价在很大程度上一致,则说明他的自我意识比较成熟,反之则需要自我反省。因此,在实际生活中,大学生要经常通过老师、朋友的评价来认识自己,虚心倾听多方面评价,将有助于正确地认识自我。

3. 通过与他人的比较

当一个大学生对自己的心理品质、对自己的能力和性格特征等的认识与他人评价相一致时,他就会巩固和发展这一方面的特征。当一个大学生的自我认识与他人对自己的评价相矛盾时,就应该进行自我观察、自我分析,进而进行自我矫正,这样才能得出一个肯定的自我认识。当然,在比较的过程中,不能专门"以己之长比人之短",也不能专门"以己之短比人之长",因为这样都不能确立肯定的自我认识,通过比较来认清自己的优势和劣势、长处和短处,达到取长补短、缩小差距的目的。

（二）正确评价自我

积极而准确地评价自我是促使产生自尊感、克服自卑感的关键。俗语云："金无足赤，人无完人。"每一个人都有自己的优点和缺点、长处和短处，对自己的长处要充分发挥，对自己的短处要正确对待，既不能护短，也不因某些短处而灰心。一般来说人的短处有两种：一种是可以改变的，如不良习惯、脾气不好、缺乏毅力等，对此要有闻过则改的精神；另一种是无法补救的，如其貌不扬、身材矮小、四肢残疾等，对此要面对现实，有勇气接受自己的缺憾。同时注意提高自己的内在修养，在学问上狠下功夫，培养内在的心灵美，以"内秀"补偿"外丑"，相信"我很丑，但我很温柔"的道理。

大学生要树立正确的评价观，努力克服评价偏差，正确地评价自我，才能够保证身心健康。要正确地评价自我，最重要的是正确定位"理想我"，在定位"理想我"时，要立足社会需要，符合社会规范，从个人的实际出发，不可盲目攀比。

（三）乐观悦纳自我

悦纳自我是增进健康的自我意识的关键和核心。要做到悦纳自我首先要坚定自己的信心，要坚信别人做到的自己也能做到；其次，要恰当认同自己，而不是苛求自己；再次，要无条件地接受自己的缺点。

1. 关注自我的成长

自我的发展需要不断地自我反思、自我监控。大学生要积极探索人生，理解人生，树立正确的人生观、价值观和世界观，不断战胜旧的自我，重塑新的自我。既要努力发展自我，又绝不能固守自我；既注重自我价值的实现，又不仅仅追求个人价值，为理想我的确立寻找合适的人生坐标。

2. 恰当的自我认可

大学生如果以积极的态度认可自己，便会形成自尊；如果以消极的态度拒绝自我，便形成自卑。自卑者往往片面地夸大自身的缺点和短处，甚至否认自我存在的价值，极大地阻碍自我意识的形成。因此，积极而客观的自我评价是促使产生自尊感、克服自卑感的关键。"金无足赤，人无完人。"每一个人都有自己的优点和缺点、长处和短处。对自己的长处要充分发挥，对自己的短处要正确对待。

相关链接 ···

快乐地接受自我

有一天，一群动物聚在一起，彼此羡慕对方的优点，抱怨自己的缺点。于是决定成立一所学校，希望通过训练，使自己成为一个通才。他们设计了一套课程，包括奔跑、游泳、飞翔和攀登等 7 项。所有动物都选修所有项目，所有动物训练得都非常刻苦。最后的结果是：小白兔在奔跑方面，名列前茅，但一到游泳课时，就浑身发抖；小鸭在游泳方面成绩优异,但奔跑与攀登的成绩却糟糕透顶;小麻雀在飞翔方面轻松愉快,但就是不能正经地奔跑,尤其碰到水就几乎精神崩溃;至于小松鼠,固然爬树的本领高人一筹,奔跑的成绩也还不错,飞翔课却一塌糊涂。大家越学越迷惑,越学越痛苦,终于决定:停止盲目学习别人,好好发挥自己的长处。他们不再抱怨自己、羡慕别人。因此,大家又恢复了往日的活泼与快乐。

你的感受和体会如何? 相信你一定已经认识到,我们只有正确地与他人相比较,才不至于使自己在比较中产生无谓的烦恼和不安,才能真正地喜欢并接受自己。

资料来源:刘新民,张建英.大学生健康心理学导论[M].上海:上海第二军医大学出版社,2007.

3. 积极的自我暗示

心理学家默顿曾提出"预言自动实现原则",他认为人们具有一种自动促使预言实现的倾向。因此,大学生要认识到积极的自我暗示的作用。当感到信心不足时,就可以通过积极的自我暗示,"我有能力干好这件事""我能行""我一定会成功"等话鼓励自己,形成积极向上的心态,全心全意地投入学习生活中。

(四) 有效控制自我

控制自我是人主动定向地改变自我心理品质、特征和行为的心理过程,是大学生完善和超越自我的基本途径。大学生要特别注意增强自我控制的自觉性和主动性,将社会的需要转化为主观上实现理想自我的内在动机,增加自制力,防止消极情绪对自我控制过程的干扰。

1. 培养顽强的意志力

很多大学生为自己树立了远大的目标和理想,在努力的过程中,没有足够的自制能力和意志,经受不住挫折和打击,无法实现自我理想,大学生经常说:"我想早起,可就是没有恒心""我想学习,可就是学不进去"。大学生可从日常生活细节入手,培养顽强的意志,发展坚持性和自制力,增强挫折耐受力,使自己能自觉主动地认清目标,为实现目标而努力。

2. 培养自信心

自信心是一种自我肯定的信念,在自我意识中往往以"我行""我能行""我是不错的""我比很多人都强"等观念得以存在与表现,并会有意无意地体现在他的行为之中。所以,有无自信心对个体来说是非常重要的。比如,对于自傲的人,应当有意地控制自己,屠格涅夫曾说过:"劝那些刚愎自用的人,说话前要多想,在舌头上多绕几圈。"而对于自卑的人,更应当有效地调控自我,时常进行积极的自我暗示,当面临某种事情感到自己信心不足时,不妨自己给自己壮胆:"你一定会成功! 一定会的!"或者自问:"人人都能干,我为什么不能干? 我不也是人吗?"

相关链接

常常看一看镜子中的自己

查理的工厂破产了，财富丧失殆尽。他成了名副其实的穷光蛋，四处流浪，像乞丐一样生活。面对残酷的现实，他心里沮丧透了，几乎想自杀。

见牧师时，他流泪将自己破产、流浪的情况告诉了牧师，恳求牧师给予指点，帮助他东山再起。牧师望着他，叹了一口气："我很同情你的遭遇，但事实上，我也没有能力帮助你。"查理的希望就像泡沫一样破碎了，他脸色苍白，喃喃自语道："难道我真的没有出路了吗？"

牧师考虑了一下说："虽然我没有办法帮助你，但我可以介绍你去见一个人，他可以帮助你东山再起。""这个人会是谁呢？他真的有神奇的力量让我重振雄风吗？"查理满腹狐疑。

牧师带着查理来到一面大镜子面前，然后用手指指着镜里的查理说："我介绍的人就是他，只有这个人能够帮助你东山再起，你必须真正认识这个人，然后才能下决心如何做。"查理向前走了几步，怔怔地望着镜子里的自己，用手摸着长满胡须的脸孔，看看自己颓废的神色和迷离无助的双眸，他不由自主地抽噎起来。

第二天，查理又来见牧师。他从头到脚几乎换了一个人，步伐轻快有力，双目坚定有神。他说："我终于知道我应该怎么做了。是你让我重新认识了自己，指点了我，我已经找了一份不错的工作，我相信，这是我成功的起点。"

资料来源：胡正明.新编大学生心理健康训练教程[M].北京：北京师范大学出版社,2011:14.

（五）不断超越自我

认识自我，接纳自我，都是为了塑造自我，超越自我。对于大学生而言，超越自我更是终生努力的目标。在行动上，无论对人对事，均全力以赴，使自己的能力品行得到最大限度的发挥。超越是一种境界，更是一种过程，一种"新我、独特的我、最好的我"形成的过程。

1948年，牛津大学举办"成功奥秘"讲座，邀请名家来讲演，其中有英国首相丘吉尔。在讲演前一个月，各种媒体就开始炒作，各界都想听一听丘吉尔的"成功秘诀"。

会场上座无虚席，丘吉尔走上讲台。他用手势平息了热烈的掌声之后说："我认为的成功秘诀有三个：第一是，绝不放弃；第二是，绝不、绝不放弃；第三是，绝不、绝不、绝不放弃！我的演讲结束了！"

丘吉尔的最后一次演讲，是在剑桥大学一次毕业典礼上。这位举世闻名的政治家、外交家和诺贝尔文学奖获得者，究竟会对即将走向社会参加工作的大学生们提出什么宝贵的忠告呢？全校师生热切地期盼着。丘吉尔走上讲台，脱下大衣，摘下帽子，注视着所有的听众。他用手势止住掌声,铿锵有力地说了四个字:"永不放弃!"

永不放弃,也正是我们大学生在超越自我的过程中需要拥有的品质。

走向成功和卓越的自我——"在这个世界上,你是独一无二的一个,生下来你是什么,这是上帝给你的礼物,你将成为什么,这是你给上帝的礼物。上帝给你的礼物我们无法选择,但你给上帝的礼物,将由你个人去创造,主动权在你自己,那就是:认识自我,悦纳自我,激励自我,控制自我,完善自我,超越自我。"

心理自测

这是一个目前很多大公司人事部门采用的测试,来测试一下吧,需要用笔记录答案,结果会对你有用的。回答时请依据现在的你,而不要依据过去的你。

1. 你何时感觉最好（　　）。

A. 早晨　　　　　　　B. 下午及傍晚　　　　C. 夜里

2. 你走路时是（　　）。

A. 大步地快走　　　B. 小步地快走　　　　C. 不快,仰着头面对着世界

D. 不快,低着头　　E. 很慢

3. 和人说话时,你（　　）。

A. 手臂交叠地站着　B. 双手紧握着　　　　C. 一只手或两手放在臀部

D. 碰着或推着与你说话的人

E. 玩着你的耳朵、摸着你的下巴,或用手整理头发

4. 坐着休息时,你的（　　）。

A. 两膝盖并拢　　　B. 两腿交叉　　　　C. 两腿伸直　　　D. 一腿卷在身下

5. 碰到你感到发笑的事时,你的反应是（　　）。

A. 一个欣赏的大笑　B. 笑着,但不大声　C. 轻声地咯咯地笑　D. 羞怯地微笑

6. 当你去一个派对或社交场合时,你（　　）。

A. 很大声地入场以引起注意

B. 安静地入场,找你认识的人

C. 非常安静地入场,尽量保持不被注意

7. 当你非常专心工作时,有人打断你,你会（　　）。

A. 欢迎他　　　　　　B. 感到非常恼怒　　　C. 在上两极端之间

8. 下列颜色中,你最喜欢哪一颜色（　　）。

A. 红或橘色　　　　B. 黑色　　　　　　　C. 黄或浅蓝色　　　D. 绿色

E. 深蓝或紫色　　　F. 白色　　　　　　　G. 棕或灰色

9. 临入睡的前几分钟,你在床上的姿势是（　　）。

A. 仰躺,伸直　　　　B. 俯躺,伸直　　　　C. 侧躺,微卷

D. 头睡在一手臂上　　　　　　　　　　E. 被盖过头

10. 你经常梦到你在(　　)。

A. 落下　　　　　　B. 打架或挣扎　　　C. 找东西或人　　　D. 飞或漂浮

E. 你平常不做梦　　F. 你的梦都是愉快的

评分规则：

选项＼分值	1	2	3	4	5	6	7	8	9	10
A	2	6	4	4	6	6	6	6	7	4
B	4	4	2	6	4	4	2	7	6	2
C	6	7	5	2	3	2	4	5	4	3
D		2	7	1	5			4	2	5
E		1	6					3	1	6
F								2		1
G								1		

结果解释：

低于21分：内向的悲观者。人们认为你是一个害羞的、神经质的、优柔寡断的人，是须人照顾、永远要别人为你做决定、不想与任何事或任何人有关的人。他们认为你是一个杞人忧天者，一个永远看到不存在的问题的人。有些人认为你令人乏味，只有那些深知你的人知道你不是这样的人。

21～30分：缺乏信心的挑剔者。你的朋友认为你勤勉刻苦、很挑剔。他们认为你是一个谨慎的、十分小心的人，一个缓慢而稳定辛勤工作的人。如果你做任何冲动的事或无准备的事，你会令他们大吃一惊。他们认为你会从各个角度仔细地检查一切之后仍经常决定不做。他们认为你的这种反应一部分是因为你的小心的天性所引起的。

31～40分：以牙还牙的自我保护者。别人认为你是一个明智、谨慎、注重实效的人，也认为你是一个伶俐、有天赋有才干且谦虚的人。你不会很快、很容易和人成为朋友，但是是一个对朋友非常忠诚的人，同时要求朋友对你也有忠诚的回报。那些真正有机会了解你的人会知道要动摇你对朋友的信任是很难的，但相等的，一旦这信任被破坏，会使你很难熬过。

41～50分：平衡的中道。别人认为你是一个新鲜的、有活力的、有魅力的、好玩的、讲究实际的、永远有趣的人，经常是群众注意力的焦点。但是你是一个足够平衡的人，不至于因此而昏了头。他们也认为你亲切、和蔼、体贴、能谅解人。一个永远会使人高兴起来并会帮助别人的人。

51～60分：吸引人的冒险家。别人认为你是一个令人兴奋的、高度活泼的、相当易冲动的人，你是一个天生的领袖、一个做决定会很快的人，虽然你的决定不总是对的。他们认为你是大胆的和冒险的，会愿意试做任何事至少一次；是一个愿意尝试机会而欣赏冒险的人。因为你散发的刺激,他们喜欢跟你在一起。

60分以上:傲慢的孤独者。别人认为对你必须"小心处理"。在别人的眼中,你是自负的、自我中心的,是个极端有支配欲、统治欲的。别人可能钦佩你,希望能多像你一点儿,但不会永远相信你,会对与你更深入的来往有所踌躇及犹豫。

互动训练

1. 20个我是谁

目的:强化自我认识,促进自我接纳。

操作:

(1) 写出20句"我是怎样的人",要求尽量选择一些能反映个人风格的语句,避免出现类似"我是一个男生"这样的句子:

我是一个_____的人。

我是一个_____的人。

······

(2) 将陈述的20项内容做下列归类:

① 身体状况(你的体貌特征,如年龄、身高、体型、是否健康等)。

编号:_____

② 情绪状况(你常持有的情绪情感,如:乐观开朗、振奋人心、烦恼沮丧等)。

编号:_____

③ 才智状况(你的智力、能力情况,如:聪明、灵活、迟钝、能干等)。

编号:_____

④ 社会关系状况(与他人的关系,如何和别人应对进退,对他人常持有的态度、原则,如:乐于助人的、爱交朋友的、坦诚的、孤独的等)。

编号:_____

⑤ 其他

编号:_____

分类是为了了解自己对自己各方面的关注和了解程度,某一类项目多,说明你对这方面关注和了解多;某一类项目少或没有,说明你对这方面关注和了解少或根本就没关注、不了解。健全的自我意识应能较为全面地关注和了解自己。

(3) 评估你对自己的陈述是积极的还是消极的。在你列出的每句话的后面加上正号(+)或负号(-)。正号表示"这句话表达了你对自己肯定、满意的态度",负号的意义则相反,表示"这句话表达了你对自己不满意、否定的态度"。看看你的正号与负号的数量各是多少。

如果你正号的数量大于负号的,说明你的自我接纳状况良好。相反,你的负号将近一半甚至超过一半,这显示你不能很好地接纳自己,你的自尊程度较低,这时你需要内省一番,寻找问题的根源,比如是否过低地评价了自己?是什么原因使你成为这样?有没有改善的可能?

(4)分组交流。将团体成员分成4～6人的小组,在组内进行交流。交流对自己的认识,以及对活动的感受。

(5)团体内分享。每组派一名代表在团体内进行小组情况交流或个人体会的发言,供大家分享。

2. 三个我

目的:协助个体自我反省,促进协调整合自我。

操作:

(1)请先预备三张纸,首先在第一张纸上描述"理想的我",时间约为10分钟。然后将已写好的第一张纸搁置一旁,暂时不准再观看。接着照此类推,在第二张和第三张纸上分别具体描述"别人眼中的我"和"真正的我",每一次大概10分钟时间。

(2)完成后,将所有三张纸放置在桌上,对三张纸上的三个"我"做出检核,主要是看看三个"我"是否协调和谐。若否,则差异何在,并尝试找出原因。请你留意另外一个重点:"理想的我"和"真正的我"是否协调一致?透过此重点,你往往可以发现两者之间的差异,甚至矛盾之处。同时,往往会发觉自己一些对人生所产生的深层感受和渴求。

(3)为了达到更积极的效果,你应当努力探索,看看如何可以使三个"我"更加协调一致,制定促进三个"我"协调统一的方案。有了具体的计划,你会较易在生活中落实并做出改进。一个心理健康的人,三个"我"是协调和谐的。当一个人自己和他人眼中的"我"没有太大的差距,个人理想也没有脱离现实,就是一个自我形象明确而健康的人。但当三个"我"不协调时,我们就该问自己:别人为何不了解我?我是否能表里一致?不过,我们不必期望自己的三个"我"百分之百协调一致,因为那是不实际的期望,只会导致负面的影响。

(4)进行上述思考后,请填写以下汇总表。

三个"我"	开始时	调整后
理想的我		
别人眼中的我		
真正的我		

(5)团体分享。请最有感受的成员在团体内交流自己的体会,与大家分享。

3. 是谁塑造了我

目的:协助个人探索自己的发展历程,增强自知。

操作:

(1)在每个人的成长历程中,其塑造与成形往往是有根可寻的。请按照要求填写下面的表格。请在各方格中简单描述不同人物对你的看法、评价,及任何难忘的正面和负面的经历：

父亲的评价：	母亲的评价：	自己的评价：	老师的评价：	一位重要人物的评价：

(2) 在填写过程中,请重点做如下自我探索：

第一,你对哪一个人的看法最为重视? 原因是什么?

第二,最难填写的或最少资料的是哪一部分? 原因是什么?

第三,假设你很努力填写,却始终出现资料贫乏的现象时,你应当反省一下自己整体性人际关系到底如何?

第四,除非有充分理由,对于全栏出现空白的情况时,应做出探索。

(3) 各栏所填写的,若是和谐又具正面取向时,反映你有着完整健康的自我。若不幸各栏资料出现矛盾时,或资料倾向负面取向时,你应努力面对自我。这项练习往往引发出你一些长期压抑的感受,有时还可能出现父母、其他人对自己的一些恶劣评价,甚至是羞辱性的,这实在是很痛苦的。面对这些情况,要设法做有效的处理,必要时,一定要寻求团体的帮助。

(4) 团体处理(3)中的认知与情绪。这就要求团体指导者运用心理咨询的理论与技术对负面认知和情绪进行矫正和疏导。

(5) 团体分享与小结。

4. 独特的我(我的长处和限制)

目的:帮助个人具体界定自己的长处和限制,学习接纳自己和欣赏自己,同时,肯定自己是一个独特的人。

操作:

(1) 请认真地自行填写下表。

我的长处		我的限制	

(2) 假如你所填的长处太少时,说明你是一个自我概念比较低、自我形象贫弱的人,同时你肯定也是一个不能接纳自己的人。因此,接下来所要做的就是设法具体地发掘、界定你的长处,对自己做出肯定。下面要做的是:邀请你的家人或者熟悉你的同学、朋友(起

码要有两位)参与进来,让他们根据对你的了解,分别说出他们认为你拥有的长处。然后,你把包括你自己在内的三(或更多)种回答比对一下,看看其中有多少项是你没有发现,而别人却一致的看法。遇到这些项目时,你还可以和参评人做些讨论,了解自己在他人眼中是一个什么样的人。在经过别人的帮助和诱发后,你的表格中往往是长处多过限制。请再填写下表:

当我再一次看清楚自己的长处和限制之后,我感到:	

（3）还可以进一步深入地进行一些探讨:在限制方面,按"不能改变"的限制和"可以改变"的限制进行分类。分好类后,对于后者,还可订出改进的计划和方法。

（4）小组交流后团体分享,或直接进行团体分享。

5. 个人盾牌

目的:强化个人对自己独特之处的接纳,树立"我之所以为我"的积极态度,增强自信心。

操作:

（1）分享《生命的价值》。

生命的价值

有一个生长在孤儿院中的小男孩,常常悲观地问院长:"像我这样的没人要的孩子,活着究竟有什么意思呢?"

院长总笑而不答。

有一天,院长交给男孩一块石头,说:"明天早上,你拿这块石头到市场上去卖,但不是'真卖',记住,无论别人出多少钱,绝对不能卖。"

第二天,男孩拿着石头蹲在市场的角落,意外地发现有不少人好奇地对他的石头感兴趣,而且价钱愈出愈高。回到院内,男孩兴奋地向院长报告,院长笑笑,要他明天拿到黄金市场去卖。在黄金市场上,有人出比昨天高10倍的价钱来买这块石头。

最后,院长叫孩子把石头拿到宝石市场上去展示,结果,石头的身价又长了10倍,更由于男孩怎么都不卖,竟被传扬为"稀世珍宝"。

男孩兴冲冲地捧着石头回到孤儿院,把这一切告诉给院长,并问为什么会这样。

院长没有笑,望着孩子慢慢说道:"生命的价值就像这块石头一样,在不同的环境下就会有不同的意义。一块不起眼的石头,由于你的珍惜、惜售而提升了它的价值,竟被传为稀世珍宝。你不就像这块石头一样?只要自己看重自己,自我珍惜,生命就有意义,有价值。"

如果你自己把自己不当回事,那别人更瞧不起你,生命的价值首先取决于你自己的态度。"每个人应当从小就看重自己,在别人肯定你之前,你先得肯定你自己。"珍惜独一无二的你自己,珍惜这短暂的几十年光阴,然后再去不断充实自己,最后世界才会认同你的价值。

(2)根据下列问题的答案,每个人做个自己的盾牌。答案有时是文字,有时是图案,在盾牌上可以按自己的喜好安排位置与顺序。

① 画出出生到十四岁最重要的一件事;

② 画出十四岁到现在最重要的一件事;

③ 画出你以前最成功的事项;

④ 画出你过去最快乐的时刻;

⑤ 画出你的一项专长;

⑥ 画出你想要加强的技能;

⑦ 你希望将来是什么样子?

⑧ 如果你一向无往不胜,但目前只有一年可活,你将会做什么?

⑨ 如果你现在死了,你喜欢别人用哪三个字来形容你?

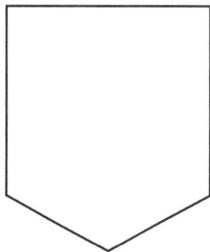

空白的盾牌

(3)自我欣赏。在自我欣赏中增强自信。

(4)团体分享。

拓展资源

心理学网站:

1. 心理访谈:http://tv.cctv.com/lm/xlft/

2. 武汉大学大学生心理健康中心:http://xlzx.whu.edu.cn/

3. 大学生心理:http://www.39.net/mentalworld/ztl/dxsxl/

心理学电影:

1.《肖申克的救赎》(1994)

2.《阿甘正传》(1994)

3.《死亡诗社》(1989)

电影片段

第四章

调节情绪 丰富情感

案例导读

　　小琳是个争强好胜的女孩,但是因为志愿没有报好,她以一本的成绩进入一个二本的大学。所以,小琳没有其他人考上大学的喜悦。进入大学后小琳住进集体宿舍和大家过起了集体生活。起初,她看不起周围的同学,觉得寝室同学俗不可耐,她们不是谈论明星就是谈论衣服,自己和她们不是一个层次的人。小琳不屑与她们交流,懒得理她们。时间长了,室友们觉得小琳孤芳自赏,慢慢地也不爱理她了。后来,小琳发现同学们并不像她想得那样平庸,有的人经过专业舞蹈训练,有的人会弹钢琴,而自己除了空有一腔怀才不遇的抱怨外,好像也没什么特别引人注目的地方,生活自理能力不如农村来的同学,多才多艺不如大城市的同学,小林觉得无聊、孤独,她渴望友谊,渴望被人了解。她想加入同伴中,希望被关注、被关怀,但是,她又觉得自己与室友格格不入。小琳来自一个小城镇,农村同学的生活,她没有经历,和她们谈不到一起。对于城市同学的圈子,她又有点自卑。结果,就成了夹心饼干,与谁也不能建立亲密关系。小琳的脾气也随着这种不被接受和认同而变得更加糟糕。有时候,为了室友不小心动了她的东西,而没有说"对不起"这样的小事,她都会和室友争吵。甚至,在外面买东西,小贩缺斤短两、多算了几角钱都会让她的脾气爆发。慢慢地,大家给她送了一个外号"吵架女王"。小琳知道后,很伤心,她很想控制自己的情绪,可是每到事情发生的时候,好像都身不由己。这样,大家越发不愿意和她交往,小琳感到很痛苦。

资料来源:刘艳红,廖昕,白苏妤.大学生心理健康[M].长春:吉林大学出版社,2015.

想一想:

(1) 小琳为什么会感到很痛苦?

(2) 如何帮助小琳正确控制情绪?

本章概要

1. 了解情绪的概念及其与身心健康的关系;

2. 学习认识、体验和接纳自己及别人的情绪;

3. 能找出情绪背后的缘由并加以改善；

4. 掌握提高情绪管理能力的方法。

日常生活中所说所做的每件事情都包含着情绪的成分，情绪反映在生理活动、表达方式和个体行为之中。大学生正处于一生中情绪最富于变化的时期，也是情绪最容易受困扰的时期。大学生的情绪素质如何，直接关系到生理和心理的健康，关系到学业是否成功，关系到生活是否幸福。通过本章的学习，大学生要了解自身的情绪特点，掌握情绪调适的方法，自主调控情绪，保持良好的情绪状态。

第一节　情绪概述

心香一瓣

　　每份情绪都有其意义和价值，不是给我们指明一个方向，便是给我们一分力量，甚至两者兼有。其实人生中出现的每一件事都提供我们学习怎样使人生变得更好的机会。情绪的出现，正是保证我们有所学习。

——朱彤

情绪是我们心理的重要组成部分，每个大学生都体验过喜、怒、哀、乐等各种情绪。情绪犹如温度计，能使人沸腾，也能使人冷却。

一、什么是情绪

情绪是人的主观体验，是个体对客观事物低级的、主要与个体的生理需要相联系的态度体验。情绪是原始的，是人和动物共有的。有些事物使人兴高采烈，有些事物使人忧愁、悲伤，有些事物使人赞叹、喜爱，有些事物使人惊恐、厌恶，这些以特殊方式表现出来的主观感受或体验就是情绪。凡是能满足人的需要或符合人的愿望、观点的事物，就能使人产生愉快、喜爱等肯定的情绪体验；凡是不符合人的需要或违背人的愿望、观点的客观事物，就使人产生烦闷、厌恶等否定的情绪体验。

（一）情绪的生理变化

在不同的情绪状态下，人的生理上的心律、血压、呼吸乃至人的内分泌、消化系统等，都会发生相应的变化。例如，人在焦虑状态下，会感到呼吸急促、心跳加快；人在恐惧状态下，则会出现身体战栗、瞳孔放大；而在愤怒状态下，则会出现汗腺的分泌增加、面红耳赤等生理特征。这些变化都是受人的自主神经支配的，是不由人的意识所能控制的。因此，情绪状态下的这些变化，具有极大的不随意性和不可控制性。例如，当我们遇到考试失利、情感挫折、学习压力时，不可避免地会出现一些情绪上的反应，即使你再不愿意，甚至去控制，情绪也会出现。

（二）情绪的内心体验

人的不同情绪生理状态必然会反映在人的知觉上，反映到人的意识中来，从而形成人的不同的内心感受和体验。心理学家伊扎德（Izard）提出的情绪的四维理论认为，人对情绪状态的自我感受，是在愉快度、紧张度、激动度和确信度四个维度上产生的心理感受。愉快度表示主观体验的享乐色调；紧张度表示情绪的心理激活水平，包括肌肉紧张和动作抑制等成分的激活水平；激动度表示个体对情绪、情境出现的突然性，即个体缺乏预料和缺乏准备的程度；确信度表示个体胜任、承受感情的程度。情绪的内心体验是人脑对客观环境和客观现实的重要反映形式之一，这种反映形式不同于认知活动，它不是对客观事物本身的反映，而是带有主观色彩的反映。如人在受到伤害时，会感到痛苦；在朋友聚会时，会感到由衷的快乐；当面临极度危险境地，会让人产生毛骨悚然的恐惧感；当自己的某些需要得到充分的满足时，会感到幸福愉快；在遇到被欺辱时，会感到愤怒；在失去亲人时，会感到悲伤。

（三）情绪的外在表现

情绪不仅体现为生理上的反应和内心的体验，而且还以面部表情、声音表情和动作表情等外在形式表现出来。面部表情最直接反映着人的情绪状态，人们可通过一个人的面部表情的变化，了解一个人的情绪状态。例如，当自己所希望的球队获胜时，不由自主地会喜笑颜开；当遇到困难和挫折时，会愁容满面。体态表情同样反映着一个人的情绪状态，例如，在期末考试过后，我们可通过考生们的坐立不安、手舞足蹈和垂头丧气看得出他们此时此刻的情绪状态和面临的境地。声态表情则是指人们在与人交流时的声音的声调、音色和声音节奏的快慢等方面的变化。例如，一个人悲伤时，语调低沉、言语缓慢、语言断断续续；而当人兴奋时则会语调高昂、语速加快，声音抑扬顿挫，清晰有力。

（四）情绪与情感

在日常生活中，我们对情绪、情感的使用非常随意。但在心理学上，情绪和情感是两个不同的概念。西方心理学界虽未对情绪和情感做严格区分，但普遍认为，情绪包含着情绪表现（表情）和情绪体验（情感）。我国心理学界对情绪和情感做了严格区分，认为情绪分为心境、应激和激情；情感分为道德感、美感和理智感。情绪与情感的关系有以下三个方面：

第一，从所联系的心理层次看，情绪的心理层次低一些，是先天的与生理需要相联系的；情感则与人的社会性需要相联系，属于高级心理现象。

第二，从所具有的品性看，情绪一般不稳定，具有较大波动性；情感则较稳定，持续时间较长,甚至影响人的一生。

第三,情绪与情感相联系和依存。情感是在情绪的基础上产生的,进而发展成为情绪的深层核心,它通过情绪得以实现;情绪包含着情感,受情感的制约,是情感的外在表现。二者相互依存、制约和发展。

二、情绪的功能

在我们的生活中,情绪不是一种毫无目的、没有任何意义的伴随体验。相反,它们是在适应外界变化的过程中产生的,是具有重要作用的工具。

(一) 自我防御功能

在最简单水平上,情绪能够帮助我们做出更迅速的反应。当身体或人的其他方面受到威胁时,人产生恐惧以应对;当发生利益或权利上的冲突时,人产生愤怒以应对;当吃到不适的食物或污物时,会产生厌恶感。这些情绪反应表现出非常明显的自我保护性倾向。

(二) 社会适应功能

情绪能够使个体针对不同的刺激事件产生灵活自如的适应性反应,并调节或保持个体与环境间的关系。情绪之所以具有灵活性的特征,是因为情绪的机能不仅可以来源于个体全部的先天机能,而且还来源于学习及认知活动。许多情绪都具有调控群体间的互动功能。譬如,羞怯感可以加强个体与社会习俗的一致性;当个体对他人造成伤害时,内疚感可激发社会公平重建。其他的情绪,诸如同情、喜欢、友爱等,也能起到构建和保持社会关系的作用。它们可以增强群体内的凝聚力,而且有提高个体的社会适应能力的作用。

(三) 动力功能

达尔文认为,人类祖先在捕猎和搏斗时,发生愤怒的情绪反应,有助于增强体力,战胜猎物或敌人。现代科学更清楚地提示了人在紧张情绪发生时会表现出一系列生理变化,如血压升高、呼吸频率提高、肾上腺分泌增加等。这一切都有助于一个人充分调动体力,去应付紧急状况。适度的情绪反应能够激励人的活动,提高人的活动效率,进而推动人们有效地完成工作任务。

(四) 强化功能

大量研究表明,当出现紧急情况时,消极的情绪(如愤怒和恐惧)能够唤起大脑的警觉水平;积极的情绪(如高兴)能使一个人的感觉、知觉变得敏锐,记忆获得增强,思维更加灵活,有助于一个人内在潜能的充分展示。

（五）信号功能

一个人不仅能凭借表情传递情感信息,而且也能凭借表情传递自己的某种思想和愿望。表情是思想的信号,如微笑表示赞赏,点头表示默认,摇头表示反对。中国有"出门看天色,进门看脸色"的俗语,意思是说通过别人的情绪反馈信息,领悟到别人对自己的态度。

三、情绪的类型

（一）七情之分

喜怒哀乐是人生中最为普遍的情绪反应。在我国,自古以来人们通常将情绪按其表现分为"喜、怒、哀、惧、爱、恶、欲",并称之为七情。

喜,即喜悦,是人在其需求达到充分满足时产生的一种满意、愉快和欢乐的情绪体验。喜悦会使人感到轻松、舒畅和满足。

怒,是指愤怒,往往是因为当事者的愿望、需求不能得到满足或是为此而进行的活动受到阻碍时而产生的一种不满、恼怒的情绪体验。怒的情绪会使人产生紧张、压抑甚至狂躁的感觉。

哀,即悲哀,常由于当事者的期望或愿望不能得到实现和满足,或是遭遇重大的丧失而引起的一种悲凉、哀叹的内心感受。悲哀的情绪会使人产生一种失落、无奈、痛苦的心理感受。

惧,指惧怕、恐惧,是当一个人面对危险境地或是巨大灾难时,而产生的一种极度的恐慌和畏惧感。恐惧的情绪会使人感到呼吸急促、紧张、心悸、全身战栗,甚至使人本能地产生想逃离的心理。

除此之外,情绪还有喜爱、憎恶、渴望、害羞等表现,而且一个人的情绪状态很多时候会表现为复合情绪反应,例如,一个人做了错事后,会有一种内疚感,它包含了对自己的自责、悔恨、自罪等方面的内心体验;当一个人经过了多年的努力,终于取得了学位,会产生百感交集的情绪状态,它包含着"酸甜苦辣"各种心情。

（二）基本情绪和社会情绪

基本情绪主要是指与人的生理需要相联系的内心体验。例如,人的恐惧、焦虑、满足、悲哀等。人的基本情绪在人的幼年时期就已经形成了,更带有先天遗传的因素。

社会情绪是指与人的社会性需要相联系的情绪反应,表现为一种较为复杂而又稳定的态度体验。例如,一个人的善恶感、责任感、羞耻感、内疚感、荣誉感、美感、幸福感等,是后天随着人的成长而逐步发展和形成的。社会情绪是在基础情绪上形成和发展起来的,同时又通过基础情绪表现出来。在大学阶段,更多的是建立和形成一个人的社会情绪。

（三）心境、激情与应激

心境是指一种深入持久，又比较微弱的情绪状态，具有渲染性和弥散性的特点，如忧郁、沉闷、松弛等。心境往往不具有特定的环境对象，但可以造成人的情绪的一般背景，来影响人的情绪体验。比如，当一个人心情舒畅时，他看什么都会觉得乐观积极；而当一个人郁郁寡欢时，则对许多事都会感到没有兴趣。生活中，不同的人或是每个人在不同阶段，都会有不同的心境。心境可有愉快与不愉快之分。

激情是指一种短暂、强烈的、疾风暴雨式的情绪状态。例如，一场球赛过后，或欣喜若狂，或垂头丧气；国内外的社会上发生的申办奥运成功、足球走向世界、中国加入 WTO、美国 9•11 恐怖活动等重大事件，包括校园中发生的义务献血、为贫困学生募捐等事件，都会使大学生们或群情激昂，或喜形于色，或悲愤不已。激情的特点是强烈的冲动性和爆发性，情绪作用时间短，往往会随着时过境迁而弱化或消失。激情的发生常常具有明显和突出的原因和指向性。激情也可以表现为积极的或是消极的。积极的激情能增强人的敢为性和魄力，激励人们克服艰险，攻克难关；消极的激情则会导致理智的暂时丧失，情绪和行为的失控。

应激又称为应激状态，是由于出乎意料的紧张或危险情景所引发的情绪状态。即当人处于巨大压力和威胁的情景下，而又要迅速做出重大决定时，所产生的一种特殊的情绪状态。在应激状态下，会使人身体处于充分的动员状态，心律、血压、呼吸和肌肉紧张度等发生显著的变化，从而增加身体的应变能力。应激往往有两种极端的表现：一种是惊慌失措、目瞪口呆；另一种是急中生智、力量剧增。在应激状态下，人们往往能做出平时难以做到的事，使人尽快地转危为安。但是应激也有很大的消极作用，当人在紧急情景中的应激状态下，会导致知觉狭窄、行动刻板、注意力被局限；过于强烈的应激情绪，会导致人的临时性休克甚至死亡，还会导致心理创伤。一个人长期或频繁处于应激状态中，会导致身心疾病和心理障碍。

此外，还有人从情绪的功效角度，将愉快、欢乐、舒畅、喜欢等视为正性情绪，而将痛苦、烦恼、气愤、悲伤等视为负性情绪；也有人将情绪划分为积极情绪、消极情绪等。

四、情绪的发生机制

（一）情绪与情境

人的情绪不会无缘无故地产生，必然有其发生的情境。正如人们所说，人逢喜事精神爽，当人们学业成功、身处优美的环境，都可让人随之产生愉快的心情；反之，人际的冲突、学习的压力、生活中的挫折，甚至恶劣的气候，也会使人感到烦躁和抑郁。除了外在的环境和事件会直接引起情绪变化外，人的自身生理的和心理的反应也同样会引起情绪的变化。例如，人在青春期阶段，由于身体上的急剧变化，引起内分泌的紊乱，并由此造成情绪上的躁动。女生因为月经周期带来生理上的变化，也容易导致情绪的不稳定。

（二）情绪与需要

一名大学生,在漂亮的异性同学面前常会感到紧张和羞怯,有时还会面红耳赤,为此,他感到自责和困扰。人的情绪为什么有时候难以自制?情绪产生与变化的背后,实际反映着我们的需要。例如当得到他人称赞时,满足了自己的自尊和成就的需要,从而感到一种荣誉和喜悦感;相反,当自己受到他人的冷落时,就会产生失落和孤独感,因为自己的被接纳和亲情的需要没有得到满足。在大学的学习和生活过程,也是大学生追求和实现自身各种需要的过程。大学生的需要是多样化的,如完成学业、培养能力、发展自我、追求爱情,还有娱乐、健康、实现兴趣的需要等。这些需要是多层次的,有些是眼前的需要,有些是长远的需要,需要之间还相互矛盾。实现和满足这些需要,会受到各种条件的局限与制约,必然会引起情绪上的波动。

（三）情绪与认知

情绪虽然是与客观事物是否满足人的需要相联系,但是面对同样的事物,不同的人却会有着截然不同的情绪感受。比如同一门考试中,成绩刚刚及格的学生对此却有着不同的感受,有的人庆幸,好歹及格了;有的人惋惜,怎么没考得更高一些;有的人会感到无地自容,因为他从小到大从没得过这么低的分。为什么会如此,这是因为认知的作用。心理学研究表明,人们只有通过认知对客观事物与需要的满足做出判断与评价,才会产生相关联的情绪反应。认知改变了,情绪也相应发生了变化。

（四）情绪与行为

行为是人的情绪的重要表现形式,一个人的情绪状态,会导致人产生或消除导致行为的动机,并直接影响到人的行为模式及过程和效果。例如,一个学生因取得优异的成绩而产生的成就感,使得他对学习更加努力;而一个学生过度的焦虑情绪,会使他感到心烦意乱,而无法专心学习;对考试过度的恐惧感,也会使人在考试中发挥失常。情绪对行为起着一定的调节作用,当人在做能满足自己需要的一些行为时,就会感到一种欣慰和充满热情的情绪感受,它会使自己的行为得到加强;而当人的某一行为破坏或阻碍了自己的某一种需要时,就会产生厌烦、排斥的情绪感受,它同样会使人自己的行为减少或停止。可见,情绪与行为的关系并非是单一的决定与被决定的关系,而是相互影响的关系。

五、情绪的适应与控制

（一）情绪的适应

情绪的产生虽然事出有因,各不相同,因人而同,因事而异。但是情绪的反应,也有一个度的问题,例如,当一个人面临恶犬的追咬时,发生了恐惧感,这里的情绪与情境是相互对应的;而当一个人面对一个玩具狗,而被吓得浑身发抖时,这种情绪反应就不很正常了。再比如,一个小女孩儿遇到不高兴的事,回家和父母哭诉,这是很正常的情绪反应;而一个成年人,在工作中或学习上遇到不顺心的事,动不动就和家人哭诉,这就有些过于情绪失控了。所谓情绪适应,指对情绪和发生情绪的环境之间的关系进行某种调整,使之相互适合,即对情绪进行积极的调节。一般来讲,在人的情绪发展的不同年龄阶段,其情绪适应的能力和水平会呈现出不同的特点。对于一名大学生来讲,当遇到使自己焦虑的情境发生时,会尽量地让自己保持镇定;当感到自己的心情过于郁闷时,则主动参加一些使自己振奋的活动,让自己的心情变得好一些。这些就是我们所说的情绪的适应。

(二)情绪的控制

情绪控制指选择情绪反应的方式和内容,以及情绪反应的程度。例如,一名大学生一次发现有人动了她宿舍的东西,于是大吵大闹,搞得周围的同学都疏远了她,事后她对自己的情绪失控感到后悔。另一名学生,因为替人在教室占座位而与另一同学发生口角,后开始相互谩骂和厮打,最后竟演变成班与班之间的聚众斗殴,导致严重的后果。一般而言,喜怒哀乐是人的情绪的正常反应。但是,在什么时间、什么地点和场合,对什么人,采取什么样的方式反应,就有社会和道德的规范标准。也就是说,情绪的反应以及情绪所表现的行为要符合社会的规范。情绪的控制还包括自我的情绪调节能力。例如,表达愤怒的情绪时,要控制在使他人能够接受的程度内;当情绪兴奋时,也要将自己的情绪控制在使自己不失态的状态下;在自己忧虑时,要尽量将其保持在不影响自己正常的学习和生活的范围内等。

(三)情绪适应不良

1. 情绪适应不良与负性情绪的关系

情绪适应不良即不良的情绪反应,或称为消极的不良情绪。有些人将不良情绪等同于负性情绪,这是不准确的。所谓负性情绪,通常是指那些不愉快甚至是引发人痛苦、愤怒的情绪体验,比如:压抑、生气、委屈、难过、苦恼、沮丧等。另外,人们所理解的负性情绪在其作用上,会对行为起到抑制或阻碍作用,或容易导致引发其他负性情绪的心理感受,例如:悲观、恐惧、焦虑、嫉妒、怀疑、敌视,还有像内疚、自责、羞耻、惭愧等情绪反应。一般来讲,负性情绪并非一定都是不良的消极情绪,正如前面所说,负性情绪在一定的情境之中,也同样具有重要的作用和功能。例如,恐惧的情绪使人脱离险境,羞耻的情绪会使人避免做违背社会规范的行为。即使是痛苦、悲伤等情绪反应,也同样具有能使人感受到自己的心理伤害,促使人们及时调整自己的积极的功能。所以说,负性情绪并不等于消极的不良情绪。

2. 情绪适应不良的表现

第一,负性情绪持续时间过长。例如,当一个人长期处于悲观、失落的情绪状态,而自己又无法调整时,就会形成一种抑郁的心境,导致危害身心,严重的还可表现为抑郁症等严重心理疾病。

第二,负性情绪超过了自己所承受的强度,自己却不能控制,致使自己行为失常或感到被伤害。例如,考试中过度焦虑,使一些学生考试发挥失常,严重的应激状态会致人昏厥;还有些同学面临期末大考,却怎么也紧张不起来,神情恍惚,精力涣散,无法进入考前状态等。

第三,负性情绪出现了恶性循环不能自拔的状态。例如,某大学生面对学习上的压力,感到焦虑不安,影响了自己的学习效率,对此自己不能接受,又无法解脱,于是又引发了更严重的焦虑,导致失眠、食欲下降,焦虑越来越强烈,不能自控。

第四,情绪状态已经构成了对自己及他人的影响或伤害。例如,对自己所爱慕的人与其他异性交往而产生嫉妒情绪,一般来讲,它并非是不良情绪,而只是一种爱情专一性和排他性的正常心理反应。但是当这种嫉妒情绪已经导致猜疑,甚至限制对方的行为,使自身或对方感到被伤害时,就已经成为一种不良的情绪反应了。

第五,由于情绪适应不良导致严重的情感障碍、人格障碍等心理疾患。如表现出退缩、孤独、怀疑、抑郁等,都是情绪适应不良的行为表现。

相关链接 +·+

情绪对健康影响极大

一所肺结核专科医院里住着两个病人,甲的肺结核比较轻微,经过一段时间的治疗已经基本痊愈;乙的结核病很严重,医院已经没有什么办法了,只好让她回家休养。

这两个病人同一天出院,由于医院工作人员的马虎,出院时把两份病情通知抄写颠倒了。病已基本痊愈的甲接到的是病重尚未痊愈,要加强营养、注意休息的通知。一接到通知,甲便紧张起来,忧虑重重,认为医生从前对他隐瞒了病情,病是无法治好了。结果出院后病情一天天加重,并有恶化的趋势,没过多久又住进医院。而那位病情严重的乙看到出院通知上写着病情基本痊愈,心情顿时轻松,回到依山傍水的农村,经常食用新鲜蔬菜、水果,经常散步,再加上心情舒畅,精神愉快,被认为治不好的严重肺结核竟然痊愈。

资料来源:https://zhidao.baidu.com/question/873776939980112252.html

+·+

第二节　大学生的情绪

心香一瓣

　　心态若改变,态度跟着改变;态度改变,习惯跟着改变;习惯改变,性格跟着改变;性格改变,人生就跟着改变。

——马斯洛

情绪是个体与环境、事物之间关系的反映,它具有独特的主观体验和外部表现形式,对人的活动有着非常重要的影响。作为特殊的群体,大学生的生理基本成熟而心理尚未完全成熟,易受到外界的干扰,因而对人、事、社会等各种现象特别关注,对新鲜事物十分好奇,对学业和未来充满信心,朝气蓬勃,积极进取,拥有许多积极的情绪,他们的每一个心理过程都是在某种特定的情绪背景下进行的,并受其影响和调节。

一、大学生情绪特点

大学时期是青年人心理成熟的重要时期,也是情绪丰富多变、相对不稳定的时期。随着知识水平、心理发展特点以及生理状况的影响,大学生的情绪带有鲜明的特征。具体表现在以下六个方面。

(一) 丰富性和复杂性

大学生正处于多梦的年龄阶段,几乎人类所具有的各种情绪,都可在大学生身上体现出来,如悲哀、遗憾、失望、难过和绝望等。在情绪体验的内容上,大学生的情绪呈现出相当丰富多彩的特征,以惧怕为例,大学生所怕的事物,主要与社会的、文化的、想象的、抽象复杂的事物和情境有关,诸如怕考试、怕陌生人、怕惩罚、怕寂寞等。

(二) 稳定性与波动性

从总体上看来,大学生情绪是比较稳定的,具有一定的自我控制情绪的能力,一般能用理智约束冲动,可以对不良情绪进行自我调适,但与成年人相比,大学生相对敏感,情绪带有明显的波动性,一句善意的话语、一个感人的故事、一支动听的歌曲,都可以使他们的情绪发生骤然变化。

(三) 强烈性与冲动性

大学生由于自我意识的发展,对外界事物较为敏感,加之年轻气盛和从众心理,因而在许多情况下,其情绪易被激发,带有很大的冲动性。近年来校园内暴力事件往往都是在情绪失控状态下一时冲动所致。很多大学生对符合自己信念、观点和理想的事件或行为容易迅速产生热烈的情绪;对于不符合自己信念、观点和理想的事件或行为,则迅速出现否定情绪。个别的有时甚至会盲目地狂热,不计后果地冲动,以致做出一些违反校规校纪的蠢事或坏事。

(四) 压抑性与高情感性

大学时期是情感最丰富、最强烈的时期,同时也是一个充满压力和冲突的时期,而这往往会导致情绪的压抑性。相当多的大学生常常感到自己的情感不能尽情地得到倾诉,据调查材料统计表明,约70％的大学生"时时感到有一种压抑感"。这种感觉有些是自己能找到原因的,而有些自己也不知道这种压抑究竟来自何方,有一种空虚感、孤寂感。

(五) 情绪体验的延续性

大学生的情绪不像幼儿那样受制于外部刺激,情绪一旦被激发,即使刺激消失,还会转化为心境,即拉长了情绪的状态。大学生在某一方面得到满足的快乐的情绪会延长为良好的心境;由于挫折或失败引起的不快或苦恼的情绪也会延长较长的时间,而成为闷闷不乐的不良心境,这种不良心境如果延续较长时间,不仅会影响人际关系,也会影响大学生的身心健康。

(六) 外显性与内隐性并存

大学生对外界刺激反应迅速敏感,很多情绪是一眼就能看出的,如考试第一名,马上就喜形于色。但在某些场合和特定问题上,有些大学生会文饰、隐藏或抑制自己的真实情感,而表现出内隐、含蓄的特点,比如在对待异性的态度上,明明乐意接近,却往往留给对方的印象是贬低、冷落人家。这是大学生有意识控制和无意识防御的结果,与表里不一的虚伪是两回事。

二、情绪对大学生的影响

(一) 情绪对大学生健康的影响

现代生理学、心理学和医学的研究成果表明,情绪对人的身心健康具有直接影响。若能保持愉快的心境,为人开朗乐观、积极向上,则人体免疫功能活跃旺盛,可以减少患病的机会,有益健康。良好的情绪不仅使大学生对生活充满希望,对自己满怀自信,而且能够使他们的求知欲增强、思维敏捷、富于创造力、爱好广泛、建立良好的人际关系,促进他们的全方位发展。

与此相反,消极的情绪对人的身心健康危害极大,在压抑、紧张、焦虑、恐惧等消极情绪的长期作用下,人的免疫能力下降,容易患各种传染性疾病,内脏功能也会受到伤害。许多研究表明,消极情绪是健康的大敌。突然而强烈的紧张情绪会抑制大脑皮层高度心智活动,破坏大脑皮层的兴奋和抑制的平衡,使人的意识范围狭窄,判断力减弱,失去理智和自制力。调查发现,大学生中常见的消化性溃疡、紧张性头痛和偏头痛、心律失常、月经失调、神经性皮炎等,都与消极情绪有关。

(二) 情绪对大学生学习的影响

情绪不仅与大学生的身心健康有关,而且与大学生的潜能开发、工作效率有关。良好的情绪情感往往使大学生乐于行动,有兴趣学习、工作和活动,有助于开阔思路,注意力集中,富有创造性。研究发现,精神愉快、心情舒畅、紧张而轻松是思考和创造的最佳状态,才能有效地进行智力活动。

心理学家用实验方法研究情绪与学习成绩的关系时,通常将焦虑程度与学习成绩分别作为自变量和因变量,然后采用自我评定法和生理反应法来研究它们之间的函数关系。研究结果表明,焦虑程度与学习成绩的关系呈倒 U 型。适度的焦虑能使大学生取得最好的学习效率,焦虑程度过高或过低,均难以取得优异的学习成绩。在生活中常有这种现象:有的大学生在考试时过分紧张,结果出现"晕场"现象;反之,有的学生对考试采取不以为然的态度,考试成绩也不高。

(三)情绪对大学生人际关系的影响

具有良好情绪特征的人,如乐观、热情、自尊、自信,是人际间产生相互吸引的重要条件,能彼此间心理距离缩短、情感融洽。而自卑、情绪压抑、爱发怒的人,往往不能与他人正常相处,难沟通、易疏远,使人与人之间疏远。

情绪具有感染性与传染性,因为具有良好的情绪状态、积极而稳定的情绪反应,正性情绪大于负性情绪的人,在人群中更受欢迎,更容易获得别人的赞赏,更容易形成良好的人际关系。研究发现,负性情绪与正性情绪相比,有着更强烈的传染性。一位大学生这样形容宿舍另一位同学:"他的情绪正如六月的天,喜怒无常,无法把握,与他相处,有些如履薄冰,我们时刻要受他情绪的支配与感染。我们认为,他没有用坏情绪影响我们好心情的权利,因而我们选择逃避,尽量少与他交往。"

与此同时,大学生在人际交往中,注重提高自身修养,学会适度控制与调适自己的情绪,做情绪的主人,才能拥有良好的人际关系。

(四)情绪对大学生行为目标的影响

1979 年,心理学家埃普斯顿在《人类情绪的生态学研究》一文中,介绍了他对大学生的自我观念、情绪与行为变化之间关系的研究成果。结果表明,当体验到的是积极的情绪,如感到高兴、亲切、安全、平静,则大学生的行为目标也往往是积极、生动的,对新经验的接受和开放、对周围人的尊重和理解、对价值和长远目标的献身精神等,都有明显增强;当体验到的是痛苦、愤怒、紧张或受威胁等消极情绪时,一部分大学生的社会兴趣下降,反社会行为增加,对新经验持审慎,甚至闭锁的态度,另一些大学生的行为并没有向消极方面转化,而是汲取教训,准备再干。

埃普斯顿的实验结果表明:积极的情绪体验与积极的行为变化总是有一致的关系。因此,在大学生活中要尽可能多地缔造这种关系,积极引导消极情绪,使之为转化为长远目标和价值献身的精神。

相关链接 ··+·

装出来的情绪

美国一广告公司的部门经理弗雷德工作一向很出色。有一天,他感到心情很差。但由于这天他要在开会时和客户见面谈话,所以不能有低落的情绪。于是,他在会议上笑容可掬,谈笑风生,装成心情愉快而又和蔼可亲的样子。令人惊奇的是,他的这种心情"装扮"却带来了意想不到的结果——随后不久,他就发现自己不再抑郁不振了。

美国心理学家霍特指出,弗雷德在无意中采用了心理学的一项重要规律:装着有某种情绪,模仿着某种情绪,往往能帮助我们真的获得这种情绪。为了调控好情绪,不妨偶尔对自己的情绪进行一番"乔装打扮"。

资料来源:https://new.qq.com/omn/20191224/20191224A0IUQI00.html

三、大学生常见情绪困扰

大学生由于学习压力大、人际关系紧张等各种原因,他们的情绪常常处于易波动状态。情绪困扰是指陷于某些不良情绪情感体验中不能自拔,或者体验的强度和持续的时间都超过一般人,严重影响了学习和生活。

(一)自卑

案例导读

陶楠,大一学生。来自农村,自幼勤奋刻苦,成绩优秀。考入大学后,由于城乡环境的差异,他觉得自己的穿着很土,而城里来的同学穿着很时尚。在宿舍聊天,城市同学侃侃而谈,陶楠没见过什么世面,说起话来笨嘴拙舌,加上满口的家乡话,常常惹得同学们哄堂大笑,自己觉得很丢脸,认为自己表达能力差,因此在众人面前不敢发言,变得更加自卑。

1. 什么是自卑

贺淑曼说:"自卑在心理学中属于性格上的弱点,是一种不良的心理素质和消极的心态,是心理缺钙的'软骨病'。"自卑是自我情绪体验的一种形式,是个体由于某种生理或心理上的缺陷或其他原因所产生的对自我认识的态度体验,表现为对自己的能力或品质评价过低,轻视自己或看不起自己,担心失去他人尊重,总感到自己这也不如别人,那也不如别人,丧失了实现自我的信心。他总是以别人为参照系罗列理由,说明自己的无知和无能。自卑可以使人奋起,获得补偿性的发展,从而取得好的成就,但严重的自卑却会使人背上沉重的思想包袱,丧失自强不息的精神,进而影响一个人的能力发展和未来成就。

2. 大学生自卑的表现

一般来说,大学生的自卑主要表现在以下三个方面。

(1)对自己评价过低

这是自卑的实质。自卑的人往往注重接受别人对他的低估评价,而不愿接受别人的高估评价。在与他人比较时,也多半喜欢拿自己的短处与他人的长处相比。认为自己的外貌、学习、交往能力不如他人,"我不行""我真的不行""我什么都不行""我怎么也不行"

"我就是不行",越比越觉得自己不如别人,越比越泄气,完全漠视自己的潜能。

（2）有泛化的特点

大学生由于某种原因造成的自卑情绪容易泛化到其他方面上去。如一位女同学,因身材肥胖引起自卑,并认为同学看不起她,她感觉自己的言谈举止及社交能力均不如别人,这就是不合理的泛化。

（3）具有敏感性和掩饰性

具有自卑感的大学生往往对自己的不足和别人对自己的评价很敏感,常把别人与自己无关的言行看成是对自己的轻视。由于担心自己的缺陷被人知道,因而常加以掩饰或否认,有时表现出较强的虚荣心。具有自卑感的大学生常用回避与别人交往的方法来避免别人看出自己的缺陷和不足。

3. 产生自卑的原因

自卑的产生往往有其客观存在的因素,例如:生理缺陷、家庭环境、社会原因等;同时,也有主观存在的因素,例如:个性不良、成长经历挫折打击等。

（1）生理缺陷

生理方面的缺陷对心理方面有明显的影响。如有的人因为身体矮小、相貌丑陋或身体有残疾而感到自卑。

（2）家庭环境

前面案例中陶楠自卑的产生主要与家庭环境有关。陶楠来自农村,家庭经济条件较差,同那些出身于大城市、干部家庭、高知家庭、大款家庭的同学形成较强的反差后,容易在心理上觉得比别人"矮了一截",从而在大学的学习、生活过程中产生"先天不足"的感觉。在这种自卑心理的支配下,陶楠在学习、生活和与人交往中,会经常担心别人瞧不起自己,而减少与同学之间的交往。

（3）社会影响

大学生作为一个具有自身特征和文化形态特殊的群体,生活在社会之中,必然要时时受到社会环境的影响。社会生活中的某些因素和变化直接影响和困扰着当代大学生,并导致他们中的一些人产生认知和行为上的一些偏差。特别是近几年来大学生就业压力的加大,使得一些学生产生的危机感、紧迫感不能得到有效的释放,从而加剧了自卑心理的产生和发展。

（4）个性不良

自卑的人多数性格比较孤僻、内向和不合群,常把自己孤立起来,少与周围人群交往。

（5）成长经历

心理学的研究已证实,不少心理问题都可以在早期生活中找到症结,自卑作为一种消极的心态与成长经历特别是童年经历有关:惯常的惩罚、忽视或虐待;没有达到父母的标准;没有达到同龄伙伴团体的标准;成为他人的出气筒;来自社会对其有偏见的家庭或社会组织;缺乏夸奖、爱、温暖和兴趣;属于家庭中的异类分子;属于学校中的异类分子。

（6）挫折打击

自卑的人一般都比较敏感脆弱,经不起挫折打击。一旦遭受挫折,就很容易意志消沉,产生自卑感。如有些大学生,自认为在中学时期学习成绩较好,受到老师的重点呵护、同学们的敬佩,考入大学后没有了昔日的辉煌,优越感很快丧失,加之把期望值定得过高,成就感难以建立,以致产生强烈的挫折感。为了维护自己的自尊心,对某些有竞争性质的活动便采取"退避三舍"的态度,表现出一种自卑的倾向。

相关链接

肯定自己就是力量

一个人并不知道自己有多大的能力,因为潜在人体的巨大能量是无法探知的。但是,有一点是可以肯定的,那就是只要相信自己的才能并不断努力的话,你的潜能一定会被挖掘出来。

一位成功人士曾说过这样一句话:"只要认识到自己的能力并很好地发挥出来,你就能成功地超越他人。"一个人的能力能否充分发挥出来,首先取决于对自己能力的肯定。心理学研究表明,大多数人一生只发挥了自己潜能的 10%。当然,我们不可能把一个人的能量全部发挥出来,但在一个人一生中,不断肯定自己,使自己的能量提高几倍却是完全可能的。

一位叫彼得的亿万富商,小学四年级时常遭到菲利浦太太的责骂:"彼得,你功课不好,脑袋不行,将来别想有什么出息!"彼得在 26 岁前仍是大字不识几个。有一次,一位朋友念了一篇《相信自己并思考的人才能致富》的文章给他听,给了他相当大的启示。现在,他已买下了当初他常打架闹事的街道,并且出版了《菲利浦太太,你错了》这本书。

"认为自己无能才是真正的失败。"这句话说得好,没错。你如果认为自己无能,那么,别人更自然地认为你是个无用之人。所以请记住:敢于肯定自己,相信自己,那么你的未来就把握在你自己手中。

资料来源:李权超,谢玉茹.实用团体心理游戏与心理辅导[M].北京:军事医学科学出版社,2010:91-92.

(二) 焦虑

1. 什么是焦虑

焦虑是由紧张、不安、焦急、忧虑、担心、恐惧等感受交织而成的复杂的情绪状态。它是人对于预期要出现的不良处境所产生的不愉快的情绪。当一个人面对成长中出现的各种烦恼和困扰时,难免产生焦虑情绪,在多数情况下,这是正常的,不会造成身体和心理的损害,甚至有利于我们的生存,但焦虑持续存在且强度不断加强,它的意义就不再是通报信息,而变成了个体无法驾驭的负担。

相关链接

关于猴子的心理学实验

先把一只猴子放在笼子里,双脚绑在铜条上,然后给铜条通电,猴子挣扎乱抓,旁边有一弹簧拉手,是电源开关,一拉就不痛苦了,这样猴子一被电就拉开关。然后每次在通电前,猴子前方的一个红灯就亮起来,多次以后,猴子知道了,红灯一亮,它就要受苦了,所以每次还不等来电,只要红灯一亮,它就先拉开关。在这个猴子的旁边,再放另外一只猴子,与第一个猴子串联在铜条上,隔一段时间就亮红灯,通电,每天持续6小时。第一只猴子注意力高度集中,一看到红灯就赶紧拉开关,第二只猴子不明白红灯什么意思,无所事事,无所用心。过了二十几天,第一只猴子死了。

究竟是什么原因导致了第一只猴子很快死亡呢?

科学家发现,第一只猴子死于严重的消化道溃疡,胃烂掉了,实验之前体检它没有任何胃病,没有溃疡,可见这是二十几天内新得的病。主要是因为第一只猴子要工作,他高度焦虑,精神紧张,老担惊受怕,它的消化液和各种内分泌系统紊乱了,所以得了溃疡。

资料来源:http://blog.sina.com.cn/s/blog_8938155a01012e1s.html

2. 大学生焦虑的表现

(1) 新生适应焦虑

由于生活环境和学习方式的改变,大学新生对新环境难以很快适应,因而引起焦虑情绪。一些大学生入学前衣食住行都由父母安排好,进入大学后,这也不会那也不会,一些大学生常常因不知如何去做而产生焦虑。学习上的不适应也促使他们产生焦虑,由高中的被动式学习到大学的主动学习,很多学生显得无所适从,不知如何学习,因此对学习感到不安,担心学业无法完成,进而陷入焦虑状态。

(2) 学习焦虑

大学生都有不同程度的学习焦虑,保持中等程度的学习焦虑会促进和提高学习成绩,但学习焦虑过度就会影响正常的学习和生活。学习焦虑过度主要是由于一些大学生在环境的影响下,形成了不恰当的学习目标和抱负,造成很大的心理压力。一般来说,个性敏感的大学生更容易出现这类问题。学习焦虑过度,往往使大学生注意力不能集中,大脑反应迟钝,学习效率降低。

(3) 人际关系焦虑

大学生来自全国各地,不同的生活习惯、性格、兴趣、脾气等使大学生在人际交往中难免发生冲突。有些大学生由于个性上敏感、多疑、冷漠和敌意,往往担心别人不能接纳自己,甚至对自己造成伤害而把自己封闭起来,这些不协调的人际关系会导致自我不再与他人沟通交流,也得不到他人的认可,造成心理苦恼,产生焦虑。

(4) 恋爱焦虑

大学生年龄多在20岁左右,生理发育基本成熟,这就必然引起心理上的变化,他们一方面产生对异性的倾慕与追求,另一方面自身存在着很多不确定因素,在这种情况下涉足爱情,极易导致恋爱失败。很多大学生一旦失恋就伤心绝望,不能很好地处理失恋后的情感问题,产生焦虑。

(5) 就业焦虑

当前社会激烈的就业竞争让大学生陷入了一种就业焦虑之中。这种焦虑各个年级都有,只是焦虑的程度不同,毕业生尤其,绝大多数大学生在就业过程中都或多或少地存在焦虑。如优秀毕业生为是否能找到理想单位而焦虑;成绩不理想的毕业生为找不到单位而焦虑;来自边远地区的毕业生为有可能回原籍而焦虑;恋人们为未来能不能在一起而焦虑;女同学为用人单位"只要男性"而焦虑;还有一些大学生因不知自己毕业后何去何从而焦虑。

（6）过分关注身体健康的焦虑

由于学习紧张和脑力劳动较多,会使一些大学生出现失眠、疲劳等躯体不适症状,当对这些情况过分关注时,便导致焦虑的产生。还有些大学生对遗精和手淫行为产生焦虑,他们对遗精和手淫有着不正确的认识,认为这是"不正常"或"不道德"行为,而且对他们的身体也有伤害。

3. 产生焦虑的原因

（1）人际关系

大学生缺乏与人交往和相处的经验,人际关系紧张会直接影响到他们的学习和生活,容易产生焦虑。

（2）家庭环境

家庭环境是个体的早期成长环境,直接关系到个体身心发育。父母离异、父母早亡、父母文化素质低的家庭,家庭经济状况较差,父母不良的养育方式等都易使个体产生自卑感、无助感和不安全感,这些都是产生焦虑的主要原因。

（3）学校因素

传统教育模式注重培养大学生的专业知识和专业技能,而忽视对其创造能力、适应能力和竞争能力的培养,从而使他们容易形成意志脆弱、缺乏创新性的个性特征,在就业过程中易产生焦虑。

相关链接

缓解紧张焦虑情绪九条方法

尽管身边有许多人背负沉重的压力,但也有人总能轻松释压,以最佳心态投入工作和生活中。专家调查发现,这些"无压"人士几乎无一例外地具备以下特征:

1. 善于整体规划

"一切尽在掌握",这种感觉本身就能很好地缓解压力。有选择地而不是被动地接受所面临的各种事情,使人感到轻松很多。最好的办法就是根据事情的轻重缓急列出清单,既能有一个整体规划,又能帮助将看似无序的一堆问题分解成若干具体的小事,一件件应付起来就容易多了。完成一件,就在清单上划去一件,这样做带来的成就感足以鼓舞你将这一做法继续下去。

2. 困惑时及早倾诉

"无压"人士在感到困惑、棘手或难过的时候,总会毫不掩饰地寻求朋友的帮助。当事情变得非常困难或身陷焦虑的时候,向朋友吐露诉说,仅仅是倾诉本身,也能使人获得释放,或许还会得到好的建议。

3. 尽量保持乐观

"无压"人士深信,事情总能朝着所期望的方向发展。所以,总是以最乐观的心情想象最好的结果。需要做的所有事都已经在进展当中,即使遇到麻烦,也一定会以最快的速度重新调整状态。

4. 从不耽搁迟延

能在今天办完的事不会拖到明天,能在当时办完的事不会拖到数个小时之后。因为很多事情搁着未做,本身就能造成巨大的心理压力。

5. 善于分配任务

"无压"人士从来不会认为任何事都非得亲力亲为不可。分配任务,很多人都会认为是上司对下属的事。其实,除了对下级分配任务以外,还可以分配给自己的同事或合伙人,分配给其他服务性机构。

6. 每天都做深呼吸

日常的深呼吸能将感觉到的压力水平减半:挺直后背,两肩放松,由鼻将空气深深地吸入肺部,集中精力感受空气渗透到每个细胞,然后全力将空气呼出,想象体内的压力也随着气流一走起排到体外。

7. 经常幻想美好前景

用渡过这次难关以后的美好前景来鼓励自己。"一个月以后,我还会为这事而懊悔吗?""一周以后,我还会为错过了这次会议而自责吗?""5分钟以后,还会为同事刚才给我难堪而恼火吗?"这种将情景推向将来假设,一定能让眼前的压力逐渐释放。

8. 知道适时说"不"

"无压"人士感到力所不能及时,会坚定地说"不"。"我很想带你,但我手头还有另外的事要办。"在分身无术或无能为力时,"无压"人士不会一味逞能。在拒绝别人的时候,不一定要把原因解释得一清二楚。

9. 拥有自己的娱乐方式

"无压"人士总能安排出一定的时间尽情去做和工作无关而又一直想做的事。娱乐方式各种各样,但效果却非常相似:让自己释放压力,领略到生活中美好的、值得享受的内容,从而恢复对生活和工作的激情和热爱。

资料来源:https://wenku.baidu.com/view/0fd068f0f18583d0486459cd.html

(三) 抑郁

1. 什么是抑郁

抑郁是大学生中常见的情绪困扰,是一种感到无力应付外界压力而产生的消极情绪,常常伴有厌恶、痛苦、羞愧、自卑等情绪体验。抑郁情绪与抑郁症不同,对个体正常的社会功能影响不大,但个体长期处于抑郁状态就会对其正常的学习、生活和身心健康造成不良影响。

2. 大学生抑郁的表现

抑郁的主要表现是情绪低落、表情忧愁、唉声叹气、心境苦闷、缺乏活力、兴趣丧失,干什么都打不起精神,觉得自己前途灰暗,不愿参加社交,故意回避熟人,对生活缺乏信心,体验不到生活的快乐,并伴有食欲减退、失眠等。轻度的抑郁反应尚能坚持学习和生活,严重的抑郁会使大学生的身心受到严重损害,无法有效地学习和生活,严重的还可能出现自杀的念头和行为,常伴有思维迟缓、动作减少及某些生理功能的抑制现象,如食欲不振、早醒、闭经等。

3. 产生抑郁的原因

（1）自我评价过低

有些大学生总是对自己和世界的认识和评价出现偏离或歪曲,他们常常根据某一事件或事情的某一方面进行不严谨的推论,尤其是忽视积极的方面,进而将对某一事件的判断过度推论到对其他事情的判断,特别是低估自己的能力,忽视自己的优点,夸大或高估问题的难度和严重性。

（2）理想我与现实我的冲突

有的大学生因高考失利,未能实现上名牌大学或热门专业的宏愿而产生强烈的失落感,对自己和生活都感到灰心,形成理想自我与现实自我的冲突,并由此产生抑郁情绪;大学强手如林,有些大学生由高中时的尖子生变成平常人,导致心理失衡,如果得不到及时的引导,不能够尽快摆正自己的位置,就会情绪低落。

（3）人际关系不良

大学生来自全国的各个区域,不同的社会习惯、性格、兴趣、脾气等使大学生在人际交往中难免发生冲突。有的个性较强,以自我为中心,不为别人着想,易遭到孤立。性格内向的大学生不合群,孤独寂寞,他们渴望交往但担心被拒绝,造成心理苦恼,产生抑郁情绪。

（4）失恋

现在大学生谈恋爱的越来越多,恋爱动机也比较复杂。由于大多数学生情感比较脆弱、抗挫折的忍耐性差,他们不能很好地处理失恋后的情感,当受到挫折而感到无能为力时,心情就会低落。

（5）就业压力

就业压力大,越来越成为大学生出现焦虑等负面情绪的重要因素,有调查显示,50%的同学感到就业前途迷茫,没有目标。

（6）经济压力

沉重的经济压力也有可能造成大学生的心情抑郁。许多来自贫困山区和城市贫困家庭的大学生,天天为生活费发愁,生活压力很大。由此还产生一些自卑心理,认为自己生来就不如别人,害怕遭到别人的耻笑和拒绝,在这种情况下,部分大学生心情抑郁。

相关链接 ┼┼┼┼┼┼┼┼┼┼┼┼┼┼┼┼┼┼┼┼┼┼┼┼┼┼┼┼┼┼┼┼┼┼┼┼┼

抑郁情绪不等于抑郁症

抑郁情绪是一种很常见的情感成分,人人均会出现,当人们遇到精神压力、生活挫折、痛苦情境、生老病死、天灾人祸等情况时,自然就会产生抑郁情绪。但是抑郁症则不同,它是一种心理病理性的抑郁障碍,与遇到挫折后出现的抑郁情绪完全不同,如果遇到不愉快的事情而不产生抑郁情绪,那也是不正常的。那么,正常的抑郁情绪与病理性抑郁症如何区分呢?

(1) 正常人的抑郁情绪是对应于一定的诱发事件的,病理性的抑郁症通常缺乏客观的精神应激的条件,或者虽然有不良的诱发因素,但都是"小题大做",不足以真正解释病理性抑郁的征象。

(2) 一般人情绪的变化有一定的时限性,通常是短期的,通过自我调适就可以恢复心理平衡。而病理性抑郁症状是持续存在的,甚至不经治疗难以自行缓解,症状还会逐渐加重恶化。精神医学规定一般抑郁情绪不应超过两周。如果超过一个月,甚至持续数月或半年以上,则可以肯定是病理性抑郁症状。

(3) 抑郁情绪程度较轻,程度严重达到病态时称为反应性抑郁症。抑郁症者程度严重,并且严重影响患者的工作、学习和生活,无法适应社会,影响其社会功能的发挥,甚至产生严重的消极、自杀言行。

(4) 典型的抑郁症有生物节律性变化的特征,表现为晨重夜轻的变化规律。许多病人常说,每天清晨时心境特别恶劣,痛苦不堪,因而不少病人在此时常有自杀的念头。至下午三四时以后,患者的心境逐渐好转,到了傍晚,似乎感到没有问题了,次日早晨,又陷入病态的煎熬时间。

(5) 抑郁症的家族中常有精神病史或类似的情感障碍发作史。心境障碍的诊断主要根据病史、临床症状、病程、体格检查和实验室检查,典型病例诊断一般不困难。密切的临床观察,把握疾病横断面的主要症状及纵向病程的特点,进行科学分析是临床诊断的可靠基础。切不可把各种症状与自己对号入座,进行自我折磨。

资料来源:https://www.sohu.com/a/275291322_100281680

(四) 恐惧

1. 什么是恐惧

恐惧作为一种情绪反应,在某种程度上来讲是正常的,并不一定有害,这是因为它能及时地提醒人们认识到危险的来临,应付所面临的问题,是人类进行自我保护的一种本能现象。这里所指的恐惧是那些非理性的、非现实的情绪状态,即对常人一般不害怕的事物感到恐惧,或者恐惧体验的强度和持续的时间远远超出了常人反应的范围。社交恐惧在当代大学生中较常见,本节主要介绍社交恐惧。社交恐惧泛指一切害怕与他人交往,对交往特别敏感,不愿与人接触,在不得不与他人交往时,则感到紧张,并伴有一些生理反应。

2. 大学生恐惧的表现

(1) 场所恐惧。主要表现为对某些特定环境的恐惧,如高处、广场和拥挤的公共汽车等,总是担心在这些场所中会出现恐惧,会昏倒、发作某种病症、失去控制,而又无法逃离现场,从而回避去一些地方。

（2）社交恐惧。害怕和人交往，有些大学生还没说话之前就先脸红，有些一和别人讲话就结巴，有些在公众场合讲话就思路不清，不知道自己到底讲了些什么，还有些不敢抬头与他人的目光对视等。

（3）单一恐惧。主要指对某一具体的物件、动物等有一种不合理的恐惧。最常见的为对某种动物或昆虫的恐惧，如老鼠、毛毛虫等。

3. 恐惧的原因

（1）精神因素。与早年遭受过意外事件的惊吓、创伤体验有关。例如被水呛过，就对游泳产生恐惧的心理。可能是在焦虑的背景上恰巧出现了某一情境，或在某一情景中发生急性焦虑而对之发生恐惧，并固定下来成为恐惧对象。

（2）性格特征。性格偏向于内向、胆小、羞怯、被动和依赖性强的人，容易引发恐惧情绪。

（五）愤怒

1. 什么是愤怒

大学生正处在热情高涨、激情澎湃的青年时期，有时候情绪难以控制。愤怒是由于个体的信念、价值、权利受到侵害或与之相矛盾，从而逐渐积累了紧张的情绪而产生的主观体验。它具有持续性、外显性、情境性和个性化等特点。愤怒是一种消极的情绪状态，常常会给人带来意想不到的麻烦，如同学关系疏远，师生关系紧张，而且长期、持续的愤怒对个体的健康损害也是极大的。

2. 大学生愤怒的表现

愤怒表现为对他人或外界事物不能满足自己内心需要的一种情绪反应。在程度上有不满、气恼、愤怒、暴怒、狂怒等几种。有的大学生因一句不顺耳的话、一件不顺心的事，就激动得暴跳如雷，有的冷面相对，有的恶言出口，或拔拳相向。盛怒过后，却后悔不迭。

愤怒也是校园暴力频频发生的原因之一。校园暴力的产生与社会文化背景有关。生活节奏的加快，使得人心浮躁，人人都渴望即刻的成功。来自各方面的压力最后积聚起来的破坏力是很大的。导致暴力的导火索很可能就是很平常的一件小事。当人觉得自己受到伤害时，本能地就会产生愤怒和攻击。如果他不是以一个社会认可的方式去发泄，而是寻找一种极端的行为进行发泄，那么就可能对伤害他的人产生暴力倾向。

3. 产生愤怒的原因

当我们感知到愤怒的情绪后，我们需要冷静下来分析是什么让我们生气。需要寻找的原因并非是具体的事件，而是事件下面暗指的触犯到你的底线的细节。是因为他人损害了你的权益、自尊？还是因为事态没有按照你的预期发展而感到挫折？或者你是以愤怒的方式来争取自己的权益？

易怒的大学生一方面是由于性格因素所致，有的以自我为中心，对他人缺少宽容，稍有一些使自己不满意的地方就表现出愤怒；另一方面是由许多不当认知所致，如认为发怒可以威慑他人，发怒可以抵消责任，发怒可以换回面子，发怒可以满足愿望等。事实上，易怒者总是事与愿违,所得到的不是尊严、威信,而是他人的厌恶,更严重的后果是自己心绪更加不宁。

相关链接

钉子的故事

　　一个小男孩,脾气很暴躁,不能够控制自己的情绪,每天总是大发脾气,不是和班里的同学吵架,就是和邻居的孩子们打得不可开交,而且他还几次和老师、妈妈、外祖父母顶嘴、大声争辩。父亲为了改变他这种情况,一天拿过一大把铁钉和一把小锤子,对他说:"杰克,你以后想要发怒的时候就跑到门口的那根粗木桩那里,用这把锤子狠命地砸进去一颗钉子,想发怒一次就钉一颗钉子。"小男孩很高兴地接过了钉子和锤子,于是每当他想发怒的时候就跑到门口的木桩那里,狠命地砸进去一颗铁钉,最多的一天他甚至向木桩里钉进去 100 颗钉子。每当他没有了钉子就找父亲要,父亲很爽快地就给他了。慢慢地,小男孩对钉钉子感到非常厌烦了。有一天父亲对他说道:"杰克,每当你感到心情不错时就从木桩上取下一颗钉子吧!"听完父亲的话,小男孩就走到木桩那儿取下一颗钉子,他发现取出钉子要比钉钉子难多了。可从那一天开始,小男孩每天往大木桩上钉的钉子越来越少了,而取出的钉子越来越多了。终于有一天,他不再向木桩上钉钉子了。那天,父亲亲切地表扬了他,小男孩心里喜滋滋的。

　　直到有一天,小男孩把所有的钉子都取出来了。父亲带他来到那根大木桩跟前,对小男孩说道:"你知道取钉子为什么比钉钉子难吗?这是因为责备辱骂一个人是一件很简单的事,可想要重新获得友谊却很难。你再看看这根木桩,虽然你把所有的钉子都取了出来,可你钉钉子留下的伤痕却永远去不掉了,不要轻易伤害你的亲人朋友,因为这种伤害即使再怎么弥补,不论再过多少年,它的伤痕永远也去不掉。"

资料来源:https://youer.7139.com/2237/18/56408.html

第三节　大学生情绪调节

心香一瓣

　　如果一个人看清了自身的处境,知道哪些情况是必须承受、无可避免的,就得想法子让自己承受得愉快些,有意义些。也就是说,你要支配情绪、控制情绪,不能让情绪支配、控制你,甚至摧毁你。健康愉快的生活来自勇敢进取的生活态度,只会诅咒生活的人,永远不会尝到生活的乐趣。

——赵淑侠

情绪调控是个体管理和改变自己和他人情绪的过程。情绪的调控在于学会保持愉快的情绪,维护良好的心境,学会克制、约束某些不良情绪的表达。为培养良好的情绪,大学生们需要掌握以下方法。

一、合理宣泄

情绪既然是健全心理中不可缺少的一面,我们对正常的情绪就不必过多压抑,而要合理宣泄,正如亚里士多德所言:"适时适所表达情绪,不要当众表达自己的不满情绪,在适当的场所以不伤人的方式适度表达内心的不满。"

(一)眼泪宣泄

这是一种自我心理保护的措施。哭可以解除情绪的紧张、内心的抑郁与烦恼,还可以促进生理上的新陈代谢。美国生物学博士费雷认为,人在悲伤时不哭是有害人体健康的。人在流泪时可把体内因紧张而产生的化学物质排出体外,可以缓解人的忧愁和悲伤。

(二)运动宣泄

运动不仅可以达到锻炼身体的效果,也可以改善心理状态。医学研究表明:运动可以使人的情绪得到振奋。要想有好的心情,参加有氧运动吧! 每周 3~4 次,每次持续 30 分钟。

(三)找人倾诉

俗话说:"快乐有人分享,是更大的快乐;痛苦有人分担,可以减轻痛苦。"找人倾吐烦恼,把内心的苦恼告诉你的朋友、师长、心理咨询师,心情就会顿感舒畅。也可以写日记、给自己写信,把自己的感受描述出来。

相关链接 ·+·

生气的时候跑三圈

在古老的西藏,有一个叫爱地巴的人,每次生气和人起争执的时候,就以很快的速度跑回家,绕着自己的房子和土地跑三圈,然后坐在田边喘气。

爱地巴工作非常努力,勤奋拼搏!

他的房子越来越大,土地也越来越广,只要与人争论而生气的时候,他就会绕着房子和土地跑三圈。

"爱地巴为什么每次生气都绕着房子和土地跑三圈呢?"所有认识他的人,心里都感到疑惑,但是不管怎么问他,爱地巴都不愿意明说。

直到有一天,爱地巴很老了,他的房地也已经太广太大了,他生了气,拉着拐杖艰难地绕着土地和房子,等他好不容易走完了三圈,太阳已经下山了,爱地巴独自坐在田边喘气。

他的孙子在身边恳求他:"爷爷!您已经这么大年纪了,这附近地区也没有其他人的土地比您的更广,您不能再像从前,一生气就绕着土地跑了。还有,您可不可以告诉我您一生气就绕着土地跑三圈的秘密啊?"

爱地巴终于说出了隐藏在心里多年的秘密,他说:"年轻的时候,我一和人吵架、争论、生气,就绕着房地跑三圈,边跑边想,自己的房子这么小,土地这么少,哪有时间去和人生气呢?一想到这里,气就消了,把所有的时间都用来工作。"

孙子问道:"爷爷!您年纪这么大了,又变成最富有的人,为什么还要绕着房子跑呢?"

爱地巴笑着说:"我现在还是会生气,生气时绕着房子和土地跑三圈,边跑边想,自己的房子这么大,土地这么多,又何必和人计较呢?一想到这里,气就消了。"

资料来源:http://news.sina.com.cn/w/2004-08-06/10143312391s.shtml

二、适当控制

我们对于正常情绪宣泄应适当有度,更重要的是学会对不良情绪加以控制。

(一)自我安慰

当一个人追求某项事物而得不到时,为了减少内心的失望,常为失败找一个冠冕堂皇的理由,用以安慰自己,就像吃不到葡萄说葡萄酸的狐狸一样,所以称作"酸葡萄心理"。与此相反的是"甜柠檬心理",即用各种理由强调自己所有的东西都是好的,以此冲淡内心的不安与痛苦。这种自欺欺人的方法,偶尔用一下作为缓解情绪的权宜之计,对于帮助人们在极大的挫折面前接受现实,接受自己,避免精神崩溃,不无益处。但若用得过多,成为个人的主要防卫手段,则是一种病态,会妨碍自己去追求真正需要的东西。

相关链接

"酸葡萄心理"与"甜柠檬心理"

"酸葡萄心理"来源于伊索寓言《狐狸与葡萄》的故事:有只狐狸本来是很想得到已经熟透了的葡萄的,它跳起来,未够高,又跳起来,再跳起来……想吃葡萄而又跳得不够高,这也算是一种"挫折"或"心理压力"了,此时狐狸该怎么办呢?若是一个劲儿地跳下去,就是累死也还是够不到那葡萄。于是,狐狸说:"反正这葡萄是酸的。"言外之意是反正那葡萄也不能吃,即使跳得够高,摘得到也还是不能吃,这样,狐狸也就"心安理得"地走开,去寻找其他好吃的食物去了。

"甜柠檬心理"来源于伊索寓言《狐狸与柠檬》的故事:有只狐狸原想找些可口的食物,寻觅不着,最后只找到一只酸柠檬,但它却说:"这柠檬是甜的,正是我想吃的。"这种只能得到柠檬就说柠檬是甜的自我安慰现象,称甜柠檬心理。这与上述的酸葡萄效应一样,都是以某种"合理化"的理由来解释自己追求目标失败时的情景,以达内心之安、心理自救的目的。其差异只在于酸葡萄效应是把所追求的目标价值变低,而甜柠檬效应是把现已实现的目标价值提高。可见,这两种效应都是使用自慰法的结果,有时,这种效应真的起到了宽慰自己、接纳自己、承认现实、自得其乐的作用,比垂头丧气、痛不欲生、埋怨他人、与人对抗等不知要好上多少倍。

资料来源:https://wenku.baidu.com/view/b363f7be0d22590102020740be1e650e52eacfb1.html

(二)分散注意力

在短暂的某一刻,一个人的注意力只能集中在一件事情上。因此把注意力转向中性和愉快的事情上时,就可以从负性情绪中解脱出来。分散注意力,可以打破忧虑性思维的恶性循环,从而阻止负性情绪的不断升级。

(三)幽默

陶金花(2011)研究表明,使用积极的幽默风格对心理健康有益。当一个人发现一种不调和的或对自己不利的现象时,为了不使自己陷入激动状态和被动局面,最好的办法是以超然洒脱的态度去应付。此时,一个得体的幽默往往可以使一个本来紧张的情况变得比较轻松,使一个窘迫的场面在笑语中消逝,使愤怒、不安的情绪得以缓解。要培养自己的幽默感,首先要陶冶情操,有一个乐观豁达的胸怀。其次需要提高观察事物的能力,培养机智、敏捷的头脑,而这些都必须建立在丰富的学识素养基础上。

(四)升华

升华是将情绪激起的能量引导到对人、对己、对社会都有利的方面去。例如,将考试失利而产生的不良情绪升华为激励自己刻苦努力学习的动力;把对大学生活不适应而产生的焦虑情绪升华为提高自己对新环境的适应力,尽快完成从中学到大学的转变的内在积极性;把对自己外貌的不满意升华为全面发展自己、增长才能、增长知识水平方面,促使自己品学兼优,成为出色的合格人才;把失恋而产生的不良情绪升华为更加刻苦努力地学习,以自己的博才多识去寻求自己真正的爱情。

相关链接

张幼仪——遗弃使她成长

徐志摩的原配夫人张幼仪说,徐志摩第一次见到她的照片时,把嘴角往下一撇,用充满鄙夷的口吻说:"乡下土包子!"自她嫁入徐家,徐志摩从没有正眼看过她。张幼仪出生在上海宝山的一个大户人家,徐志摩嫌她乡气,应该不是从出身、地位等现实条件来说的,而是一个受西方教育和现代思潮影响的年轻人,对没有见识、没有自我的传统女性的难以认同。徐志摩因为林徽因而想和张幼仪离婚。张幼仪签了字,这是中国历史上依据《民法》的第一桩西式文明离婚案,没有吵闹,没有纠缠。张幼仪是明智的,在徐志摩对她没有了爱情的时候,她选择了平静地离开,在东吴大学做了一阵子德文教师后,1927 年她开始担任女子商业储蓄银行副总裁、云裳时装公司总经理。

资料来源:http://blog.sina.com.cn/s/blog_706d3da80100ntf7.html

三、娱乐疗法

娱乐疗法是一种常用的心理疗法。它是通过各种娱乐活动,如听音乐、唱歌、看电影、看戏剧表演、跳舞、游戏、下棋、玩牌、游园等,来陶冶性情、增进心理健康的一种心理治疗方法。

相关链接

音乐疗法

当心情疲乏时,可听维伐尔地的大提琴协奏曲《四季》中的《春》、德彪西的管弦乐组曲《大海》、韩德尔的组曲《水上音乐》;当心情不安时,可听巴赫的《幻想曲和赋曲》(G 小调)、圣桑的交响诗《死亡舞蹈》、斯斯拉夫斯德的舞剧组曲《火鸟》第一乐章;当心情忧郁时,可听莫扎特的《第四十交响曲》(b 小调)、西贝柳斯的《忧郁圆舞曲》、格什文的《蓝色狂想曲》第二部分;要想催眠,可听莫扎特的《摇篮曲》、门德尔松的《仲夏之梦》、德彪西的钢琴奏鸣曲《梦》。

资料来源:刘晓明,杨平.大学生心理健康教育——体验·认知·训练.北京:科学出版社,2009:13.

四、放松训练

自我放松法控制情绪,即按一套特定的程序,以机体的一些随意反应去改善机体的另一些非随意反应,用心理过程来影响生理过程,从而取得松弛人心的效果,使紧张和焦虑的情绪解除。

相关链接

简单放松法

这里介绍一种简略的放松方法,我们称之为简单放松法。它几乎在你任何需要的时候就可以被使用。使用简单放松法,你必须想象出某种情景或某种东西,用来诱导放松练习过程。诱导物,可以是一个令你愉快,平静的情境,如美丽的海滨沙滩;可以是很有特色且能让你放松的一幅画或某一物体;也可以是能让你放松的声音或话语,比如大海的浪涛声或"平静""放松"之类词。选择哪一类诱导物可根据自己的情况来定,重要是它能够让你放松。

练习时,有时会出现注意力分散,这是一种正常现象,不必过分注意它。只要重新把注意力集中到让你放松的情景或声音——诱导物上,就可以消除这种现象。一旦你开始做这一练习,一般要花费 10～20 分钟。当你完成时,应闭着眼睛静静地坐在那 2～3 分钟。然后睁开双眼,不要急于站起来走动。

开始练习时,应以舒坦的姿势坐好。注意自己的呼吸,首先要慢慢地深吸气,感到胸廓肌肉在运动,然后慢慢地呼出来,关键是你要采取一种平缓的呼吸方式。

指示语:

闭上你的眼睛,缓慢均匀地呼吸。此时,想象你的身体正变得沉重起来。检查一遍肌肉的紧张状况,从足部开始,沿着大腿,躯干,一直到肩部和头部。如果发现哪一处肌肉感到紧张,就试着放松此处身体。当你的身体感到十分沉重和舒适时,开始注意你的呼吸。从鼻子吸气,深深地吸入肺里,然后,慢慢地呼出来,并把注意力转入你想象的情境或声音。想象时,呼吸要放松、自然。再次从鼻子吸气,深深地吸入肺里,然后,慢慢地呼出来,并想象让你放松的情景或声音。当你准备吸气时,再次重复上述过程。不断重复这一过程,直至感到放松,平静和清醒。

当你完成这一练习后,静静地坐几分钟,享受放松后的美妙感受。

资料来源:Helen Kennerley.战胜焦虑[M].北京:中国轻工业出版社,2000:187-188.

五、改变想法

认知理论认为人的情绪来自人对所遭遇的事情的信念、评价、解释,而非来自事情本身。情绪受制于认知,认知是人心理活动的决定因素,通过改变大学生的歪曲的认知来消除不良的情绪,包括三个步骤:第一,分析了解自己有哪些不合理的信念;第二,了解这些信念与消极情绪之间的联系;第三,学习合理的信念并形成自己正确的认知。

相关链接

想法改变世界

朋友送给小王一盆牡丹花,奇怪的是每朵花的边缘都参差不齐。

有人就说了:"牡丹象征富贵,现在你这盆花边缘不圆,表示富贵不圆满。"

小王一听,赶紧把牡丹花送还。

朋友听了他的理由,笑说:"你也可以解释成富贵无边呀!"

一个人的思维模式,不能只是直线的,也不能只是单向的,凡事要从前后、左右、上下、正反等多方面去思考;也就是说,当事情陷入焦头烂额状态时,不妨换个角度来看,往往就会出现回转的余地了。

恋爱失败了,你想:以后可能会有更好的对象。

失业了,你会告诉自己:也许明天会有更好的就业机会。

大雨天,不能外出,不能运动,不好受,转念一想:下雨天正可以在家读书。

"你骑马来我骑驴,看看眼前我不如;回头一看推车汉,比上不足下有余。"世事间,祸福得失往往难于预料,好坏有无也非绝对的,所以遇事能换个角度的人总能从窘境中破茧而出。

聪明的人,凡事都往好处想,以欢喜的心想欢喜的事,自然成就欢喜的人生。

愚痴的人,凡事都朝坏处想,愈想愈苦,终成烦恼的人生。

世间万事都在自己的一念之间。我们的想法可以想出天堂,也可以想出地狱。

资料来源:李权超,谢玉茹.实用团体心理游戏与心理辅导[M].北京:军事医学科学出版社,2010,167.

心理自测

情绪稳定性测试

情绪稳定是一个人心理健康、成熟的标志。所谓情绪稳定,主要是指一个人能积极地调节、控制自己的情绪。如果你想了解自己情绪的稳定性,那就回答下面的问题。

1. 我有能力克服各种困难。( )
A. 是的　　　　　　B. 不一定　　　　　　C. 不是的

2. 猛兽即使是关在铁笼里,我见了也会惴惴不安。( )
A. 是的　　　　　　B. 不一定　　　　　　C. 不是的

3. 如果我能到一个新环境,我要( )。
A. 把生活安排得和从前不一样　B. 不确定　　　　C. 和从前相仿

4. 整个一生中,我一直觉得我能达到所预期的目标。( )
A. 是的　　　　　　B. 不一定　　　　　　C. 不是的

5. 我在小学时敬佩的老师,到现在仍然令我敬佩。( )
A. 是的　　　　　　B. 不一定　　　　　　C. 不是的

6. 不知为什么,有些人总是回避我或冷淡我。( )
A. 是的　　　　　　B. 不一定　　　　　　C. 不是的

7. 我虽善意待人,却常常得不到好报。( )
A. 是的　　　　　　B. 不一定　　　　　　C. 不是的

8. 在大街上,我常常避开我所不愿意打招呼的人。(　　)

A. 极少如此　　　　　　　B. 偶尔如此　　　　　　　C. 有时如此

9. 当我聚精会神地欣赏音乐时,如果有人在旁高谈阔论我会感到恼怒。(　　)

A. 我仍能专心听音乐　　　B. 介于A、C之间　　　　C. 不能专心并感到恼怒

10. 我不论到什么地方,都能清楚地辨别方向。(　　)

A. 是的　　　　　　　　　B. 不一定　　　　　　　　C. 不是的

11. 我热爱我所学的专业。(　　)

A. 是的　　　　　　　　　B. 不一定　　　　　　　　C. 不是的

12. 生动的梦境常常干扰我的睡眠。(　　)

A. 经常如此　　　　　　　B. 偶尔如此　　　　　　　C. 从不如此

13. 季节气候的变化一般不影响我的情绪。(　　)

A. 是的　　　　　　　　　B. 介于A、C之间　　　　C. 不是的

评分规则:

序　号	A	B	C	选项得分
1	2	1	0	
2	0	1	2	
3	0	1	2	
4	2	1	0	
5	2	1	0	
6	0	1	2	
7	0	1	2	
8	2	1	0	
9	2	1	0	
10	2	1	0	
11	2	1	0	
12	0	1	2	
13	2	1	0	

结果解释:

17~26分:情绪稳定。你的情绪稳定,性格成熟,能面对现实;通常能以沉着的态度应付现实中出现的各种问题;行动充满活力,有勇气,有维护团队的精神。

13~16分:情绪基本稳定。你的情绪基本稳定,能沉着应付现实中出现的一般性问题。然而在大事面前,有时会急躁不安,不免受环境影响。

0~12分:情绪激动。你情绪较易激动容易产生烦恼;不容易应付生活中遇到的各种阻挠和挫折;容易受环境支配而心神动摇;不能面对现实,常常急躁不安,身心疲乏,甚至

失眠等。要注意控制和调节自己的心境,使自己的情绪保持稳定。

互动训练

1. 闭上眼睛并做三四次深呼吸,然后就情绪问题完成下面语句,之后与他人配对讨论。

我生活中最快乐的时刻是＿＿＿＿＿＿＿＿＿＿＿＿＿＿＿＿＿＿＿。

发笑使我感到＿＿＿＿＿＿＿＿＿＿＿＿＿＿＿＿＿＿＿＿＿＿＿。

当＿＿＿＿＿＿＿＿＿＿＿＿＿＿＿＿＿时候,我感到悲伤。

当他人哭的时候,我通常＿＿＿＿＿＿＿＿＿＿＿＿＿＿＿＿＿。

我最后一次哭的时候是＿＿＿＿＿＿＿＿＿＿＿＿＿＿＿＿＿＿。

当我生气的时候,我通常＿＿＿＿＿＿＿＿＿＿＿＿＿＿＿＿＿。

在家里,令我生气的是＿＿＿＿＿＿＿＿＿＿＿＿＿＿＿＿＿＿。

当他人生气的时候,我＿＿＿＿＿＿＿＿＿＿＿＿＿＿＿＿＿＿。

2. 观察别人的情绪。你知道在我们的脸上最能表现表情的部位是什么吗?(嘴巴)请仔细观察你周围的人,当他们出现以下情绪时,嘴巴是什么形状?

高兴＿＿＿＿＿＿＿＿＿＿＿　　　　忧愁＿＿＿＿＿＿＿＿＿＿＿

愤怒＿＿＿＿＿＿＿＿＿＿＿　　　　紧张＿＿＿＿＿＿＿＿＿＿＿

悲伤＿＿＿＿＿＿＿＿＿＿＿　　　　苦闷＿＿＿＿＿＿＿＿＿＿＿

痛苦＿＿＿＿＿＿＿＿＿＿＿　　　　懊恼＿＿＿＿＿＿＿＿＿＿＿

3. 学会换位思考。请把自己想象成以下人物,然后想一想自己会有怎样的心情。

如果我是单亲家庭的孩子,我会有＿＿＿＿＿＿＿＿＿＿＿＿＿的心情。

如果我成长在贫困的家庭,我会有＿＿＿＿＿＿＿＿＿＿＿＿＿的心情。

如果我高考落榜,我会有＿＿＿＿＿＿＿＿＿＿＿＿＿＿＿＿＿的心情。

如果我受到了别人的无理对待,我会有＿＿＿＿＿＿＿＿＿＿＿的心情。

如果宿舍经常有人在熄灯后讲话,我会有＿＿＿＿＿＿＿＿＿＿的心情。

你愿意成为上面所列的人物吗?为什么?＿＿＿＿＿＿＿＿＿＿＿＿。

你理解上面所列的人物吗?为什么?＿＿＿＿＿＿＿＿＿＿＿＿＿。

假如你遭遇上面的事件,不幸有了情绪低潮,你会怎样调节自己?请把你的方法介绍给同学。

4. 书写快乐日记,创造快乐心情。请记下你每天感到最快乐的事情,并尝试着去做下面的事情:

(1) 去为需要帮助的人做点事情。

(2) 让自己变得幽默一些。

(3) 养成健康、积极的生活习惯。

(4) 让自己每天进步一点点。

5. 情绪日记。请记录你一天的情绪,并察觉自己这一天的情绪状态以及情绪的作用。

(1) 今天起床到现在,你都产生过哪些情绪?请写下来。

(2) 选择其中最强烈的一个,想一想它是怎样产生的。

(3) 再想一想,产生这个情绪以后,你做了什么?说了什么?你的行为产生了什么后果?

(4) 再想一想,这个后果是建设性的(有益健康、学习、人际关系),还是破坏性的(有害健康、学习、人际关系)?

6. 幽默模仿

活动目的:训练你的幽默和乐观的情绪。

活动步骤:这个游戏要求你和一些朋友一起做,而且要求你偏离你一贯的社会行为。游戏的内容是要你学动物园里动物的叫声,同时模仿出一些动物的表情。

你姓氏汉语拼音的第一字母,决定你要学的动物是什么:

A~F:小狗;

G~L:小鸟;

M~R:公鸡;

S~Z:老虎。

现在选择一个伙伴(最好在这些朋友中挑一位不太熟悉的人作为伙伴)。彼此盯着看,目光不能转移,同时用嘴大声学动物叫,至少10秒钟。

点评回顾:在这个简单的游戏中,你的感觉如何?你是否感觉到幽默有趣又有些尴尬?这个游戏尽管开始时会感到不舒服,很可能结束时已是笑声满堂。也许不管你模仿的动物是什么,最后你的表现都是"傻驴"一头。

你是否注意到好玩和幽默的情绪会有助于你在这个游戏中创造性的发挥,可能会使你灵机一动,模仿出种种出人意料的叫声,获得满堂喝彩,或是逗得大家捧腹大笑。而在这个游戏中,感到尴尬的心理会使你羞于开口。假如你有幽默感,学动物叫就更容易开口。

正性乐观的情绪是创造力的催化剂。因此,在最困难的时候,不要忘记幽默可以使你保持乐观。

拓展资源

心理学网站:

1. 中国大学 mooc:https://www.icourse163.org/

心理学电影:

1.《头脑特工队》(2015)

2.《愤怒管理》(又名《以怒制怒》)(2003)

电影片段

第五章

挫折应对　压力管理

案例导读

康熙在"千叟宴"上的敬酒词

康熙大帝在位执政 60 年之际,特举行"千叟宴"以示庆贺。宴会上,康熙敬了三杯酒:第一杯敬孝庄太皇太后,感谢孝庄辅佐他登上皇位,一统江山;第二杯敬众位大臣及天下万民,感谢众臣齐心协力尽忠朝廷,万民俯首农桑,天下昌盛;当康熙端起第三杯酒时说:"这杯酒敬给我的敌人,吴三桂、郑经、噶尔丹,还有鳌拜。"众大臣目瞪口呆,康熙接着说:"是他们逼着朕建立了丰功伟绩,没有他们,就没有今天的朕,我感谢他们。"

资料来源:https://zhidao.baidu.com/question/43730873.html.

想一想:

(1) 我们该如何看待挫折与压力?

(2) 面临压力时,你该怎么办?

本章概要

1. 抗挫折能力强有助于成功;

2. 减压增加心理弹性;

3. 压力面前不慌张。

第一节　挫折概述

心香一瓣

　　如果他是一棵软弱的芦草,就让他枯萎吧;如果他是一个勇敢的人,就让他自己打出一条路出来吧。

——司汤达

现实生活中,挫折如影随形,考试失利、恋爱失败、求职受阻等诸如此类,烦恼颇多。能够忍受挫折的打击,保持正常的心理状态,既是大学生良好社会适应能力和心理健康的标志,也是大学生成长成才的关键。

一、什么是挫折

在日常生活用语中,挫折一词是指失败、阻碍、失意的意思,俗称"碰钉子"。心理学意义上的挫折是指个体在通向目标的过程中遇到了难以克服的障碍或干扰,致使动机不能实现、需要无法满足时所产生的紧张状态或情绪反应。

人人都有可能遭受挫折,大学生也不例外。大学生挫折是指在大学期间,学生由于在学习、生活和人际等方面的活动中受到了阻碍,进而不能顺利实现自己的目标或满足自身需要时所产生的情绪体验。

相关链接

谈迁写国榷的故事

天启元年(1621年),谈迁28岁,谈迁母亲亡故,他守丧在家,读了不少明代史书,觉得其中错漏甚多,因此立下了编写一部真实可信、符合明代历史事实的明史的志愿。在此后的二十六年中,他长年背着行李,步行百里之外。到处访书借抄,饥梨渴枣,市阅户录,广搜资料,终于卒五年之功而完成初稿。以后陆续改订,积二十六年之不懈努力,六易其稿,撰成了百卷500万字的巨著《国榷》。

岂料两年后,清顺治四年(1647年)8月,书稿被小偷盗走,他满怀悲痛,发愤重写。经四年努力,终于完成新稿。顺治十年(1653年),60岁的他,携第二稿远涉北京,在北京两年半,走访明遗臣、故旧,搜集明朝遗闻、遗文以及有关史实,并实地考察历史遗迹,加以补充、修订。书成后,署名"江左遗民",以寄托亡国之痛,使这部呕心沥血之巨作得以完成。谈迁的意志之坚强让人感慨不已。

资料来源:https://zhidao.baidu.com/question/213797363.html.

二、大学生挫折产生的原因

任何挫折的产生,都与当时当地所处的情境有关。构成挫折情境的因素是多种多样的,分析起来主要有两大类:一类是客观环境的因素;另一类是主观条件的因素。大学生挫折的产生是主客观因素相互作用、相互融合和相互影响的结果。

(一) 客观因素

给人带来阻碍和限制,使人的需要不能满足而引起挫折的外在客观环境,包括自然因素、物质因素和社会因素。这些外在条件是个人的能力或意志不能左右的。

1. 自然因素

包括个人无法预料的各种由于非人为力量所造成的天灾人祸、意外事件、疾病、亲人生离死别等，如地震、交通事故。这类原因导致的挫折也称为自然挫折。

2. 物质因素

因家庭经济状况、学校生活环境和学习环境状况不佳产生的挫折。家庭经济困难使大学生产生挫折的可能性最大，许多贫困学生因此而自卑、意志消沉或心态失衡。

3. 社会因素

人在社会生活中所受到的人为因素的限制，其中包括受一切政治、经济、民族习惯、宗教信仰、社会风尚、道德法律、文化教育等因素的制约而造成的挫折。这类原因导致的挫折也称社会挫折。

（二）主观因素

主观条件因素产生的挫折也称为内部原因产生的挫折，是指由于个人生理、心理因素带来的阻碍和限制所产生的挫折。

1. 生理因素

因自身生理素质、外貌以及某些生理上的疾病或缺陷所带来的限制，导致需要不能满足或目标不能实现的挫折。如个子太矮、容貌不佳、智力不高等。此外，性困扰也可能产生挫折心理。

2. 心理因素

大学生的生理发育与心理发展并不是同步的。生理上已是"成人"，但在心理上，仍带有许多少年时期的痕迹，如幼稚、脆弱、依附性强等。加之，他们的社会阅历太浅，面对各种社会矛盾，幼稚脆弱的心理难以调适，挫折心理也就会随之而来。

（1）个性不够完善

一般来说，人格有缺陷的学生倾向于对事件做出悲观的评价，容易产生挫折心理，比如性格孤僻、内向的大学生在人际交往中比较敏感，易产生畏缩、抑郁等心理，因而难以与人相处。而思想成熟、性格坚强、社会适应能力强的大学生遇到挫折则冷静又理智。

（2）认知有失偏颇

认知决定所感，所感决定所行。由于不能全面正确地看待事物，对待自己和他人，从而产生嫉妒、失望、自卑等心理，若争不上荣誉、找不到朋友、学习不如人时，就很容易产生挫折。

（3）个体抱负水平过高

一个人的自我估计、期望水平恰当与否，往往是造成挫折的重要因素。抱负水平高的大学生若为自己制定了一个无法实现的人生目标，那么必然遭受挫折。

（4）自信心不足

自信心强的学生敢于向挫折挑战，百折不挠，勇往直前；而自卑感强的学生，受挫后会一蹶不振、心灰意冷、意志消沉。

（5）动机冲突

在现实生活中，一个人经常同时产生两个或多个动机，其中有些性质相似或相反而强度接近，这些并存的动机受条件限制无法同时获得满足，就产生难以抉择的心理矛盾，即动机冲突。如果这种冲突持续得太久、太激烈，或者一个动机得到满足，而其他动机受阻，都会产生挫折。

三、大学生挫折心理防御机制

心理防御机制是指个体处在挫折或冲突的情境时，在其内部心理活动中具有的自觉或不自觉地解脱烦恼，减轻内心不安，以恢复心理平衡与稳定的一种适应性倾向。由于世界观、自我调适能力、生活态度及个性特征不同，大学生应对挫折的心理防御机制也不同。

（一）积极防御机制

积极防御机制是指大学生受挫后，能够勇于面对挫折，正确分析挫折产生的主客观原因，善于总结经验的积极行为方式，如升华、补偿、表同、幽默等。

1. 升华

大学生将那些因受种种因素制约而无法实现的目标或不能为社会所接受的行为目标加以改变，用另外一种更高尚的、富有创建性和社会价值的目标取而代之，从而减轻挫折带来的精神痛苦，这就是升华，即通常所说的"化悲痛为力量"。"不幸是一所最好的大学"，升华不仅需要一个人具备理性思考的能力，而且需要坚强的意志品质和开阔的胸襟。如歌德在失恋中得到灵感与激情，写出脍炙人口的世界文学名著《少年维特之烦恼》。

2. 补偿

当大学生在实现既定目标的过程中因主客观条件的限制而无法达成时，设法以新的目标代替原来的目标，以现在的成功体验去弥补原有失败的痛苦，以找回失去的自尊，达到"失之东隅，收之桑榆"的目的，这就是补偿。如一个相貌平凡或有生理残疾的女孩，无法与其他的漂亮女生争相媲美，于是发奋学习，在学业上取得了较大的成就。

3. 表同

个体在现实生活中无法获得成功时，将自己比拟为某一成功者，借以减弱挫折产生的痛苦，或者迎合能满足自己需要的人，按照他们的希望去支配自己的思想、行动来冲淡自己的挫折感，并以此求得内心的满足。例如，大学生常以一些历史名人、科学家，或小说中所欣赏的人物、老师甚至同学作为自己效仿的对象，建立自己心中的榜样，并依照榜样进行积极的自我激励与暗示，用成功代替挫折。

4. 幽默

运用幽默的方式来化解难以改变的困境，可以使危机得以解决，紧张的气氛和失去理性的冲动在幽默中缓解，幽默机制是一种以含蓄诙谐为特点的良性刺激，是挫折心理防御机制中最具知性和创造力的机制。

（二）消极防御机制

大学生受挫后带有强烈情绪色彩的非理性的心理倾向，如固执、退化、反向、否认和投射等机制。

1. 固执

当个体一而再、再而三地遭到同样的挫折，就会慢慢失去信心，失去随机应变的能力，形成刻板的反应方式。在这种行为反应中，个体往往不能客观正确分析失败的原因，盲目地重复着某种无效行为，是一种极不明智的对抗形式。

2. 退化

又称回归，是指个体受到挫折时，往往表现出与自己的年龄、身份很不相称的幼稚行为，或盲目地轻信他人、跟从他人等。表现这种行为方式的大学生往往对自己缺乏信心，看不到自己的力量，像孩子一样依赖他人，多指大人小孩状。例如，某一女生刚入校，参加学生会干部竞选失败了，感到很"委屈"，不理智分析问题，反而不吃饭，不上课，成天蒙头大睡。

3. 反向

即逆反，用通俗的语言来说就是"你要我朝东我偏朝西"。当个体遭受挫折后，对正确的方面盲目地持反抗、抵制与排斥态度，这种行为便是反向。例如，某大学生因为上课时受到教师的批评，他便采取逃课或不理睬教师的教学等方式来表现自己的不满。持逆反心理的人往往为了排除内心的不满，会采取一些不符合社会规范、不被允许的愿望和行为，产生一些反社会性行为。

4. 否认

当大学生遭受挫折后，通过潜意识否认现实来逃避那些产生痛苦或焦虑现实的心理倾向。它是一种将已经发生的、令人不能接受的事情，在心理上完全给予否定，以减轻心里所受的痛苦，暂时获得心理平衡的防卫机制。如有些学生考试没考好却认为是老师评分有误，而不承认是自己没有认真复习。

5. 投射

大学生受挫以后，将自己不喜欢的特质或者感觉归因于他人，以保护自己。如在人际冲突中，我们往往不会想自己的问题，而是将责任推给别人。

（三）妥协防御机制

当一个人受到挫折后，采取一些暂时减轻受挫干扰的行为方式，以摆脱挫折给自己带来的心理烦恼，减轻内心的冲突与不安。它主要表现为以下几种：

1. 文饰

即自我安慰，指无法达到追求的目标时，给自己一个好的借口来解释，但用来解释的借口往往是不真实的、不合逻辑的，但防御者本人却能借此说服自己，感到心安理得。

2. 自我整饰

当个体遇到挫折之后,往往表面上不动声色,把心理上的烦恼、焦虑、苦闷统统埋藏在内心深处,尽量显示自己的长处,提高别人对自己的评价,从而减轻心理压力,以弥补失败所带来的自尊心受挫。这种行为反应往往起着自我欺骗和自我麻痹作用。

3. 压抑

大学生在遭遇挫折时,将一些意识层面不承认或引起罪恶感的想法以及无法忍受的痛苦等抑制到潜意识中,使自己不能意识到其存在。长期存在压抑会从根本上扭曲自我的真实意识,使动机与行为脱节,造成心理异常,大大降低自己的社会适应能力。

4. 逃避

是指大学生受到挫折后,不敢面对自己所预感的挫折情境,而逃避到比较安全的环境中去的行为。逃避有三个表现:一是逃避到另一种现实中去,如学习不好就玩游戏,沉溺其中;二是逃向幻想世界;三是逃向心理疾病,如少数大学生由于害怕考试失败,竟在考试当天或考场里发高烧,使得自己无法继续考试。这是个体借助于某种生理机能的障碍以避免面对困难、阻碍,它的产生往往是无意识的,与假病不同。

相关链接

关于坚持

苏格拉底曾经给他的学生布置过一个作业:每天早上做一个简单的早操,分别抬左手右手五十下。一个礼拜后,苏格拉底问他的学生有谁在做,所有的人都举了手;一个月后剩下一半的人举了手;半年后只剩下 10 个人举了手;一年后,苏格拉底再次提起这件事,只有一个人举了手,他就是另一位思想家柏拉图!

世间最容易的事是坚持,最难的事也是坚持。说它容易,是因为只要愿意做,人人都能做;说它难,是因为真正能做到的,终究只是少数人。

资料来源:http://club.kdnet.net/dispbbs.asp? id=13304541&boardid=2.

第二节　大学生常见挫折类型及应对

心香一瓣

每个障碍,都有解决的办法——或者跨越,或者钻过,或者绕开,或者突破。困难并不可怕,可怕的是没有面对困难的勇气和战胜困难的信心!如果无风鼓帆,就奋力划桨。顺境使精力闲散无用,使我们感觉不到自己的力量,但是障碍却唤醒这种力量而加以运用。

——休谟

当代大学生,生活在经济飞速发展、生活节奏日益加快、竞争日趋激烈的社会环境下,他们面临着更多的竞争和挑战,产生挫折的刺激情境日益广泛,产生挫折的可能性也大大提高。

一、大学生常见挫折类型

大学生在面对理想与现实、自尊与自卑、独立与依赖、交往与闭锁、个人意愿与职业选择诸多矛盾和冲突,再加上自然、社会、家庭等各种因素的影响,脆弱的心理难以调适,挫折也就会随之而来。总的来说,大学生的挫折心理主要集中在环境适应、学习、人际交往、情感、就业和自我实现等几个方面。

(一) 适应挫折

适应挫折指个体在社会化过程中因不能根据身心和社会生活环境的变化积极主动地进行身心调整而产生的身心困扰和行为障碍。

大学强调自学,大学新生还不能很快转换学习方法;大学要求学生在生活上能够自理,能自如地处理好人际关系,而相当一部分学生在中学阶段把考取大学作为生活的全部,基本生活常识和人际交往经验几乎一片空白;对大学的高期望值和低满意度的落差;理想自我和现实自我的落差,这些使得大学新生在真正融入大学生活之前都有个"适应期",或轻或重、或短或长都会有"适应性障碍",或多或少地表现为:不愿意学习,不愿意参加活动,对什么事情都不感兴趣,宅在宿舍,悲观、紧张不安、心烦意乱,严重的有轻生等,由此而产生的悲观情绪影响他们的整个学习和生活。适应问题在大学新生中较为普遍,主要表现在学习的不适应、新环境的不适应、自我的不适应等几个方面。

(二) 学习挫折

大学的学习并不像有些大学生所想象的那么轻松,学习内容高深而广泛,学习形式复杂而多样,这对大学生的素质是个综合考验。竞争激烈、学习方法不得当、学习成绩不理想、对专业缺乏兴趣、学习动力不足等诸多因素给部分大学生带来不同程度的心理负担,使他们学习压力过大,产生失落感和焦虑感,由此产生心理挫折。

(三) 人际交往挫折

人的社会性决定了交往的必然性。每个人都需要别人,因此都具有人际需求。人际关系失调会引起一系列不良情绪,严重的会在行为上表现得自我封闭、郁闷不乐、玩世不恭或与外界冲突、对抗等,甚至会危害自我或他人。大学生人际交往挫折主要表现为人际冲突和交往不顺。

大学生正处于自我意识发展的上升阶段,思想活跃、精力充沛、兴趣广泛,希望别人能够承认自己的价值,悦纳自己,人际交往的需要极为强烈。但是,由于大学生来自全国各地,在习惯、文化、性格、观念等方面都有较大的差别,加之社会阅历有限,心理不够成熟,对一些问题缺乏较为深刻的认识,容易产生偏激心理。表现为自我评价不恰当、骄傲自满、独立意识强烈、以自我为中心、过分苛求他人、不能容忍他人、不善于与他人沟通和交流;或极度自卑、封闭、孤僻、畏缩不前,无法与他人和谐相处,虽然表面上整天在人群中周旋,但内心却异常孤独、失落,易产生心理挫折。

(四) 情感挫折

情感挫折主要表现在友情、亲情和爱情三方面。友情:与朋友产生误解、朋友关系疏远、交不到知己等;亲情:自己的做法得不到亲人的理解、失去亲人、父母感情不和、纠纷迭起、自己也卷入了家庭矛盾的漩涡、父母离异、家庭破裂、生活在"单亲家庭"中、长期缺乏父爱或母爱等,内心苦闷,久而久之,就会产生心理挫折;爱情:表现为失恋、单恋和多角恋。

大学生的情感挫折主要表现为恋爱中遇到的挫折,如失恋。失恋是恋爱中最常见的心理挫折,其所引起的消极情绪若不及时化解,会导致身心疾病。

(五) 就业挫折

就业挫折即就业过程中遇到的各种困难与阻力。毕业生在择业过程中通常面临来自专业、生源和因自身素质不完善所带来的困扰。一些学生开始时雄心勃勃,几经碰壁后尽是无奈乃至听天由命。一些在大学期间不好好读书,因学习成绩不理想而不受用人单位欢迎的学生,更是悔之晚矣。寻找工作的不易,使一些学生在心理上害怕毕业,畏惧走上社会。一些有条件的学生转而加入考研大军,被认为是"退而织网"的"缓兵之计"。对于寒窗苦读十几年的大学生来说,能够在大学毕业时给自己找一个好的出路,是他们实现自我价值,为社会服务、回报家庭的第一步。而一旦这条路走不通,无疑是给大学生以沉重的精神负担,使他们焦虑、自卑、失去安全感,许多心理问题便会随之产生。近几年,择业困难已成为大学生产生挫折感的重要因素之一。

相关链接 ·+·

挫折励志小故事

从前,有个赵老板,运了一船鲜蚌在海上航行,阻于风浪,耽误了归期,满船蚌肉都腐烂了。老板见血本全部损失,急得要跳海自杀。

船长劝他:"等一等,也许你还剩下什么东西。"他带领水手清理船舱,从满船烂肉中找到一粒很大的珍珠,它的价值远远超过货价和运费。

当我们遭遇"失败"时,不要忘了找出事物可能造成的另一种"后果"——譬如找到这粒蕴藏的珍珠。

资料来源:https://wenku.baidu.com.

·+·

（六）自我实现挫折

美国心理学家马斯洛认为自我实现即"对天赋、能力、潜力等的充分开拓和利用"。人都有成长、发展和利用潜力的需要，即自我实现的需要，大学生也不例外，就像一颗树苗迫切需要长成参天大树一样，可一旦在自我实现过程中受到阻碍，又容易产生挫折心理。

自我实现的挫折主要表现在很多学生在设计自我理想时，多从主观愿望出发，缺乏对自身充分、客观的认识，这使"现实人生道路"与"理想人生道路"产生分离。如上大学前一直是佼佼者，现在却碌碌无为；努力付出却没有得到预想的回报；对自己前途感到渺茫等。除了理想与现实的差异性造成大学生的挫折感，他们的自我为中心倾向较强，忽视社会价值的实现，也难免导致碰壁或失败。

相关链接・・

史泰龙的电影梦

史泰龙的电影梦，从 1 850 次拒绝开始。

在美国，有一位穷困潦倒的年轻人，即使在身上全部的钱加起来都不够买一件像样的西服的时候，仍全心全意地坚持着自己心中的梦想，他想做演员，拍电影，当明星。

当时，好莱坞共有 500 家电影公司，他逐一数过，并且不止一遍。后来，他又根据自己认真划定的路线与排列好的名单顺序，带着自己写好的量身定做的剧本前去拜访。但第一遍下来，所有的 500 家电影公司没有一家愿意聘用他。

面对百分之百的拒绝，这位年轻人没有灰心，从最后一家被拒绝的电影公司出来之后，他又从第一家开始，继续他的第二轮拜访与自我推荐。

在第二轮的拜访中，500 家电影公司依然拒绝了他。

第三轮的拜访结果仍与第二轮相同。这位年轻人咬牙开始他的第四轮拜访，当拜访完第 349 家后，第 350 家电影公司的老板破天荒地答应愿意让他留下剧本先看一看。

几天后，年轻人获得通知，请他前去详细商谈。

就在这次商谈中，这家公司决定投资开拍这部电影，并请这位年轻人担任自己所写剧本中的男主角。这部电影名叫《洛奇》。

这位年轻人的名字就叫席维斯·史泰龙。现在翻开电影史，这部叫《洛奇》的电影与这个日后红遍全世界的巨星皆榜上有名。

资料来源：https://wenku.baidu.com.

・・

二、大学生挫折应对

大学生该如何应对挫折呢？首先要树立正确的挫折观，具备较强的挫折承受能力；其次是进行正确的归因,以便对症下药,寻找对策;最后要学会自我调适,合理宣泄不良情绪;正确运用心理防御机制并学会及时求助社会支持系统。

(一) 树立正确的挫折观

心理学家认为,导致情绪的直接原因不是挫折事件本身,是对挫折情境的看法和信念。大学生遭遇挫折,除了对自己缺乏客观的认识和评价外,对挫折没有正确的认识,夸大挫折后果,也是产生挫折心理和行为的重要原因。因此,树立正确的挫折观,是大学生应对挫折的前提。大学生要树立正确的挫折观,就要认识到挫折存在的客观必然性和普遍性,体会"石压笋斜出,悬崖草倒生"的内涵。

1. 挫折的必然性和普遍性

人生逆境,十之八九。不管是谁,在一生中总会遇到这样或那样的挫折。纵观古今中外的历史人物我们会发现,每个人都是失败与成功的聚合体。在纷繁复杂的社会生活中,矛盾的存在是客观的,挫折的产生也是必然的。人生道路本来就是布满荆棘,不要期盼万事顺意,对于挫折的发生要有充分的思想准备,要学会及时分析原因,吸取经验教训,从而不断地提高自己对挫折的容忍力。

挫折也是普遍存在的。从某种意义上讲,挫折也是社会生活的组成部分,人人都会遇到。纵观人的一生,挫折无时不与之相伴。从个人的一生来看,挫折伴随于不同的发展阶段,如幼儿时期会有学步跌跤,青少年时期会有考试成绩不理想、人际交往的障碍,中老年时期会有职业压力、疾病缠身等。

2. 挫折的两重性

挫折是一把双刃剑,它既给人以打击,产生情绪上的不安、焦虑和痛苦,使人丧失某些机会,同时它也能磨炼人的意志,使人奋起、成熟,学到一些在顺境中学不到的东西,增强在逆境中生存的能力,使人通过消除障碍实现自我的突破和发展,心理达到更高层次的平衡。生活经验告诉我们,一个要成就大业的人,必须先经历种种苦难、挫折,才能有所作为。所以在遇到挫折的时候,一方面我们应该面对它,思考挫折产生的原因,分析主观的能力、智力、体力与目标之间的差距,以及实现目标的途径、方法是否妥当,从而寻找摆脱或战胜挫折的方法;另一方面我们也应该感谢挫折,因为它教给了我们知识和经验,即所谓的"吃一堑,长一智"。所以,大学生一定要认识到挫折的两重性,学会变挫折为动力。

相关链接 ·+·

一位大学毕业生报考某大公司,因榜上无名想轻生,幸好被人及时发现而救起。正在该生神昏意迷之际,忽然传来他已被录取的喜讯。原来此生成绩名列前茅,只因统计有误,才使信息误传。就在他准备把喜讯告知亲朋好友之时,又有消息到来说,他被公司解聘了。公司经理说:"此人连如此小的挫折都经受不起,又怎么可能建功立业呢?"这位公司经理的做法似乎不近人情,但他重视人的心理素质,其选才标准值得欣赏。传统的人才观念只讲究品德和才干,忽略人的心理素质;而从现代的人才观念看,能否在困难与挫折面前不灰心、不气馁,并积极地与困难做斗争,往往是一个人成材的重要前提。心理学上,把人在遭遇挫折情境时,能摆脱其困扰而避免心理与行为失常的能力,即个体经受挫折和打击的能力称为挫折容忍力。上述那位考生听到自己榜上无名就采取自杀行为,显然属于心理与行为的失常,是挫折容忍力极端低下的表现。

资料来源:https://www.sohu.com/a/127258098_529039.

(二)对挫折进行正确归因

对待挫折,大学生中存在常见的归因错误与偏差,对他人的失败倾向于归于内因,而对自己的失败倾向于归于外因,所以在社会认知中常常导致人际矛盾与冲突,挫折感随之而生。对挫折进行正确的归因,就是要对造成挫折的原因进行实事求是的认识和分析,弄清挫折产生的主客观因素。如果不加分析地把挫折的原因一概归于外部因素,就不能对自己的行为作自我控制和调节;反过来,如果把挫折的原因统统归结于个人能力不足,就可能会过多地责备自己,而看不到外界环境中的有利因素,不能有效地改善挫折处境。因此,受挫后,大学生要以积极的态度冷静地分析遭遇挫折的主客观原因,做出正确的归因,从而促使挫折和情境的转变,减少受挫的可能性。

(三)积极的自我调适

1.正确认识自我

正确地认识自我是成功的第一步。正确认识自己,估价自己的能力,建立适宜的期望值,进行正确的自我设计。通常大学生对自己的能力估价过高,则对事物产生的期望值就过高,一旦事与愿违容易使人产生或加重挫折感,导致失望、沮丧、抑郁的情绪;对自己的能力估价过低,对事物产生的期望值也就过低,则会使人看不到希望和光明,导致个体丧失信心和斗志。谁能战胜自我认识上的混沌,战胜自我意志上的薄弱和自信的不足,谁就能成为强者。所以,我们要客观地估价自己的能力,建立适宜的期望值,以便在面对现实、面对挫折时,能及时分析原因,寻找补救的途径,或修改自己的目标,或提高自己的能力,或寻找新的可行途径。

2.科学使用心理调节方法

人在遭受挫折后,会造成很大的精神压力,产生各种不良情绪,如焦虑、紧张、忧伤、烦躁和恐慌,引起一系列的生理变化。这时体内激增的能量如果不能得到及时发泄,就会危害身体,消磨意志,甚至精神失常。情绪的宣泄,在很大程度上也就是这种能量的发泄,所以当面临挫折时,大学生应善于适当发泄内心的积郁,以尽快达到心理净化、平衡,恢复理智情感。特别是那些性格孤僻、内向、内心情感不轻易外露的学生更是如此。控制这些不良情绪的过度蔓延,也就在一定程度上控制住了挫折对身心所造成的危害。

针对大学生挫折心理的成因,大学生可以用暗示调适法、精神宣泄法、放松调节法等方法来进行积极的自我调适。

（1）暗示调适法

在遭受挫折之后，大学生有意识地将肯定的观点暗示给自己，对自己进行鼓励，则会产生良好的影响，从而调动其内在的潜力，发挥出超常能力。

（2）精神宣泄法

合理的精神宣泄可以化解不良情绪、减轻心理的痛苦。倾诉是最常用的宣泄形式，也是保持心理平衡，促进良好适应的较好方法。大学生可以选择自己的亲人、朋友、老师、同学等，作为宣泄的对象，根据引发情绪的事件不同，选择不同的人宣泄不同的内容。所以，大学生都应该多结交知心朋友，养成经常和亲人沟通谈心的好习惯。

（3）放松调节法

挫折带来了紧张焦虑情绪，生理症状有时也很明显，而通过对身体各部分主要肌肉的系统放松练习，则可以抑制这些伴随紧张而产生的生理反应，从而减轻心理上的压力和紧张焦虑的情绪。放松疗法的表现形式很多，如选择一个安静而不受干扰的地方，躺着或坐着均可，闭眼，注意力集中到与挫折情境无关的另一情境中。放松调节法有助于克服紧张、焦虑、烦躁的情绪。

（4）榜样激励法

自古英雄多磨难。古往今来，无数成就伟业的人在人生重大挫折面前没有消沉，如许多不屈不挠的伟人和革命家，挫折赋予了他们非同寻常的意志力，他们奋起，不屈不挠。我们应该向这些榜样学习，把挫折当作人生进取的催化剂，把磨难看成人生登攀的阶梯。

此外，大学生还可以通过活动释放的方法把紧张的情绪和积聚的能量排遣出去。比如到操场上猛踢一场球，等到自己满头大汗、气喘吁吁时，心理也就平静下来了。甚至可以大哭一场，眼泪能将多余的能量排出体外，也有利于及时恢复心理平衡。释放缓解不良情绪的方式还包括：听音乐，读喜爱的小说，在外部改变自己，如换个发型、穿件好衣服，到自然界中去放松等。

3. 合理运用心理防御机制

合理运用防御机制在于发展积极的心理防御机制，进行心理自我调节，减轻痛苦和焦虑，形成健康的人格特征，增强抗挫力。但是，如果不顾客观环境的变化，直接地采用相同的防御机制，很少变通，不但不能使自己学会更有效地适应困难，反而会使自己适应能力日趋削弱，逃避现实，陷入更大的困境之中，给自己带来更多的痛苦和不安，甚至危及人格和心理的发展，因此心理防御机制的使用应因人而异、适时适度。

（四）提高挫折承受力

挫折承受力是一种后天所得的能力，受生理条件、个人经历、个性心理品质等方面的影响，每个人都可以通过自觉、有意识的锻炼，去培养提高自己对挫折的耐受力。

1. 加强文化修养

充足的知识储备是人生行动的前提和基础。正处在学习"黄金时期"的大学生需要具备"终身学习"的思想,钻研专业课程,及时拓展、更新自己的知识结构,用较好的文化修养为理性地分析、处理挫折情境提供前提和保障。

2. 优化个性心理品质

开朗豁达的、意志坚定的人拿得起,放得下,遇到"千斤重担压心头"也能把心理上的重压卸掉,使之轻松自如,更能适应挫折。因而,具备优良的个性心理品质对于挫折承受力更为重要,如自信乐观、坚忍不拔、沉着冷静、自强不息、开拓创新等。拥有这些良好的个性心理品质,就能在面临挫折时主动进攻、努力改变而不是被动承受。

3. 积极参与社会实践

生活经历曲折、社会经验丰富、社会实践较多的人,往往更能够正确认识挫折,战胜挫折,在挫折中前进。当前的大学生社会阅历简单,社会实践缺乏,缺少对挫折的正确认知和应对策略,遇困难和挫折时常常不知所措。我们要积极参加社会实践,更多、更广泛地接触社会,了解社会,在实践中感受日常社会生活中的挫折情境,提高环境适应能力和心理承受能力,磨炼出坚强的意志品格,始终以积极的心态面对挫折和困难。

4. 阅读历史人物传记

阅读《拿破仑传》《毛泽东传》《邓小平传》等文学作品,深刻领会伟大人物人生历程中所经受的种种挫折与不幸,感同身受,从中获得挫折体验。只有体验困苦,感受艰难,才能在承受挫折的同时激发解决问题、克服困难的能力。如果这个过程经常得到强化,就会由被动变为主动,从而战胜挫折。

(五)积极寻求社会支持

当我们遭遇挫折无法克服时,积极寻求社会支持是应对挫折的一个有效途径。个体在遭受挫折后可利用社会支持力量,一起分析导致挫折的真正原因,商量应对挫折、改善心态、调整行为的方法、策略,缓解挫折的打击,摆脱由挫折引发的烦恼,从而树立生活的信心和勇气。同时,这种社会支持也有助于大学生抗挫折能力的培养和提高。

相关链接 ·+·

棉花糖的诱惑

心理学史上最有名的意志力实验,大概属于 20 世纪 60 年代沃尔特·米歇尔教授(Walter Mischel)所做的延迟满足实验。做这个实验时,教授的女儿正好也读幼儿园。于是他和同事们找来一些女儿的小同学,带他们到一个单独的小房间,在他们面前摆一颗他们爱吃的棉花糖。教授告诉这些孩子,他们可以选择马上吃掉这颗棉花糖,也可以选择等实验员回来再吃。如果他们能等到实验员回来,那么他们将能额外再得到一颗棉花糖。

这可真难为这些孩子了。一些孩子还没等实验员走开,就已经把棉花糖塞嘴里了。另一些孩子稍好一些。最初他们告诉自己,我不吃,我只是舔舔。慢慢地,舔舔变成了咬一小口,咬一小口又变成了咬半边,最后,既然半边都没了,再留半边有什么意义呢?于是棉花糖也下肚了。

真正有抱负的,是那些苦苦挣扎的孩子。有些孩子蒙上了自己的眼睛,眼不见为净;有些孩子开始踢桌子来转移注意;还有一些孩子甚至揪起了自己的小辫,通过疼痛来转移诱惑,颇有"头悬梁锥刺股"的风范。最后,约有三分之一的孩子成功抵御住了棉花糖的诱惑,获得了额外的一颗棉花糖。一颗棉花糖,多大点事,搁现在的家长非得说,咱不吃别人的糖果,要多少,妈给你买去。本来教授的实验也就发现了这个年龄段的孩子普遍意志力薄弱,顺便发现了其中几个很有成为吃货的潜力。实验到此为止了。

但当教授女儿上高中时,偶尔说起高中同学的学习和生活时,教授忽然如被电光照过一般,顿悟了棉花糖实验和他们现在的学习生活的联系。于是实验重新开始。教授调查了这批人的学习、生活、心理健康、人际关系等方面的表现,从高中一直到步入中年。

规律让人震惊!研究发现,当初这些幼儿园小朋友面对棉花糖时候的表现,居然能够预测他们的学业成绩、工作业绩、情绪状况、人际关系,甚至能够预测他们生活是否幸福。

资料来源:https://www.meipian.cn/ctipmen.

第三节　大学生压力管理

心香一瓣

曲折是人生的清醒剂,在曲折的道路上获得教益,是你一帆风顺时难以得到的。

在日常学习和生活中,同学们常常承受着来自各方面的压力。当压力过大,焦虑持续时间过长,就会影响身心健康。我们要对压力进行科学、合理而有效的管理以发挥其积极的作用,从而有助于身心健康。

一、压力概述

(一)什么是压力

当我们感到生活中的某个事件对身心健康构成潜在威胁又无力去应对的时候,压力便产生了。压力是个体面对具有威胁性刺激情境时,伴有躯体机能以及心理活动改变的一种身心紧张状态。

（二）压力对大学生的影响①

个体面临心理压力时会产生一系列生理、心理和行为上的反应,这在一定程度上是有机体主动适应环境变化的需要,它能够唤起和激发个体的潜能,增强心理承受和抵御压力的能力。一定的压力是促使大学生积极进取、不断发展和提高的重要动力。但是过度的压力反应或长期压力反应的累积,对大学生的身心健康具有一定的破坏作用,心理健康水平会降低,严重的还会出现心理障碍。

1. 生理反应

压力的生理反应可以分为两种:一种是遭遇突发状况下所发生的反应;另一种是长期处在压力下所产生的反应。当遇到突如其来的威胁性情境时,个体为了维护生命,会立即进入应急应变状态,此时生理上会发生一些反应,例如:心跳加快、呼吸急促、脸红、手脚发抖等。当个体处在持续的压力下,可能就无法再适应这些压力,此时个体就会产生疾病或出现衰退,如果压力再持续,个体可能就会死亡。

相关链接

一只小鸟的故事

一只小鸟,被人养在花园里,可久而久之,小鸟却怎么也飞不起来了。一天,小鸟见一只雄鹰正从天空飞过,心想:雄鹰是那么笨重,而自己的身体是如此轻巧,为什么自己飞不起来呢?

小鸟把这个想法告诉雄鹰,雄鹰问:"你感觉自己飞不起来最大的负担是什么呢?""最大负担?"小鸟说,"我每天都被主人宠着,吃喝不愁,悠闲得每时每刻都无所事事,我从来都感觉不到身上有任何负担。"

听了小鸟的话,雄鹰开始明白了小鸟飞不起来的真正原因:生命的最大负担,是因为没有任何负担。

资料来源:http://www.1010jiajiao.com/timu_page_274438.

2. 心理反应

心理反应一旦超过了机体自身调节和控制能力,就可能引起各种生理或心理问题,如情绪不稳、抑郁、焦虑、多疑、愤怒、恐惧、沮丧、注意力不集中、思维混乱、自我防御增强等。

3. 行为反应

对不同程度的压力,个体会有不同形式的行为表现。有些压力会使一些生理性的行为增多。例如:有些人面对压力时会不停地吃零食,有些人则会酗酒或过度抽烟。一般而

---

① 张艳芬.大学生的心理压力及调适[J].教育理论与实践,2006(26):26-28.

言,轻度的压力会使个体精力较为集中,也更加警觉,因而会导致正向的行为适应。过度的压力会压抑行为,行为退缩、行动减少、行为失控,或者具有攻击性。

相关链接

破釜沉舟,百二秦关终属楚

岸边,项羽严束铠甲,威武异常,目中闪着异样的明光。面对这滔滔江水,项羽狠下决心,下令沉船、砸铝、烧屋,带上三天军粮与秦军决一死战,不得生还。面对着由章邯为首的秦军主力,项羽区区两万兵马不足挂齿。但为救巨鹿,项羽凭着空前绝后的勇敢,破釜沉舟,与秦军殊死一战。

战士们明白已没有退路,他们个个抱着必死的信念奋勇杀敌并大破秦军,扭转了陈胜举义以来军事上的低潮,成为推翻秦王朝的转折点。

资料来源:https://wenku.baidu.com/view/ce0b67f2a45177232f60a2b9.html.

二、大学生的主要压力源[①]

压力源就是压力的来源,或者说是造成压力的因素。大学生面临的压力源主要表现在以下几方面。

(一) 人际关系困惑

在大学中发展各种新的对自己有益的伙伴关系,建立新的关系网络,对大学生来说是非常重要的,它会成为获得支持、归属感和幸福的重要源泉。这需要一个逐渐适应的过程,大部分学生的这一过渡过程是非常平稳的,但对于有些学生来说,这一过程会存在人际交往方面的困惑,被孤独所困扰。

一些大学生成绩虽然优异,但因为从小缺乏人际交往教育,在交往认知、知识和技能方面存在着明显的不足,以致不能妥善地处理人际交往中的冲突。另外,随着市场经济文化对大学校园的冲击,大学生方方面面竞争的加剧,使原本单纯的同学关系变得非常微妙,因此,不少大学生因为人际关系而苦恼,常常抱怨"太累了"。

(二) 学业困扰

学习是大学生面临的最主要压力之一。由于大学生普遍都是中学时的优等生,大多具有自信、好强的心理特点。在现实中,成绩在某些方面是非常重要的,绝大多数学生都希望能够继续保持良好的学习成绩,以保持自己一贯的学习优势地位,也为未来的

---

① 陈媛.大学生心理压力的成因及排解途径.教育与职业,2009(24):91－92.

就业创造有利条件。但是,强手如林、尖子荟萃,再加上学习方法明显不同于中学,大学老师也很少进行学习方法的讲授,因此,较多的学生对大学的学习迟迟不能适应,学习效果不佳,只能充当一名普通学生的角色,于是压力感、危机感、失落感、挫败感会油然而生。

(三) 身心压力

大学生身体方面的压力主要来自:身体健康状况不佳,缺乏维持正常学习的旺盛的精力;对自己的相貌、身高、体型不满意,感到忧心忡忡等。大学生心理方面的压力表现为:过分争强好胜的人格因素使一些大学生常感到身心疲惫;心理素质太差,脆弱的心理承受能力使其在困难面前产生较大的压力反应;自我概念不良,导致自卑、行为退缩。更多的大学生的心理压力源于时时出现的心理冲突,譬如理想与现实的冲突、独立与依赖的冲突、闭锁与开放的冲突,冲突越复杂,心理压力就越大。

(四) 情感困顿

恋爱过程中,大学生会获得满足感并得到成长,同时也是紧张、焦虑、负罪感以及沮丧的重要来源。对很多学生来说,亲密恋爱关系的突然破裂会导致较大的困扰。大部分时间里,学生会产生过度的反应,并因此扰乱了自己的情感生活、学业以及人际关系。大学生必须对建立和结束这种亲密的恋爱关系有清楚的认识,并学会调节自己的情绪和情感,避免将问题扩大化。而大学期间的性行为也可能成为压力源,对于女生来说尤其如此。

(五) 经济困境

高额的学费让一些条件不好的家庭不堪重负,加上不断增多的日常生活费用,一些家庭甚至负债累累。经济压力虽然只是暂时的存在,但无论如何都必须面对,因而,有些大学生虽然已经步入了大学校门,但时时会感到内心不安、焦虑和分心。也有的大学生自身经济条件不好,又不能正确对待,面对大学里经济条件优越的学生就会产生自卑,这使他们的内心充满矛盾,承受的心理压力更大。

(六) 就业苦恼

高校扩招和高校分配制度的改革,社会竞争的加剧,都不可避免地给大学生带来了巨大的就业心理压力,随着年级的增长,这种压力会与日俱增。大学生们普遍担心毕业时找不到理想的工作,找不到与专业对口的工作,从而使大学几年的学习时间白白浪费。冷门专业的学生压力则更大。相当多的大学生选择报考研究生,往往也是为了暂时回避择业的苦恼。与男生相比,女大学生就业时常常遭到用人单位冷遇的现状使得她们的就业心理压力普遍更重,许多女大学生从进入大学就产生了巨大的心理压力。

三、大学生的压力管理①

压力管理即对来自个体内部和(或)外界的压力源而引起的个体在生理、心理和行为上所发生的变化和反应进行干预或应对。

压力具有良性和劣性、适度和过度之分,对个体和组织既有积极的促进作用,又有消极的阻碍作用,因而要对压力进行科学、合理而有效的管理,最大限度地发挥其积极作用,避免其产生消极的破坏作用。

(一) 正确认知压力

大学生对压力要有一个正确的态度,这是心理调适的关键一步。首先,要认识到压力的不可避免性,并坦然接受它。压力是我们生活的伴侣,尤其是在个体成长的路途中,压力更是普遍存在,压力是生活的组成部分,是人应该珍惜的生活体验,要认识到生活中很多压力是不可更改或暂时不可更改的客观事实。其次,要认识到压力作用的双重性。压力及其反应并不全是"有百害而无一利的",适度的压力有助于发挥人的潜能。俗话说:"井无压力不冒油,人无压力轻飘飘。"人的一生有压力是正常的,也是好事,理想的生活不是没有压力的生活,只有当压力超过一个人承受的限度时,才会导致人的生理、心理和社会功能的混乱,产生问题和危机。因此要辩证地正视各种心理压力,并且要对已经出现的和将要出现的压力做好一定的准备,要了解自己在压力情境下的应对方式并学习他人有效处理压力的策略。当心理压力出现时,勇敢地正视它,从而使自己在战胜一个个压力的过程中不断地成长。

📚 相关链接 •••

压力的效应

有一位经验丰富的老船长,当他的货轮卸货后在浩瀚的大海上返航时,突然遭遇到了可怕的风暴。水手们惊慌失措,老船长果断地命令水手们立刻打开货舱,往里面灌水。"船长是不是疯了,往船舱里灌水只会增加船的压力,使船下沉,这不是自寻死路吗?"一个年轻的水手嘟囔。

看着船长严厉的脸色,水手们还是照做了。随着货舱里的水位越升越高,随着船一寸一寸地下沉,依旧猛烈的狂风巨浪对船的威胁却一点一点地减少,货轮渐渐平稳了。

船长望着松了一口气的水手们说:"百万吨的巨轮很少有被打翻的,被打翻的常常是根基轻的小船。船在负重的时候,是最安全的;空船时,则是最危险的。"

这就是"压力效应"。那些得过且过,没有一点压力,做一天和尚撞一天钟的人,像风

---

① 赵冬梅,苟增强.当代大学生的压力分析及管理策略初探[J].教育与职业,2010(24):73-75.

暴中没有载货的船,往往一场人生的狂风巨浪便会把他们打翻。

资料来源:http://www.1010jiajiao.com/czyw/shiti_id_f14bc744d0ad23cb2b7b8b8289eedccf.

(二) 加强自我教育,培养良好的个性品质

大学生应充分发挥自我教育的作用,培养良好的个性品质,提高自我调节、自我发展的能力,从而增强自身的抗压力。良好的人格品质应该是正确认识自我,悦纳自我,扬长避短,不断完善自己。首先,大学生应当培养自己健全的人格,正确树立人生观、爱情观和事业观,这直接关系到处理压力的态度和方式;其次要认识自身个性弱点,通过生活实践的磨炼,培养自己分析问题、解决问题的能力,切实提高自己的竞争能力,化消极因素为积极因素,使自己立于生活的主动地位。

(三) 增强技术控制,化解心理压力

大学生面对心理压力最常见的表现是心理和肌肉的紧张。因此,调适压力的一个重要策略就是学会放松自己,让自己的身体或心理由紧张状态转向松弛,从而逐渐消除紧张,缓解、释放、排除心理压力。当压力事件不断涌现时,持续数分钟的放松,对缓解压力的作用相当显著。生活中,运动、音乐、阅读等都是放松的常用方式。另外,还可以学习一些自己放松的应对压力技术,调节因压力反应而造成的心理生理功能的紊乱,增强适应能力。自我放松的应对技术有很多,如深度呼吸训练、肌肉放松训练、静坐训练、意向训练、系统脱敏训练等。现介绍以下三种:

1. 横隔膜呼吸技术

可取随意的姿势,仰卧、静坐、站立均可。卧或站双脚适度分开,双眼轻闭,一手置于胸部,另一手置于腹部上方,以便感觉横隔膜以及腹肌的活动。集中注意力放在呼吸上。

分四个阶段:

(1) 吸入,通过嘴和鼻腔将空气吸入肺部;

(2) 呼气之前的暂停;

(3) 呼出,通过嘴和鼻腔将空气从肺部释放出去;

(4) 下一个呼吸循环开始之前的暂停。

注意通过缓慢深长的呼吸延长呼吸循环,最大限度体验这些阶段,不要憋气,同时感受呼气时身体的放松,尤其是胸部、肩膀和腹部区域。当然可以把呼吸同想象联系起来。

2. 静坐训练

静坐被称为是"改善生活的一种自然而不费力的技术",是一种使人个性改变与自我成长的方法,也是一种使人摆脱精神压力与情绪焦虑的方法。

静坐的步骤:

(1) 在安静的房间内,盘腿坐在垫褥上。房间的灯光必须柔和,不宜太亮。闭上眼睛。

(2) 一个让自己专注的目的物:该目的物可以是重复的一个单字或一种声音,也可以

是一个抽象的图形(目的在于使自己意识集中,不为外物分心)。

(3)尽量放松全身肌肉,尝试先从脚部开始,然后由下而上,一直放松到头部。

(4)用鼻子呼吸并使自己感觉到空气从鼻孔出入。在每次呼气时,心中默数"一"。如此继续进行 20 分钟后,自行停止。睁开眼睛看看时间(预计每次 20 分钟),但切记不用闹钟。停止后,再闭起眼睛休息一两分钟,一段练习即告停止。

3. 想象脱敏练习

体验循序渐进克服困难或障碍的过程,使本来感到紧张、害怕的事物失去敏感性,达到处之泰然的效果。

操作程序:

(1)先用 1~2 分钟使全身肌肉放松。

(2)找出程度不同的紧张、焦虑恐惧事项 10~20 项。

(3)分别给这些事件评分。然后从 0~100 按等级排列出来。如 1 大冷天起早,5 分;2 跟陌生异性说话,10 分;3 参加后天的数学考试,15 分;4 参加全校的比赛,30 分;5 辅导员对自己的工作提出批评,50 分……

(4)利用空椅技术,通过想象直接面对某一事件的情境之中,体会自己的情绪变化。逐步对所列出的紧张事件按感到紧张、停止刺激、调节放松的步骤,依次进行下去。每次练习 3~5 个事件,最终达到所有的害怕事件均不再引起紧张情绪为止。

其他应对策略:日志写作、表达性艺术治疗、幽默治疗、营养降压法等。总之,通过学习多种应对策略,提高应对技能,从而缓解内外压力的影响,达到身心平衡。

相关链接

肌肉放松

肌肉放松是主要的一种放松方法。让自己静卧在椅子上或者床上,然后从头到脚放松每一块肌肉:比如先放松额头,使额头舒展,肌肉都不紧张了,然后放松颈部肌肉,让头完全靠椅子或者枕头支撑,脖子不能用一点力。这样连续的放松身体的大部分肌肉,最后就能达到减压的作用。

资料来源:https://yangsheng.120ask.com/article/115225.html.

(四)培养人际交往能力,构建社会支持系统

沟通是人际关系中最重要的一部分,是人与人之间传递情感、态度、事实、信念和想法的过程,所以沟通是重要的心理宣泄渠道,能够缓解心理压力。大学生应该多加强沟通和交流,要善于表达自己的情感,积极参加社交活动,以宽容、真诚、友善的态度与人交往,培养人际交往能力。

人类天生就是社会性动物,任何人都不能离开他人而生存。人与人之间需要互相关

心、帮助、爱护,这是一种社会支持。良好的社会支持可以为大学生提供有效的问题解决策略和情感安慰,降低压力的消极影响,并减少诸如头痛、消化不良等一系列由于压力导致的疾病发生率。因此,在面对心理压力时,除了强化自助,还需寻求社会支持系统的帮助。既可以是感情上的支持,比如同情、理解、照顾,也可以是物质、信息上的帮助。必要时求助于有丰富经验的心理咨询专业人员或心理老师,以降低和减少心理障碍,保障心理健康。

相关链接

人际交往网络

目的:为疏解生活中的压力和困境,建立与运用支持系统。

操作程序:

1. 请在下面的人际支持系统网中写下你在遇到困难和压力时,所有可以寻求到帮助的资源(在空格内填写一个名字或称呼)。

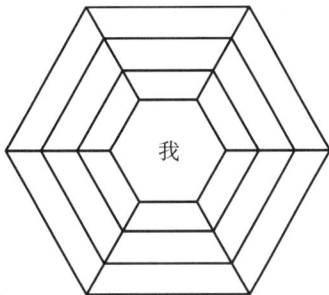

2. 现在请你看一看,你填写在第一位的是谁? 谁离你最近? 你为什么选他(她)? 在你遇到困难和挑战的时候,你是怎样向他(她)寻求支持的? 如果你的支持网络里只有两三个人,请你仔细探索原因,如害怕被视为弱者、害怕显得无能、曾经求助却被拒绝甚至伤害等等。

3. 小组分享你刚完成的人际网络图:

(1) 为什么你会选择这些人到你的支持系统里?

(2) 你会如何运用此支持网络?

(3) 你已经多长时间没有与其中的人交心恳谈了?

(4) 你将如何改变目前的支持网络?

资料来源:白羽.改变心力——团体心理训练与潜能开发[M].杭州:浙江文艺出版社,2006:90.

心理自测

生活中你有压力吗? 压力大不大? 生活中我们都有压力,只是压力的大小不同,压力太大就像气球一样容易爆炸,快来测测你的压力吧!

1. 你常莫名其妙地感到心烦吗？

2. 你和周围的人有过争执冲突吗？

3. 你很少主动找人谈心事吗？

4. 你最近想辞职不工作，或想离家一阵子吗？

5. 你的体重最近明显地上升或下降3～5公斤了吗？

6. 你的身体有些病痛，你有没有尽快就医？

7. 你的饮食习惯是不是肉食比蔬菜水果多？

8. 你最近缺乏食欲吗？

9. 你通常在凌晨12点后才上床睡觉吗？

10. 你躺在床上时，往往辗转反侧，不易入睡吗？

11. 你是否常感到时间不够用而匆匆忙忙？

12. 你常疏忽做"紧急又重要"的事吗？

13. 你不喜欢做琐碎又重复性的工作吗？

14. 你对突发性的工作没耐心吗？

15. 你懊恼自己赚钱的速度不够快吗？

16. 你担心自己的储蓄不够或投资失误吗？

17. 你早有进修专业能力的想法，但迟迟还没行动吗？

18. 看到同事表现杰出，你觉得自己不够好吗？

19. 你看到灾难新闻，往往情绪受影响吗？

20. 气候阴雨潮湿，这会让你的心情低落吗？

以上测试题，"是"请你打"〇"，"不是"请你打"×"。

结果解释：

4个"〇"以下：族别——无压力快乐族；结果：几乎没有压力，完全有能力自得其乐。

5～8个"〇"：族别——低压力轻松族；结果：多少有些压力，可以自行寻求协助和解决；建议：自我调适。

9～12个"〇"：族别——中压力危险族；结果：压力有起伏，时而轻松，时而沉重，需要找到平衡点；建议：找对人生导师。

13～16个"〇"：族别——高压力危险族；结果：每天绷得很紧，可是因为责任和性格因素使你暂时放不下；建议：一定要做部分割舍。

17～20个"〇"：族别——超高压力危险族；结果：有时不知道为谁而活为何而活，压力大到快让你身心崩溃；建议：尽快寻求专业辅导。

互动训练

1. 想象放松训练

目的：想象减压，促进心理压力的释放。

操作：

（1）想象在一个风景秀美的环境做此练习，如在舒适的温泉中、清新的大草原上、自己家中温暖的沙发上……尽量找一种舒适的感觉坐好，轻轻闭上眼睛，放松身体。

（2）回忆或者想象一个美丽的湖泊，湖边有树木和草地。

（3）想象自己坐在树下的草地上，看着这湖泊。湖中水波荡漾，但是，水波的波动幅度在渐渐减小，最后，湖水变得非常平静。

（4）想象你自己在用湖水照着，看自己的影子，却发现自己变成了一只懒懒的猫或者一只豹子。

（5）于是，你看到这是猫或者豹子，缓缓地回头往后走，并且爬上了一棵树。

（6）想象它伸了一个懒腰，然后趴在树上，全身松弛，两腿垂下来，在舒舒服服地睡觉。想象一只小鸟飞过它的身边，但是它睡着了，毫不理睬。

（7）保持这种想象几分钟或十几分钟。

（8）想象这只动物苏醒了，活动身体并起身，爬下树来。到湖中喝水，一圈圈水波扩开。

（9）然后，你发现自己还是一个人，这时，睁开眼睛，活动一下身体。

2. 渐进式放松

目的：小步骤渐进式放松肌肉，让精神集中在你放松的肌肉上，促进心理压力的释放。

操作：

平躺在床上，闭上眼睛，做三次深呼吸，把注意放在你的双脚上，自己用意念想象有一股放松的信息从你双脚的十个脚趾开始向你的全身传递。

先想象着双脚放松……脚踝放松……小腿放松……大腿放松……双胯、臀部、小腹放松……腰部、腹部放松……前胸后背放松……脊椎、颈椎放松……双肩放松……两个大臂、小臂、双手、十个手指放松……头部放松……头皮放松……后脑勺放松……头顶放松……面部表情放松……全身放松……

从 0 数到 5，每向上数一个数字让自己开始清醒，当数到 5 的时候让自己完全清醒，睁开眼睛。感觉到眼睛格外明亮，心情更加愉悦，更加有信心，明天更美好！

3. 呼吸法放松训练

目的：调整你的呼吸，吸入新鲜的空气。排除浊气，促进心理压力的释放。

操作：

呼吸法是让自己静下心来，排除杂念的一种自我调节方法。

在放松时，我们闭上双眼，用腹式呼吸法慢慢进行呼吸，吸气时，想象着丹田中的这股气由腹部逐渐上升到脑部，再上升到头部，直到头顶"百会"处；吐气时，想象这股气由"百会"自后向下顺着脖子、脊梁下降，直至回到丹田。（一吸二憋三呼）这样一吸一呼，周而复始，反复进行。

由于集中了全部的注意力，就能够使人逐渐排除一切杂念，收到消除紧张、自我放松的效果。

4. 肌肉紧张—放松交替训练

目的：肌肉的紧张可以促进肌肉的放松，是一个有益的循环，促进心理压力的释放。

操作：

所谓肌肉紧张—放松交替训练是指通过循环交替收缩或放松自己的骨骼肌群，细心体验个人肌肉的紧松程度，最终达到缓解个人紧张和焦虑状态的一种自我训练方法。

在放松时，可以松开所有的紧身衣物，轻松地坐在一个单人沙发上，双臂和手平放于沙发扶手上，双腿自然前伸，头和上身轻松后靠，双眼闭上。

整个放松训练按照由下而上的原则，从脚趾肌肉放松——小脚肌肉放松——大腿肌肉放松——臀部肌肉放松——腹部肌肉放松——胸部肌肉放松——背部肌肉放松——肩部肌肉放松——臂部肌肉放松——颈部肌肉放松——头部肌肉放松。放松动作要领是先使该部位肌肉紧张，保持紧张状态10秒钟左右，然后慢慢放松。

使用这种方法并持之以恒，不仅能消除考试焦虑，而且能全面促进身心健康。

5. 运动减压—瑜伽减压

目的：运动不光可以锻炼身体，还能减压，瑜伽更是减压的好方法，瑜伽可以促进心理压力的释放。

操作：

利用瑜伽体式来舒缓压力，可以保持轻松平静的心态，让你在工作学习的时候更有效率。

先做斜板式，卧在地上双臂伸直撑地，双腿也向后伸直，接着先让左腿向上抬起来贴近身侧一直到脸旁，这样坚持一会儿后再换右腿向上抬起练习。

接着，练习顶峰式，这是一个相对简单的体式，只要卧在地上让四肢伸直着地，再收腹提臀一直坚持这个状态就可以了。

练习完顶峰式，练习舞王式，站直身体以后先向后抬起右腿并让右小腿向上抬起，再让腰部后仰让双手举过头顶弯曲，用双手抓着右脚。

要舒缓压力，可以练习牛面式的衍伸式，先盘腿坐在地上，并且双腿要交错让脚掌分别放在另一个地面上，再让双臂向下弯曲，双手交握放在膝盖上。

当然，其他的运动方法也可以起到减压的效果，选择一种适合你的运动吧！

拓展资源

心理学网站：

1. 壹心理：https://www.xinli001.com/
2. 中国心理网：http://www.psy.com.cn/
3. 中国抑郁网：http://www.chinadepression.net/

心理学电影：

1.《心灵捕手》（1997）
2.《火柴人》（2003）

电影片段

第六章

三省吾身　健全人格

案例导读

一位大三女生的自白

我是一名快要毕业的女学生,可我在大学的这几年里我自己并不快乐,我感觉自己很没有魄力,我总是在主动地和别人说话,如果我不这样主动的话很少会有人来找我。我怕身边没有朋友,可我身边就是没有一个能说话的人,我觉得自己真的很可怜。在宿舍里如果有人有什么情绪了,她们谁都可以放在脸上做给我看,好像我就是她们的出气筒,我很生气但却不敢说,我怕我一说她们就再也不理我了。要是谁有问题了我都尽力去帮她们,可一旦问题解决了我又会变成一个不被在乎的人。我就是这么在被利用着。我总希望她们能有一天发现我的好,可结果呢? 我平时性格比较内向,心情不好的话就很不想说话,希望一个人坐在那里,有时候为了迎合她们我试着改变自己,可到头来觉得自己原来只是在凑凑热闹。我做事很顾及别人的感受,可怎么没有人来顾及我的感受呢? 为什么我做事得体得到的结果却是让她们觉得我好欺负呢? 我真的那么令人讨厌吗?

资料来源:张建华,滕飞,刘燕.大学生心理健康[M].徐州:中国矿业大学出版社,2014.

想一想:

(1) 你觉得这位大三女生苦恼的根源在哪里?

(2) 你能帮助她走出苦恼吗?

本章概要

1. 人格的特点及构成;

2. 大学生常见人格异常与人格障碍;

3. 大学生健全人格的塑造。

人格是人的综合素质的重要组成部分,是人的心理面貌的集中反映。心理卫生学的研究表明,人格与心理健康有着十分密切的联系,人格不健全就是心理不健康,而且许多心理不健康的问题,都可以找到深层的人格根源。大学生正处在人格发展的关键时期,由于他们受到来自社会、学校、家庭、个人等多方面变迁的冲击,人格发展出现了较多的迷茫和冲突。因此,帮助他们寻找通向健全人格之路,塑造健全的人格,是大学生心理素质教育的重要目标之一,具有重要的现实意义。

第一节 人格概述

> 人的鲜明特征是他个人的东西。从来不曾有一个人和他一样,也永远不会再有这样一个人。
>
> ——[美]心理学家高尔顿·奥尔波特

生活中,我们常评价某人很有气质,某人太有个性,某人性格不错。气质、个性、性格,这些生活常用语,在学术上则指向心理学的一个重要分支科学——人格心理学。世界上没有两片相同的树叶,世界上也没有两个完全相同的人格。人格的独特性是它非常重要的特征。性格和气质都属于人格范畴的概念,了解这些概念对于如何发展我们的健全人格,具有重要的意义。

一、人格内涵

(一)人格的定义

"人格"是我们日常生活中经常使用的词汇,它涵盖了法律、道德、社会、哲学等领域。人格"personality"一词,最初源于古希腊语 persona,在希腊语中其原意是指希腊戏剧中演员戴的面具,面具体现出角色的特点和人物性格,随人物角色的不同而变换。心理学沿用面具的含义,把一个人在人生舞台上所扮演的角色的种种行为及心理活动都看作人格的表现。

人格是指一个人整体的精神面貌,即具有一定倾向性的、相对稳定的和独特的心理行为模式,包括需要、动机、兴趣、理想、信念、气质、性格、能力等方面内容。它是个体在遗传素质的基础上,通过与后天环境的相互作用而形成的,是具有动力一致性和连续性的自我,是给人以特色的心身组织。简而言之,人格是构成一个人的思想、情感及行为的特有统合模式,这个独特模式包含了一个人区别于他人的稳定而统一的心理品质。

(二) 人格的特点

1. 人格的整体性

人格的整体性是指人格虽有多种成分和特质,如能力、气质、性格、需要、动机、态度、价值观等,但在一个现实的个人身上,他们并不是孤立存在的,更不是简单堆砌,而是错综复杂的,相互联系、交互作用组成一个有机的整体。正常的行动并不是某一特定成分(如性格或能力)运作的结果,而是各部分协调一致朝向一定的目标,为一个整体而动作。人格的整体性表现在人格的内在统一性上,各特质之间的协调整合保证了我们与外界的和谐相处,保证了个体自身的健康完整,同时又是自身发展的前提。人格的统一性是人格健康的表征,一个失去了人格内在统一性的人,他的行为就会经常由几种相互抵触的动机支配,是一种人格分裂的现象,会形成"二重人格"或"多重人格"。

2. 人格的稳定性

稳定性一方面表现为跨时间的持续性,例如,在中学时期喜欢竞争的人,在大学阶段也可能喜欢竞争。另一方面表现为人格特征跨情境的一致性,比如生活中拖拉懒散的人,在工作中一般也不会高效勤奋。当我们说"这像是他干的事儿""三岁看老"的时候,指的就是人们行为方式中的某种稳定性。那些偶然的、一时性的行为表现不能称为人格特征。当然,稳定性是相对的,人格相对稳定并不是说人格是一成不变的,当个体遭遇变化时或者受到学习培育后,会发生部分人格特质的改变甚至整个人格结构的改变,如自我观念、价值观、信仰的改变,因此人格具有一定的可塑性。

3. 人格的独特性

个体的人格是在遗传、成熟和环境、教育等先天与后天因素的交互作用下形成的。不同的遗传、教育环境以及个人的主观努力程度不同,会形成人与人之间的差异性,不仅体现在各人格特质的数量、组合方式上,还体现在每种特质的表现方式上。如有的人开放自然,有的人顽固自守,有的人沉默寡言,有的人豪爽,有的人谨慎等。环境会使某一人格品质在不同人身上表现出不同的含义。如独立性这一人格特质,作为缺乏父母爱护的家庭中成长的孩子,独立带有靠自己努力的含义;而在一个民主型家庭成长的孩子,独立则作为健全人格培养的重要部分。人与人之间没有完全一样的人格特点,"世界上没有两片相同的树叶""人心不同,各有其面",这些都是对人格独特性的描绘。

4. 人格的社会性

人们出生之时只是一个生物学意义上的个体,与其他动物并无本质区别。这时人与人之间的差异性纯粹是生物学的或遗传学的。但出生也就意味着从一个简单的生理环境进入了一个复杂的社会环境之中,要掌握所处社会的行为道德规范、价值观念、信念体系、社会风俗等。社会化是个人在与他人的交往中掌握社会经验和行为规范,获得自我的过程,这种社会化过程在已有的生理基础上赋予了人格更充分的内涵,人格既是社会化的内容,也是社会化的结果,是个体的自然性与社会性基础上的综合。

二、人格的构成

一般认为,人格的心理结构由个性倾向性、个性心理特征和自我意识三部分组成。个性倾向性包括需要、兴趣、信念和价值观等心理成分,是推动个性发展的动力因素,决定着一个人的活动倾向和积极性,集中地表现了人格的社会实质;个性心理特征是个体独特性的集中表现,包括能力、气质和性格等心理成分;自我意识是自我完善的能动结构,充分地反映了个性对社会生活的反作用,是人的心理能动作用的体现,包括自我评价、自我体验和自我控制三方面。在人格结构中,气质与性格是人格的重要方面。

(一)气质——人格的先天基础

气质就是我们平常说的脾气、秉性,是指表现在心理活动的动力方面的、稳定的特征。具体而言,气质是指表现在心理活动的强度、速度、灵活性和指向性等方面的一种稳定的心理特征。人的气质差异是先天形成的,受神经系统活动过程的特性制约。刚出生的孩子所表现出来的差异,如有的爱哭好动,有的安静,主要就是气质上的差异。

根据高级神经系统的兴奋性和抑制性的强度、平衡性、灵活性,将气质分为四种类型:

(1)胆汁质。敏感性低,耐受性高,反应性、主动性强,行为较刻板,情绪好冲动,意志力差,外倾。

(2)多血质。敏感性低,耐受性高,灵活性、主动性强,性格开朗,敏捷好动,情绪兴奋性高,可塑性大,外倾。

(3)黏液质。敏感性低,耐受性高,反应性低,反应迟缓,行为刻板,兴奋性弱,情绪平和,内倾。

(4)抑郁质。敏感性高,耐受性低,反应性和主动性低,反应迟缓,不灵活,情绪体验深刻,易抑郁,内倾。

表 6-1 气质类型及典型心理特征

气质类型	典型心理特征	代表人物
胆汁质	情绪体验强烈、爆发迅猛、平息快速,思维灵活但粗枝大叶,精力旺盛、争强好斗、勇敢果断,为人热情直率、朴实真诚、表里如一,行动敏捷、生气勃勃、刚毅顽强。 弱点是遇事常欠思量,鲁莽冒失,易感情用事,刚愎自用,任性、急躁、暴戾。	张飞 李逵
多血质	情感丰富、外露但不稳定,思维敏捷但不求甚解,活泼好动、热情大方、善于交往但交情浅薄,行动敏捷、适应力强。 弱点是缺乏耐心和毅力,稳定性差,散漫、见异思迁,浮躁、善变。	王熙凤 孙悟空
黏液质	情绪平稳、表情平淡,思维灵活性略差但考虑问题细致而周到,安静稳重、踏踏实实、沉默寡言、喜欢沉思,自制力强、耐受力高、内刚外柔,交往适度、交情深厚。 弱点是行为主动性较差,缺乏生气,固执、刻板、拘谨,循规蹈矩,行动迟缓。	薛宝钗 诸葛亮

续　表

气质类型	典型心理特征	代表人物
抑郁质	情绪体验深刻、细腻持久，情绪抑郁、多愁善感，思维敏锐、想象丰富，不善交际、孤僻离群、踏实稳重、自制力强。 弱点是行为举止缓慢，软弱胆小，优柔寡断，过于敏感，多疑、脆弱、缺乏自信。	林黛玉

　　气质是人的天性，无好坏之分。它只给人们的言行涂上某种色彩，但不能决定人的社会价值。任何一种气质类型的人既可以成为品德高尚的人，也可以成为道德败坏的人。气质也不能决定一个人的成就，任何一种气质类型的人，只要经过努力都能在不同领域内取得应有的成就，反之也可能成为一个碌碌无为的人。大学生要正确对待自己的气质类型，经常有意识地控制自己气质的消极品质，发扬积极品质，有利于形成良好的个性。

相关链接

看戏前的插曲

　　苏联心理学家做过一个实验，故意让四个不同气质的人去看一场晚场戏，以观察其反应。四个人到了戏院时，戏已经开演了。按照戏院规定，演出开始后，观众一般不能再入场擅自走动。检票员建议大家暂时在大厅休息等候，待第一场结束，中间休息时再进去。胆汁质的人性急，当时就与检票员吵了起来，并不顾阻拦强行闯了进去；多血质的人机灵，趁着检票员没注意，悄悄溜到了楼上，恰巧有空座位，就坐下来看戏；黏液质的人性情沉稳，做事有耐心，从不越雷池半步，他按照检票员的要求，耐心地等待，直到第一场结束休息时才进去；抑郁质的人感到十分沮丧，再也提不起看戏的兴趣，转身回家去了。

　　思考：请将自己置身于以上心理学的实验中，自己可能出现什么样的反应？推测你是什么气质类型的人？怎样去发扬自己气质之中积极的一面？

资料来源：陈红英.新编大学生心理健康教程[M].武汉：武汉大学出版社，2008.

（二）性格——人格的核心

　　性格是一种与社会相关最密切的人格特征，它是个体比较稳定的心理特征，是一个人对现实稳定的态度和与之相适应的习惯化了的行为方式的总和。性格表现了人们对现实与周围世界的态度，对自己、对别人、对事物的态度。性格在个人的人格系统中处于核心地位，它决定一个人的活动方向，是个人区别于他人的最主要特征。常用的性格分类有：

　　1. 外向型和内向型

　　按照心理活动指向于外部世界，还是指向于内部世界，可以把人的性格类型分为外向型和内向型。

　　典型外向者兴趣和注意指向外部和外界环境，喜欢也善于交往，热情，活跃，进取，敢说敢做，但缺乏周密思考，冲动性高，缺乏稳重，耐受性差，易变化，粗心。典型内向者兴趣和注意指向自身及其主观世界，内心活动丰富，敏感，细心，喜欢独处，不善交往，含蓄，安静，与人保持一定距离,幻想较多而缺乏行动,常深思熟虑,耐受性强,较少冒失行动,稳重而少冲动性。

典型的外向型和内向型的人并不多,大多数人属于中间型,介于内外向之间,兼有内向和外向的特点。

2. A 型性格、B 型性格和 C 型性格

20 世纪 50 年代,美国心理学家弗雷德曼和罗斯曼根据人们在时间上的匆忙感、紧迫感、好胜心等特点,把人的性格分为 A 型、B 型和 C 型性格。

A 型性格的人具有强烈的进取心和成功意识,时间紧迫感强,生活节奏较快,这类人往往智商较高,能力较强;B 型性格的人则表现平静,与世无争,喜欢不紧张的工作,有耐心,很少有敌意;C 型性格的人把愤怒藏在心里加以控制,在行为上表现出与别人过分合作,原谅一些不该原谅的行为,尽量回避冲突,不表现负面情绪,屈从于权威等。

有研究表明:A 型性格的人容易得冠心病,其发病率是 B 型性格的 2 倍,而心肌梗塞的复发率为 B 型性格的 5 倍。C 型性格的人则易患癌症。

气质和性格是人格的重要心理特征。一个人的人格总是以先天的气质为基础,加以后天的性格刻画,由此可见,气质和性格二者是相互渗透、相互影响、彼此制约的。例如同是勤劳的品质,多血质的人常常是充满热情地去工作,黏液质的人则不动声色、从容不迫地工作。不同的是,性格反映了社会文化的内涵,是后天形成的,有好坏之分,更多受到环境的影响,具有较大的可塑性;而气质更多地受人的神经系统的影响,多半是与生俱来的自然特性,且无好坏之分,虽然在后天的环境影响下也有所改变,但与性格相比,它更具有稳定性,变化比较缓慢。

相关链接

常见的人格测试

1. 九型人格测试

九型人格学是一个有 2000 多年历史的古老学问,它按照人们习惯性的思维模式、情绪反应和行为习惯等性格特质,将人的性格分为九种——1 号性格:完美主义者;2 号性格:给予者;3 号性格:实干者;4 号性格:悲情浪漫者;5 号性格:观察者;6 号性格:怀疑论者;7 号性格:享乐主义者;8 号性格:保护者;9 号性格:调停者。美国中央情报局(CIA)曾使用它,协助探员了解各国元首的行为特质。世界 500 强中的美国通用汽车公司、可口可乐、惠普等企业也早已把九型人格学运用于企业管理。

2. 卡特尔 16 种人格因素测试(16PF)

卡特尔是人格特质理论的主要代表人物,他在其人格的解释性理论构想的基础上编制了 16 种人格因素问卷,从 16 个方面描述个体的人格特征,分别是:乐群性(A)、聪慧性(B)、稳定性(C)、恃强性(E)、兴奋性(F)、有恒性(G)、敢为性(H)、敏感性(I)、怀疑性(L)、幻想性(M)、世故性(N)、忧虑性(O)、实验性(Q1)、独立性(Q2)、自律性(Q3)、紧张性(Q4)。16PF 被广泛用于人力资源管理方面人员的选拔和评定。

3. 大五人格测试(NEO)

大五人格量表是建立在大五人格理论的基础之上,由美国心理学家 Costa 和 McCrae 在 1987 年编制而成,属于人格理论中特质流派的人格测试工具。大五类因素包括:严谨性、外向性、开放性、宜人性与神经质人格特质。

4. 艾森克人格问卷(EPQ)

艾森克人格问卷由英国伦敦大学心理系和精神病研究所艾森克教授编制,通过因素分析归纳出三个互相成正交的维度,从而提出决定人格的三个基本因素:内外向性(E)、神经质(又称情绪性)(N)和精神质(又称倔强、讲求实际)(P),人们在这三方面的不同倾向和不同表现程度,构成了不同的人格特征。艾森克人格问卷是目前医学、司法、教育和心理咨询等领域应用最为广泛的问卷之一。

5. MBTI 性格类型测试

MBTI 性格理论始于著名心理学家荣格的心理类型的学说,共有四个维度,每个维度有两个方向,共计八个方面,分别是:外向(E)和内向(I)、感觉(S)和直觉(N)、思考(T)和情感(F)、判断(J)和知觉(P)。近年来,全世界每年有 200 多万人次接受 MBTI 测试。据统计,世界前一百强公司中有 89% 的公司引入使用 MBTI 作为员工和管理层自我发展、改善沟通、提升组织绩效的重要方法。

6. 罗夏克墨迹测验(RIBT)

由瑞士精神医学家罗夏克于 1921 年设计。共包括 10 张墨迹图片,五张彩色,五张黑白。主试每次按顺序给被试呈现一张,同时问被试:"你看到了什么?""这可能是什么东西?"或"你想到了什么?"等问题。被试可以从不同角度看图片,做出自由回答。主试记录被试的语言反应,并注意其情绪表现和伴随的动作。

7. 主体统觉测验(TAT)

美国心理学家 H.A.Murray 和 C.D.Morgen1935 年编制。由 30 张模棱两可的图片和一张空白图片组成。图片内容多为人物,也有部分风景,但每张图片都至少有一个物。每次给被试呈现一张图片,让被试根据看到的内容编故事。

第二节 大学生人格发展与常见人格异常

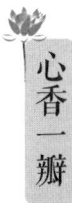

心香一瓣

性格,既不坚固也不是一成不变,而是活动变化着的,和我们的肉体一样也可能会生病。

——[英]艾略特

一、大学生的人格特征

大学生处于成年早期（18～25岁），正是身心急剧发展和自我意识由分化、矛盾逐渐走向统一的特殊时期，这一阶段的主要发展任务是获得亲密感，避免孤独感。大学阶段仍然是人格不断发展的重要时期。

根据国内外心理学家对人格结构的研究，结合我国当代社会发展的现状和实际表现，大学生人格发展中呈现出如下几个方面的特点：

（一）过渡性

根据勒温（K.Lewin）的观点，青年期是由儿童的"心理场"向成人的"心理场"的过渡时期，由于"生活空间"扩大、社会的变迁以及自身社会角色的过渡，造成大学生在新环境中难以确定自己的行为方式。有时觉得自己无所不能，有时觉得自己一无是处，且两者反复出现，使得大学生在过渡时期的情绪常处于动荡状态。

（二）冲突性

这个冲突性首先体现在年龄发展阶段上。进入青年期的大学生，开始摆脱儿童期对自己和外界的简单认识，他们对自我的重新认识受到环境变化、同学竞争的影响，打破了以往的平衡，在内心产生巨大波澜。以人际交往为例，一方面渴望得到尊重与友谊，另一方面却因害怕被拒绝而做出高傲姿态，此为冲突性的表现。

（三）可塑性

青年期是人格走向成熟、由量变到质变的重要时期，在这一时期，受学校、社会等后天环境以及自身知识的积累、生活经历的影响，其人格常会有较大改变，具有较强的可塑性。

二、大学生常见人格缺陷及调适

人格发展缺陷是介于健康人格与人格障碍之间的一种人格状态，表现为人格发展的不良倾向。几乎所有的人在其人格核心（即性格）的某些方面都或多或少存在着缺陷，但这不属于人格障碍。由于性格是人格的核心，人格发展缺陷绝大多数都表现为性格的偏移。常见的人格缺陷有自卑、抑郁、羞怯、孤僻、懒惰、拖拉、冷漠、悲观、依赖、偏激、敏感、多疑、焦虑、敌对、暴躁、冲动、破坏、过于内向等。不良的人格素质会影响大学生心理健康，严重的还会导致心理障碍。

（一）猜疑及其调适

所谓猜疑，一猜二疑，疑是建立在猜的基础上，因而往往缺乏事实根据，有时也缺乏合理的思维逻辑。好猜疑的人往往对人对事敏感多疑,看到同学背着自己说话,疑心是在说自己的坏话;某人没和自己打招呼,便猜他(她)对自己有意见等。这种性格的人往往先主观上有一个假定的看法,然后不自觉地把许多毫无关联的现象通过自己的"合理想象"拉在一起,来证明自己的看法是正确的。但在旁观者看来,他的想法缺乏事实依据,甚至是无中生有。猜疑会导致人际关系紧张、伤害他人感情、无事生非等;自己则会陷入庸人自扰、苦闷、彷徨的不良心境中。培根在《论猜疑者》一文中指出,疑心"使人陷入迷惘,混淆敌友,从而破坏人的事业"。

矫治猜疑的办法:首先,保持头脑冷静,注意调查研究。当产生猜疑时先不要外露,可留心体察所疑的人和事,若猜疑被证实,不会因此感到震惊,当猜疑不成立,则打消疑心。其次,加强沟通,及时开诚布公。猜疑往往是缺乏交流、人为设置屏障的结果,也可能是由于误会或他人搬弄口舌引起的。因此,碰到这种情况应主动和被猜疑者沟通交流,这样有助于消除误会,增进彼此的信任感。再次,抛弃成见和克服自我暗示。要学会全面地看问题,改变封闭式思维方式。

(二)孤僻及其调适

孤僻是指自我孤立、怪僻而不合群的人格缺陷。孤僻通常在以下一些情景中表现得更为突出:别人不愿理睬自己而伤及自尊,与人交往而受到讥讽、侮辱和指责,遇到挫折而产生自卑等情况时,往往就会自我封闭,郁郁寡欢,拒人于千里之外,独来独往,离群索居。孤僻在大学生中也很常见,主要表现是不合群,对周围的人怀有戒备心理或厌烦情绪,做事喜欢独来独往。孤僻的人喜欢把不良情绪积聚于身,严重影响了学习和生活,甚至会产生身心疾病。

孤僻人格的矫正,应注意以下几方面:首先,当事人应充分认识孤僻带来的危害,主动与人交往。古语说,"投桃报李",人际交往具有互酬性,大学生能否与同学建立良好的人际关系,关键在于自己。因此,可以从最简单的主动与同学打招呼开始做起,每天都能主动地与同学愉快地聊聊天,如果这样成为习惯,也就摆脱了孤僻的困扰了。其次,多参加各种文体、社交活动。不要老是把自己束缚在单独活动的小圈里,多参加活动可以扩大交往范围、活跃情绪。随着活跃和愉快程度的提高,孤僻就会在不知不觉中消失。再次,主动关心别人。友谊在于培育,不在于等待;在于奉献,不在于单方索取。如果对别人冷漠,别人也会对你冷漠。冷漠导致疏远,疏远又导致感情上的距离和裂痕。这种冷漠的态度正是孤僻的孪生兄弟。因此,要对同学和朋友经常给予注意和关心,主动提供帮助,这样的人是不会感到孤独的。还要深交几个朋友,重视朋友间的友谊。人的心灵是相通的,完全可以相处得水乳交融,一旦你打开了闭锁的心灵,在感情上与朋友融为一体时,孤僻感就会在这种深厚友谊的暖流中融化了。

(三)悲观及其调适

有些人遇到不如意、失落的情况时便垂头丧气、怨天尤人,如临重任、不挑战便自认无能为力甘愿失败,对前途失去信心而心灰意冷……这些都是悲观的表现。引起悲观的原因,既有人生态度、意志品质方面的,也有认知错误、人格不成熟等因素。有些人则是因为理想破灭、道路坎坷而灰心丧气。有些人常从消极的角度去看问题,总把眼睛盯着弱点和困难的方面,或认为失败无法改变。这实际上是用悲观来对待挫折,结果是"帮助"挫折来打击自己。这种悲观心理的发展,会使人浑浑噩噩、毫无生气,甚至厌世轻生。悲观心理是一种严重的不健康心理,对人身心的危害极大。

为此,德国心理学家皮特·劳特斯特提出了改变悲观、培养乐观的 10 条建议:第一,越担惊受怕,就越遭灾祸。一定要懂得积极态度所带来的力量,要坚信希望和乐观能引导你走向胜利。第二,即使处境危难,也要寻找积极因素。这样,你就不会放弃取得微小胜利的努力。第三,以幽默的态度来接受现实中的失败。有幽默感的人才有能力轻松地克服厄运,排除随之而来的倒霉念头。第四,既不要被逆境困扰,也不要幻想奇迹。要脚踏实地,全力以赴去争取胜利。第五,不管多么严峻的形势向你逼来,你也要努力去发现有利条件。不久,你就会发现,你到处都有一些小的成功。第六,不要把悲观作为保护你失望情绪的缓冲器。乐观是希望之花,能赐人以力量。第七,你失败了,但你要想到,你曾经多次获得成功,这才是值得庆幸的。第八,在你的闲暇时间,努力接近乐观的人,观察他们的行为。慢慢地在你内心点燃乐观的火种。第九,要知道,悲观不是天生的,像人类的其他态度一样,悲观不但可以减轻,而且通过努力还能转变成一种新的态度:乐观。第十,如果乐观态度使你成功了,那么就应该相信这样的结论:乐观是成功之源。

(四) 焦虑及其调适

焦虑是个体主观上预料将会有某种不良后果产生或模糊的威胁出现时的一种不安感,并伴有忧虑、烦恼、害怕、紧张等情绪体验。在这个紧张刺激不断增多、竞争不断增强的社会里,每个人都可能处于一定的焦虑状态,适度的焦虑对于保持生命活力是必要的,这里所说的焦虑主要是指不适当的高度焦虑。被焦虑困扰的大学生常表现出烦躁不安、思维受阻、行动不灵活、身体不舒服等症状。大学生焦虑主要集中在考试和人际关系两个方面。我国大学生的考试焦虑是由对考试的紧张感、自信心缺乏、对考试结果过于担忧、认知障碍等因素造成的,而且女生比男生更易焦虑。一般认为,大学生对人际关系的焦虑与缺乏自信、交往技能差、自尊心过强等密切相关。

不适当的高度焦虑对身心健康是不利的。为此,应增强自信,相信车到山前必有路,总会有办法的;应不怕困难,磨炼意志,无所谓的担忧正是焦虑之本质;应当机立断,积极行动。总之,凡事尽最大的努力,把注意力从担心失败转移到积极行动、争取成功上来。

(五) 虚荣及其调适

虚荣心普遍存在于每一位大学生身上,尤其是女生身上,这是正常的,但一旦过分,则会有害无益。虚荣心往往与自尊心、自卑感联系在一起,没有自尊心,就没有虚荣心,而没有自卑感,也就不必用虚荣心来表现自尊心,虚荣心是自尊心和自卑感的混合物。虚荣心强的大学生一般性格内向、情感脆弱、多愁善感,虽然自惭形秽,却又害怕别人伤害自己的尊严,过分介意别人的评论与批评,与人交往时总有一种防御心理,不允许有稍微侵犯,且常会千方百计地抬高自己的形象,他们捍卫的往往是虚假的、脆弱的、不健康的自我,以致无暇来丰富、壮大真实的自我。

克服虚荣心的措施有以下几个:第一,改变"名誉比生命更重要"的思维方式。名声是虚幻的、抽象的。你不需要他人的赞赏,只要你认为是对的,就可以按照你的心理需求办事,不必去考虑他人会说什么,有什么看法。第二,客观地评价自己。敢于正视自己的不足,建立自信心。第三,调整追求目标。把追求胜过他人的欲望变成追求自我奋斗目标的实际行动。不要以他人的成就为自己的追求目标,而要自己跟自己比,追求比昨天的我更完善的今天的我。正确对待别人的评价。第四,从今天开始,说真话,实事求是,不要用说谎来夸大自己。第五,敢于暴露自己的缺点。选择你最熟悉、最要好的朋友,把你心里的因虚荣而导致的苦闷向他们倾诉。跟他们说说你的缺点,说出来之后你会感到轻松、解脱,且以后不再容易犯同样的错误。

(六) 急躁及其调适

急躁是大学生中常见的不良个性品质。表现为碰到不称心的事情马上激动不安;做事缺乏充分准备,没准备好就盲目行动,急于达到目的;缺乏耐心、细心、恒心。性情急躁之人说话办事快,竞争意识强,容易冲动,心情常常处于紧张状态。日常生活中急躁者常会忙中生乱,祸及自己与他人。大学生中在学习上表现出急躁特点的人为数不少。他们常常什么都想学,而且想短时间内学会,生怕比别人落后,急于求成,但实际效果常常达不到期望的目标,从而泄气、发怒,既影响自己的健康和效率,又妨碍人际交往。

大学生克服急躁的缺点主要有以下几种途径:首先要加强自我涵养,自觉地养成冷静沉着的习惯。在学习、生活中,对是非原则性问题,尽量避免与人发生摩擦以致激化矛盾,把精力用到积极思考之中。其次,改变行为,做到吃饭时间不少于 20 分钟,细嚼慢咽;说话控制语速,想好了再说,不随意打断别人谈话;看书要一字一句细读,边读边想;工作中改掉冲锋陷阵的习惯,不急不躁,有条不紊。另外要学会控制发怒,性格急躁的人容易发怒,应把制怒格言"能忍则自安""退一步则海阔天空"铭记在心,时时提醒自己遇事冷静。最后还可以采取松弛疗法,坚持静养训练,在工作学习之余,常听轻松、幽默、恬静的音乐,赏花悦心,书画静神,打打太极拳,练练气功,闭目养神,使肌肉、神经处于完全放松状态。

(七) 嫉妒及其调适

嫉妒是看见别人某些方面(才华、成就、品质、相貌等)高于自己而产生的一种羡慕,也是不甘心自己落后于别人而恼怒的情感以及由此所导致的相应行为。嫉妒者往往不择手段地采用种种办法打击其所嫉妒的对象,因而会对他人造成有害的影响,对嫉妒者本人的身心健康也会产生不良影响。因此,培根把嫉妒称之为"恶魔",我国诗人艾青把它比喻为"心灵上的毒瘤"。

我们可以通过积极的方式来升华这种人性的弱点。第一，尝试角色替换。设身处地站在自己所嫉妒的人的立场上想一想：要是我处在对方的立场上，取得对方那样的成绩，别人也打击我、憎恨我，我心中将会感觉如何？这样从情感上加以体验，就会认识到错误念头给他人带来的危害，许多杂念、邪念、恶念，就会在萌芽中被抑制住了，并会衷心地祝贺对方。第二，充实生活。对别人的成绩，与其消极嫉妒，或无视事实，夜郎自大，倒不如唯恐落后，急起直追，通过加倍的努力来缩小彼此间的差距，这样可以化消极的嫉妒为积极的进取。第三，帮助你所嫉妒的人。如果你总是处于对立状态来对待对方，对方内心里也会讨厌你，不仅失去了一个优秀的朋友，反倒还多了一个劲敌。如果你反过来帮对方改变不如你的地方，则不但可以改善你们之间的关系，还可以获得对方的帮助，使双方都取得进步。

（八）自我中心及其调适

随着自我意识的发展，大学生越来越感到自己内心世界的千变万化、独一无二，他们越来越多地把关注的重心投向自我，尤其是那些有较强自信心、自尊心、优越感、独立感的学生就比较容易出现自我中心倾向。当这种倾向与一些不健康的思想意识结合时，就会表现出过分的、扭曲的自我中心。过多自我中心的人往往以自我为核心，想问题、做事情，从"我"出发，不能设身处地进行客观思考，颐指气使，盛气凌人，不允许别人批评。这种人往往见好就上，见困难就让，有错误就推，总认为对的是自己，错的是别人，因而他们常不能赢得他人的好感和信任，人际关系多不和谐。

克服过分自我中心的途径包括：第一，树立健康的人生观，自觉地将自己和他人、集体结合起来，走出自己的小天地；第二，恰当地评价自己，既不低估也不高估，既不妄自菲薄，也不自高自大；第三，尊重他人，只有尊重和信任才能获得友谊；第四，设身处地地从他人的角度思考问题，将心比心，真诚地关爱他人，从而做到"我爱人人，人人爱我"。

三、大学生常见人格障碍

人格障碍指人格特征明显偏离正常，使病人形成了一贯的反映个人生活风格和人际关系的异常行为模式。这种模式显著偏离特定的文化背景和一般认知方式（尤其在待人接物方面），明显影响其社会功能与职业功能，造成对社会环境的适应不良，病人为此感到痛苦，并已具有临床意义，常自感精神痛苦。人格障碍的大学生给周围的老师和同学的最明显的印象是难以相处。他们在人际交往方面有明显的困难和持续的不适应。

（一）人格障碍的共同特征

人格障碍多半是由于生理、心理和社会环境等方面的因素共同造成的，其中，家庭和社会因素起着主导作用。人格障碍被看作人格发展过程中的不成熟和产生的畸变，从而导致个体以适应不良的方式持久地对待周围事物和做出极度的情感反应，表现出不健康的或不符合社会规范的行为特征。各类人格障碍都有一些共同的特征：

第一，都有紊乱不定的心理特点和难以与人相处的人际关系。这是各类人格障碍的最主要的行为特征。不论是被动的还是主动的行为差异，都给他人造成极大困扰，甚至带来伤害。

第二，把自己所遇到的任何困难和错误都归咎于命运或他人，不能感觉到自己有缺点需要改正，经常认为社会或外界的一切都是荒谬的，不应该是如此的。

第三，认为自己对别人没有责任可言，对违背社会规范的行为或不道德行为没有罪恶感，即使伤害别人也无所谓，以自我为中心，而不顾及他人的感受。

第四，总是走到哪里就把自己的猜疑、仇视和固有的看法带到哪里，嫉妒心极强，思维意识狭隘，任何新环境的气氛都要受其行为特点的影响。

第五，行为后果常常伤及和致痛别人，使左邻右舍鸡犬不宁，而自己却泰然自若。

第六，对自己的怪癖和不良行为并无自知之明，通常是由他人予以揭知，很少有求助的动机。

（二）大学生常见的人格障碍

在大学生中，典型的人格障碍并不多见，一方面是因为大学生经过了层层选拔，总体上属于较为优秀的群体；另一方面是因为人格障碍的发展要经历一个相当长的时期，而大学生所处的心理发展阶段还不是十分固定。但是随着社会的发展、家庭结构的变化、教育制度的弊端、社会中各种观念的更新等对学生的心理造成不同程度的影响，人格障碍在大学生中还是有诸多表现的，比较常见的有以下一些。

1. 偏执型人格障碍

偏执型人格在大学生中是很常见的一种类型，是一种以猜疑和偏执为主要特点的人格障碍，始于成年早期。表现为：广泛猜疑，常将他人无意的、非恶意的甚至友好的行为误解为敌意或歧视，或无足够根据，怀疑会被人利用或伤害，因此过分警惕与防卫；将周围事物解释为不符合实际情况的"阴谋"，并可形成超价观念；易产生病态嫉妒；过分自负，若有挫折或失败则归咎于他人，总认为自己正确；好嫉恨别人，对他人过错不能宽容；脱离实际地好争辩与敌对，固执地追求个人不够合理的"权利"或"利益"；忽视或不相信与患者想法不相符合的客观证据，因而很难以说理或事实来改变患者的想法。偏执型人格有两种亚类型，一种是相当自负而又猜疑过敏；另一种是胆小怕事而又猜疑过敏。

2. 分裂型人格障碍

分裂型人格障碍是一种以观念、外貌和行为奇特，以及人际关系有明显缺陷，且情感冷淡为主要特点的人格障碍。表现为：性格明显内向，与家庭和社会疏远，多单独活动，社交被动，缺少知心朋友；面部表情呆板，对人冷漠，对批评和表扬无动于衷，缺乏情感体验，甚至不通人情；常不修边幅，服饰奇特，行为古怪；言语怪异，且并非由文化程度或智能障碍引起；爱幻想，独出心裁，脱离现实，有奇异信念（如相信心灵感应、特异功能、第六感等）；有牵连、猜疑、偏执观念及奇异感知体验，如暂时性错觉或幻觉等。他们缺乏亲密的人际关系,缺乏兴趣,体验不到幸福感,情感平淡,沉默寡言,感觉孤单。分裂型人格的基本特点是经常性和持续性的情感平淡和动机不足。他们往往非常孤僻,没有什么亲密的朋友;对于批评或表扬也无动于衷,既不愿与人交往,也感受不到交往的乐趣。

3. 反社会型人格障碍

反社会型人格障碍也称为无情的人格或病态人格,是一种以行为不符合社会规范为主要特点的人格障碍,其情操的缺乏具有根本性。这种类型人格的特征是经常出现不符合社会规范的行为,往往在成年前(18 岁前)就出现品行问题,如经常说谎、逃学、吸烟、酗酒、外宿不归、欺侮弱小;经常偷窃、斗殴、赌博、故意破坏他人或公共财物;无视家教、校规、社会道德礼仪,甚至出现性犯罪行为,或曾被学校除名或被公安机关管教等。成人以后容易出现不负责任或违犯社会规范的行为,例如不能维持持久的工作或学习,频繁变换工作;有不符合社会规范的行为,如经常旷课、旷工;缺乏自我控制,易激惹、冲动,并有攻击行为,如斗殴;对家庭亲属缺乏爱和责任心,不抚养子女或不赡养父母,待人冷酷无情;行为无计划或有冲动性,如经常撒谎、欺骗,以获私利或取乐;极端自私与自我中心,往往是损人利己或损人不利己,以恶作剧为乐,无羞耻感;无道德观念,对善恶是非缺乏正确判断,且不吸取教训,无内疚感。他们具有很强的冲动性和攻击性,对社会的危害性非常大,需要多加提防,尤其要注重做好预防和教育工作。

4. 边缘型人格障碍

边缘型人格障碍是一种较严重的人格障碍,介于神经症和精神病之间的临界状态,以极不稳定的情绪、行为、人际关系和自我形象为特点。女性多于男性。首先,情绪不稳定,可以表现为上一刻好争论而下一刻变得抑郁,强烈的愤怒爆发导致暴力或者行为暴躁。其次,人际关系也不稳定,强烈的时好时坏,要么与人关系极好,要么极坏,几乎没有持久的朋友。害怕被抛弃,不能忍受孤独而疯狂地寻找伴侣,无论自己是否满意,这可能会导致连续的情绪危机,并可能伴有一连串的自杀威胁或者是自伤行为。缺乏持久的自我认同感,自尊心不足,常有持续的空虚感,挫折的耐受性低。患者事先进行计划的能力差,行为不计后果,容易冲动。

5. 表演型人格障碍

也叫歇斯底里人格或戏剧型人格,是一种以过分感情用事或夸张言行去吸引他人注意为特点的人格障碍。表现为:情感体验较肤浅,情感反应强烈易变;暗示性强,意志较薄弱,容易受他人影响或诱惑;自我中心,强求别人符合其需要和意志,不如意时则强烈不满,甚至立即使对方难堪;经常渴望表扬和同情,感情易波动;喜欢寻求刺激,过分地参加各种社交活动;爱表现自己,行为夸张做作,犹如演戏,经常需要别人注意;经不起批评,爱撒娇,任性、急躁,胸襟较狭隘;爱幻想,说话夸大其词,掺杂幻想情节。这种类型的人需要别人经常关注,别人注意会让他感到满足与愉快,而若没人理睬则容易感到空虚和无聊。他们的言语、动作与表情都是比较夸张的,就像演戏一样,力求当场吸引观众而不顾忌其他情况。为了引起别人注意,他们甚至会不惜伤害自己身体、不顾个人尊严,做出难以想象的事情。这样的案例在当代大学生中也是屡见不鲜的。

6. 强迫型人格障碍

强迫型人格障碍是一种以要求严格和完美为主要特点的人格障碍。其特点是做任何事情都要求完美无缺,循规蹈矩,按部就班,不容改变,否则感到焦虑不安,并影响其工作效率;主观、固执,比较专制,要求别人也要按照他的方式做事,否则即感不愉快,往往对他人做事不放心,有时妨碍别人自由;遇到需要解决问题时,常犹豫不决,推迟或避免做出决定;常有不安全感,反复考虑计划是否得当,反复核对检查,唯恐有疏忽或差错;拘泥细节,甚至对生活小结也要程序化,有的好洁成癖,若不按照要求做就感到不安,甚至重做;完成一件工作之后常缺乏愉快和满足的内心体验,相反常有悔恨和内疚;对自己要求过高,但又缺乏自信,容易产生强迫性症状和焦虑忧郁的反映;责任感过强,过分沉溺于职责义务与道德规范,业余爱好较少,缺少友谊往来;常过分节俭,甚至吝啬。

7. 依赖型人格障碍

依赖型人格障碍是日常生活中较为常见的人格障碍,是一种以过分依赖、被动服从为主要特点的人格障碍。它的主要特征是:无主见,在没有从他人处得到大量的建议和保证之前,对日常事务不能做出决策;有强烈的无助感,让别人为自己做大多数的重要决定,如在何处生活、该选择什么职业等;有被遗弃感,明知他人错了,也随声附和,害怕被别人遗弃;无独立性,很难单独进行自己的计划或做自己的事;过度容忍,为讨好他人甘愿做低下的或自己不愿做的事;独处时有不适和无助感,或竭尽全力逃避孤独;难以接受分离,当亲密的关系中止时感到无助或崩溃;很容易因遭到批评或未得到赞许而受到伤害。依赖型人格障碍的产生源于人的自身发展的早期。这类人总是依靠他人来做决定,不能承担起选择和完成各项任务及工作的责任,形成依赖型人格。这种人格障碍更多存在于独生子女中,因为父母过分地溺爱,鼓励子女依赖父母,不让他们有自主和自立的机会,久而久之,在子女的心目中就会产生对父母或权威的依赖心理。

8. 回避型人格障碍

回避型人格障碍最大的特点是行为退缩、心理自卑,面对挑战多采取回避态度或无能应付。其主要表现为:很容易因他人的批评或不赞同而受到伤害;除了至亲之外,几乎没有好朋友或知心人;除非确信受欢迎,一般总是不愿卷入他人事务之中,行为退缩。对需要人际交往的社会活动或工作总是尽量逃避;心理自卑,在社交场合总是缄默无语,怕惹人笑话,怕回答不出问题;敏感羞涩,害怕在别人面前露出窘态;在做那些普通的但不在自己常规之中的事时,总是夸大潜在的困难、危险或可能的冒险。

9. 自恋型人格障碍

自恋型人格障碍是一种以自我中心为主要特点的人格障碍,表现在对批评的反应是愤怒、羞愧或感到耻辱(尽管不一定当即表露出来);喜欢指使他人,也过分自高自大,对自己的才能夸大其词,希望受人特别关注;坚信他关注的问题是世上独有的,不能被某些特殊的人物了解;认为自己应享有他人没有的特权;渴望持久的关注与赞美;有很强的嫉妒心。这种人格障碍多存在于大学生独生子女人群中,由于在家庭生活中,总是习惯以自我为中心,得到家人的宠爱和关注。但是,在学校生活学习中,一旦得不到同学与教师的认可,少了如家人般的宠爱和迁就,就更容易引发或加剧自恋型人格障碍。

10. 情感型人格障碍

主要表现为某种情绪在患者一生中占主导或优势地位。因此它又分为 3 种亚类型:一是抑郁型人格,又称情感低落型人格。其表现特点是情绪持续低落,压抑,郁郁寡欢,多愁善感,常把一些小事的得失看得严重,遇到挫折容易自卑自责,甚至悲观低调。二是躁狂型人格,或称情感高涨型人格。它与抑郁型人格相反,特点是情绪愉快过度,活动过多,精神振奋,表现对人异常热情,好交往,不知疲倦,好管闲事,常做出大量未经深思熟虑的设想和计划,但做事有始无终。三是情感循环型人格,又称环型人格或躁郁型人格。拥有这种人格的群体,抑郁型人格与躁狂型人格的特点反复交替出现,可能无端地抑郁或兴高采烈数日以致几周情感循环变化,时高时低,行为反复无常,通常容易被认为是思想的"冷热病"。

相关链接 ++

吴谢宇弑母、章莹颖案凶嫌——反社会人格有多可怕?

北大学生吴谢宇弑母案,最近已报送福州市人民检察院。吴谢宇承认是自己杀害了母亲,他供述,案发当天,自己趁母亲换鞋的时候,用哑铃砸死了她。至于世人猜测纷纷的弑母原因,他说:"爸爸去世后,妈妈活得很痛苦,我杀妈妈是为了帮助她解脱。"因为他觉得妈妈生活得很痛苦,于是杀死了妈妈,细思极恐。和那些反社会人格的人犯了罪,辩解"都是他们的错"、"我这样做是为了帮助他"之类的说辞听起来特别相似。无论他们作案的手段多么残忍,他们都有自己"合理"的一套解释。

反社会人格又称无情型人格障碍(affectionless personality disorder),是对社会影响最为严重的类型,特征是高度攻击性,缺乏羞惭感。是不是所有的杀人犯都是反社会人格呢? 并不是。关键不在于他们犯下的罪行,而是他们的一个共性——没有愧疚和后悔的情感,换句话说,没有良知。例如,章莹颖案的凶手克里斯滕森在庭审时,拒绝回答有关章莹颖下落的任何问题,他只是低头看着手,或者抬头直视前方,没有流露出任何表情。法官宣布审判结果后,克里斯滕森甚至露出了迷之微笑。此外,有人发现,克里斯滕森还参加过章莹颖祈福活动。站在人群背后的台阶上方,俯视下方举着横幅标语的人群。从吴谢宇的举动看不出他有没有愧疚和后悔,但他在杀害母亲后,冷静地代母亲写辞职信、找亲友借钱、待人与从前并无改变等行为,可见其冷血至极。

反社会人格还有一个突出的特点:善于伪装。这也是他们生活在社会中,不易被人发现罪行的原因。他们冷血,表现得却很热情,他们甚至表现"完美"。只要他们想表现出什么别人想看到的样子,他们基本都可以做到。吴谢宇身边的人对他的评价是,爱打篮球,对人很热情,比较健谈,自律到近乎严苛,是个"完美的人"。克里斯滕森拥有名校物理学博士学位,是伊大物理系助教,在他 3 年零 7 个月的职业生涯里,连续三年得到优秀助教的称号。学生对他的评价是,很冷静,非常聪明,宽和乐于助人,只是稍微有点古怪。一位学生说,他看起来是一个很容易相处的正常人。他们是高智商的,很少向人流露真实情感,表现出来的只是他们想让人看到的样子,所以没有人知道他们心里在想什么,也不会有人怀疑他们犯下的罪行。

反社会人格个体的另外一个重要特点是,缺乏共情能力。他们无法清晰表达自己的情感,也无法真正理解别人的情感。杀害章莹颖后,克里斯滕森曾向妻子炫耀说,章莹颖的遗体永远不会被发现。可见,他对自己的犯罪行为有种极度的自我欣赏,完全不能感受到章莹颖家人的悲痛。正因为他们缺乏同理心,他们的很多关系会出现问题。比如,缺乏正常的社交活动。吴谢宇热情大方,但是朋友很少;克里斯滕森的同事评价他性格孤僻,没有亲密的朋友。一个人如果不能建立正常的人际关系,可能意味着他心理状态有一些问题。比如,他们亲情淡漠。吴谢宇父亲去世后,他和母亲的生活很压抑,母亲控制力强,高度自律,他的内心有着对母亲的恨;克里斯滕森也缺乏亲情,父亲离他的住所仅8小时车程,但父子俩已有很久没见过面了。

反社会人格的问题,有一半取决于基因,如果你感觉到身边有反社会人格的人,千万不要试图去感化他,不要被假象所蒙骗,你唯一要做的,就是默默远离。日本作家东野圭吾说,天底下有两样东西无法直视,一是太阳,二是人心。不要去直视人心,保护自己最重要。

资料来源:搜狐号——育言说 https://www.sohu.com/a/334064282_265591.

第三节　大学生健全人格的塑造

> 人生的主要使命是自我成长,成为与潜能相符的人,人生奋斗目标最重要的成果,就是自己的人格。
>
> ——[美]心理学家艾瑞克·弗洛姆

健全人格是生物进化所赋予人的本性在充分发挥时所能达到的境界,是人类应该追求的价值目标。健全人格立足现实又高于现实,是每一位大学生追求的一种价值目标。大学生应了解健全人格的标准,学习塑造健全人格的方法。

一、健全人格的标准

结合近年来我国学者们的研究,具有健全人格的人应具备以下基本特征:

1. 正确的自我意识

自我意识是个体对自己和自己与他人、周围世界关系的认识。具有健全人格的人对自己有恰如其分的评价，能自我监督、自我调节、自我接纳，充满自信，扬长避短，能有效调节自己行为，与环境保持平衡。既不妄自尊大，也不自轻自贱。

2. 和谐的人际关系

人际关系是在人们的社会实践中形成的人与人之间的相互作用的关系，是社会关系的直接体现，是构成人类社会最普遍、最直接的关系。拥有良好的人际关系，可以释放不良情绪，达到身心健康。是否拥有和谐的人际关系影响着健全人格的形成和发展。

3. 有效的智力发挥

人格健全的人，能把自己的才能有效发挥，并运用到事业上，在学习与工作中，被强烈的创造动机和热情推动，善于创造，且为成功而感到满足与愉悦。

4. 合理的情绪调控

情绪对人的活动和身心健康有重要影响。人格健全的人情绪反应适度，能体验、调节自己的情绪，持较为开朗的心境。当有消极情绪出现时，也能合理地宣泄、排解和转移。

5. 较好的社会适应

社会适应能力反映了人与环境的协调程度。人格健全的人能和社会保持良好的接触，以一种开放的态度关心社会、了解社会，能看到生活阳光的一面，基本上能做到符合社会的期望。来到新的环境，也能较快适应，不怨天尤人。

6. 稳定的内心平衡

人格健全的人，其性格和气质、兴趣和爱好、需要和动机、理想和信念、智能和才能、人生观和价值观都能和谐地发展。他们的内心协调一致，言行统一，能正确评价自己，也能符合社会道德规范，能及时调节个体与外部事件的关系，能始终保持人格的内在统一性。

相关链接 ·+·

国外心理学家看健康人格的标准

对健全人格的理解受人性观、价值取向及方法论的不同而各异。心理学家从各方面描述健康人格的特征，我们来看看他们的描述：

奥尔波特的"成熟者"模式：具有健康人格的人是成熟的人。成熟的人有七条标准：① 专注于某些活动，在这些活动中是一个真正的参与者；② 对父母、朋友等具有显示爱的能力；③ 有安全感；④ 能够客观地看待世界；⑤ 能够胜任自己所承担的工作；⑥ 客观地认识自己；⑦ 有坚定的价值观和道德心。

罗杰斯的"机能充分发挥型"模式：具有健康人格的人是充分起作用的人。充分起作用的人有五个具体的特征：① 情感和态度上是无拘无束的、开放性的，没有任何东西需要防备；② 对新的经验有很强的适应性，能够自由地分享这些经验；③ 信任自己的感觉；④ 有自由感；⑤ 具有极高的创造力；⑥ 能与其他人高度协调。

弗洛姆的"创发者"模式:每个人都有充分利用自己潜能成长和发展的固有倾向。他强调社会变革是产生大量健康者或"创发者"的唯一途径。弗洛姆按照爱他人的能力、思维能力、幸福和良心四个方面考虑"创发者"的特点:① 创发性爱情;② 创发性思维;③ 有真正幸福体验;④ 以良心为其定向系统。

皮尔斯的"立足现实"模式:他认为一个心理健康的人应该是充分地理解并坚定地立足于自己的现实情境的人。只有立足于"此时此地"的人,才是心理健康者。这样的人的人格具有以下特征:① 牢牢地建立在当前存在的基础上;② 对自己有充分的认识和认可;③ 对自己的生活负责的同时,摆脱对任何人所负的责任;④ 完全处在与自我和与世界的联系状态中;⑤ 能摆脱外部调节,进行自我调节;⑥ 能认清、承认并且表达自己的冲动和渴望;⑦ 能够坦率地表达他们的怨恨;⑧ 反映当前情境并被当前情境所指引;⑨ 开放的自我界限;⑩ 不追求幸福。

二、当代大学生健全人格的特征

多数大学生开放独立、个性张扬、思维敏捷,有着强烈的求知欲望和不断实现自我价值的热情;有着良好的公德意识、较强的维权意识和竞争意识,追求独特,不随波逐流,眼界开阔,热情奔放。大学生人格现状的主流是积极、健康、乐观的。然而从健康的角度来看,国内不少学者认为,对于人格尚未完全定型的大学生而言,健全人格的标准首要在于合格,而非优秀,因此认为达成以下的标准,基本就可以认为是合格、健康的人格。

1. 稳定的个性特征

一是指跨时间的持续性,每个人的"自我",即这一个的"我",在世界上不会存在于其他地方,也不会变成其他东西。昨天的我是今天的我,也是明天的我。二是跨情境的一致性,例如一个外向的学生不仅在学校里善于交往,喜欢结实朋友,在校外也喜欢交际,喜欢聚会,虽然他偶尔也会表现出安静,与他人保持一定距离。在这里,善交际、喜欢聚会和言谈就是他的跨情境的一致性。

2. 良好的社会适应性

能够以一种开放的态度,主动关心社会、了解社会,观察所接触到的各种事物和现象,看到社会发展的积极面和主流;在认识社会的同时,能较好地调整个人期望与社会期望的矛盾冲突,保持与社会的协调一致,使自己的思想、行为跟上时代的发展,与社会的要求相符合,能很快适应新的环境。

3. 情绪上能够自控

情绪的可控性标志着人格的健康成熟程度。人格健康者情绪反应适度,自我控制力强,具有良好的调节和控制情绪的能力,能经常保持愉快、乐观、开朗的心境,并富有幽默感,当消极情绪出现时能合情合理地宣泄、排解、转移、升华。

相关链接

如果，让我来总结人类 20 世纪的历史，我将这样写道："人类在 20 世纪最大的悲哀，不是地震，不是水灾，甚至不是原子弹在日本广岛、长崎上空的爆炸，而是芸芸众生，活着然后死去却不知道自己究竟有多大的潜能，人们只知道卡通片的感官欲望的刺激，不知道生命的意义和价值，缺乏理想和信仰，他们在生理上已经衰老，但在心理上却没有满月；他们的躯体已经接近坟墓，但在人格上却没有健全。"

——美国心理学家陆哥·赫胥勒

三、大学生健全人格的塑造

人格的形成、发展、完善是主体与客体相互作用的过程。随着大学生心智的成熟，大学生的人格塑造具有越来越大的主观能动性，表现为对外界影响具有一定的判断与选择性，大学生自身的理想与信念、对自身的认识、对完美人格的向往是大学生塑造健全人格、陶冶性情的强大动力。著名心理学家荣格曾说："影响人格发展的，首先是人的个性化程度，其次才是环境。"因此，大学生健全人格的塑造，需要充分发挥自身的主体作用。大学生在塑造自我健康人格的同时，要求一要服从于自身心身健康和发展的需要，二要服从于现代化建设和社会进步的需要。这是大学生健康人格塑造尺度。

（一）增进自我了解，是人格发展与完善的基础

人格的培育与塑造，其最终目的在于纠正消极人格或人格缺失，发展和培养健康人格。因此，清楚知晓自身的人格特点，认识自己人格中的优点与不足，以便对症下药，解决问题。现在，大学生可以通过多种科学的心理测试来了解自己的人格特质、气质类型、心理状况，在了解的基础上进行优化人格整合，一要择优，二要汰劣。择优即选择某些优良的人格特征作为自己努力的目标，如自信、勇敢、勤奋、坚毅、善良、正直等可作为人格塑造的依据。汰劣即针对自己人格上的缺点、弱点予以纠正，比如自卑、胆怯、抑郁、冷漠、懒散、任性、自我中心等。

（二）加强自我教育，是人格发展与完善的保障

自我教育是大学生人格发展与完善的重要途径之一。自我教育是外在的其他教育与环境综合影响的内化和深化，是人格形成发展过程中由被动向主动转变的关键。其主要内容和方法包括学会自省、增强适应能力、保持良好心态等。

1. 学会自省

大学生在自我教育过程中要学会自省，也就是经常思考和审查自己的思想与言行。除了独自审查自己的言行之外，还要向别人学习，塑造良好的人格；同时也要从别人身上

吸取教训,以此为戒,对照自身是否存在同样的问题,有则改之,无则加勉。值得注意的是,在自我反省过程中,既不要过分地贬低自己,全盘否定自己,也不要自我膨胀、自负,只有全面客观地认识和评价自己,我们才能真正地发现自己的长处和优点,才敢于承认自己的不足与缺点。

2. 增强适应能力

著名心理学家艾夫考指出,适应是个人与环境之间的互动关系,适应能力是个人在与环境互动之中所表现出的心理状态和应对状态。一般而言,大学生的适应能力包含学习适应、人际关系适应、生活适应等。大学生应主动适应大学的学习、生活、人际关系,既可通过书本或向身边优秀的同学学习如何进行人际交往、如何适应大学生活,也可向辅导员、心理咨询老师寻求帮助。

3. 保持良好心态

喜、怒、哀、乐、惧是每个人都会有的体验,这种体验在心理学上称之为情绪。情绪会影响个体的行为,影响人与人之间、人与物之间、人与人本身的关系。因此,管理好自己的情绪并保持良好的心理状态非常重要。情绪管理是个体对自身情绪的一种自我认识、控制和区分。对大学生而言,能否有效地管理好自己的情绪,对于自身的学习、人际关系、身心健康等人格的发展与完善都有重要意义。

(三) 积极参加社会实践,是人格发展与完善的关键

大学生正值求知欲、自我意识、独立意识的发展时期,他们渴望独立,希望通过实践来证明自己。因此,积极参加学校的各类社会实践活动,在实践中检验自己所学的知识是否到位、检验自己的看法与认知是否正确,这有助于加深大学生对社会的认识和理解,也能增强大学生自身的辨识能力与社会责任感,推动大学生人格的发展与完善。此外,社会是个大舞台,每个人最终都要在这一舞台上扮演自己的角色,只有到社会生活中去锻炼,才能把握好自己的角色行为,形成自己独特的人格。因此,大学生在完成好自己学业的首要前提下,应积极参与学校组织的社会学习实践和科研活动,以尽快适应未来社会角色。

(四) 提升抗挫能力,是人格发展与完善的条件

挫折是指人们想要达到某种目标而受到的阻碍和制约,因无法及时克服而产生的紧张、焦虑的状态和情绪反应。抗挫能力则指个体在遭遇困厄和挫折时,能够摆脱困扰,走出困境,也就是能承受得住打击或经得起困苦的能力。大学生提升抗挫能力,对其保持心理健康、养成健全的人格具有重要的推动作用。大学生正值青春年少、精力充沛之时,对未来有诸多美好的理想和愿望且心理期望高。但由于从小学到中学再到大学学习生活环境单纯,人生经历单一,再加上家庭、社会等多种因素的影响,不少大学生缺乏应对挫折的心理准备和勇气,抗挫能力较弱。在生活中一遇到不顺心的事,轻则失落、哭泣、沮丧,重则引发心理疾病、人格障碍、自残甚至自杀。为此,大学生应重视对自己抗挫能力的锻炼和培养,加强对自我面对挫折的教育,如多去聆听抗挫励志教育讲座、学习励志人物身上

坚韧不拔的精神等。同时,遇到挫折要沉着冷静,以正确的立场、观点、方法应对,也可向老师、家人、朋友等求助,逐渐形成自我调节、自我激励、悦纳自我、乐观自信的应对态度。

(五)构建良好的人际关系,是人格发展与完善的必备要素

人际关系所提供的人际支持作为一种重要的弹性资源,是个体调节情绪、降低压力和焦虑、提升主观幸福感的重要因素,也是一个人成功成才的重要条件。和谐的人际关系既是大学生心理健康不可缺少的条件,也是大学生人格塑造的重要途径。

1. 以诚待人,以热情感人

在人际交往中,人们往往都喜欢热情开朗、讲诚信的人。热情给人温暖,能够迅速融化人与人之间的间隔,促进彼此之间相互了解。在人际交往中袒露自己的利益,这样真诚不虚伪的做法合情合理,还能增加对方对你的好感,并容易得到群体或他人的接纳。

2. 相互信任

约瑟夫·鲁曾说:"信任是友谊的重要空气,这种空气减少多少,友谊也会相应消失多少。"这表明信任是人际关系成败乃至个人成败的关键因素。为此,大学生在人际交往中,要做到诚心诚意而不虚情假意,从积极的视角去解读他人的言行和动机而不要胡乱猜疑。

3. 给予对方充分的肯定

现实生活中,人人都渴望被他人肯定和赞美,这是人类普遍存在的对于自尊的需要。有研究表明,在自尊心高度满足的情况下会产生高度的愉悦感,这个时候会更乐于接受对方的意见和观点。一般而言,大学生都具有较强的自尊心,更希望被别人肯定。为此,在人际交往过程中,发自内心的适度肯定对方、赞美对方、尊重对方,对增强人际关系大有裨益。

(六)博学多能,是人格发展与完善的补充要素

纵观历史,我们不难发现那些有重大建树的政治家、教育家、科学家、军事家都不是整天埋头于书堆之中,而是兴趣爱好广泛,博学多能。例如,毛泽东喜欢游泳;布什喜欢骑山地自行车;普京喜欢柔道、游泳、滑雪和骑马;爱因斯坦喜欢拉小提琴;居里夫人喜欢旅行、游泳、骑自行车等。这些例子说明了一点,要发展与完善人格、成就大事,不是只读书就行了,而是要博学多能,拥有多种兴趣爱好。大学生应在书本学习之余,根据自身的性格特点和爱好,积极发展和培育健康的、高尚的、有益于知识增进和人格完善的爱好和兴趣。例如,可以选择音乐、舞蹈等业余爱好,培养自己开朗活泼的性格;也可以选择游泳、足球、武术等运动项目,培养自己勇敢坚韧的性格;此外,还可以通过参加棋类、绘画、书法等活动,培养自己耐心细致的个性品质。

(七)把好人格塑造的"度",是人格发展与完善的保障

人格发展和表现的"度"是十分重要的,否则会"过犹不及"。列宁指出:"一个人的缺

点仿佛是他的优点的继续,如果优点的继续过了应有的限度,表现得不是时候,不是地方,那就会变成缺点。"人格塑造的"度",具体地说,应该是坚定而不固执;勇敢而不鲁莽;豪放而不粗鲁;好强而不逞强;活泼而不轻浮;机敏而不多疑;果断而不冒失;稳重而不寡断;谨慎而不胆怯;忠厚而不愚蠢;老练而不世故;忍让而不软弱;自信而不自负;自谦而不自卑。人格"度"的把握,除了人格品质要健康地发展,避免偏向外,还表现在不同性质的人格品质要协调地发展,即"刚柔兼济",对于"刚"者应多发展些"柔",对"柔"者应加强"刚",这样才能形成合理的、和谐的人格结构。再者要因人、因时、因事、因地表现人格特征,这样所塑造出来的人格才有韧度,有较强的适应能力。

相关链接

坚持到底

一个 23 岁的女孩子,除了有着丰富的想象力之外,与别人相比没有什么不同,平常的父母,平常的相貌,上的也是平常的大学。大学的宽松环境让她有了更多的时间去想象,她的脑海中常会出现童话中的情景:穿着白衣裙的美丽姑娘、蔚蓝的天空、绿绿的草地,当然,还有巫婆和魔鬼……他们之间有着许多离奇的故事,她常常动手把这些想法写下来,并且乐此不疲。

在大学里,她爱上了一个男孩,他的举止和言谈真的和童话里一样,他是她想象中的"白马王子",她很爱他。但是,他却受不了她的脑海中那荒唐的不切实际的想法。她会在约会的时候,突然给他讲述一个刚刚想到的童话,他烦透了这样远离人间烟火的故事。他对她说:"你已经 23 岁了,但你看来永远都长不大。"他弃她而去。失恋的打击并没有让她停止想象和写作。25 岁那年,她带着一些淡淡的忧伤和改变生活环境的想法,来到了她向往的具有浪漫色彩的葡萄牙。在那里,她很快找到了一份英语教师的工作,业余时间继续写她的童话。

一位青年记者很快走进了她的生活。青年记者幽默、风趣而且才华横溢。她爱上了他,并且很快步入了婚姻的殿堂。但她的奇思异想还是让他苦不堪言,他开始和其他姑娘来往。不久,他们的婚姻走到了尽头,他留给她一个女儿。她经受了生命中最沉重的一击。祸不单行的是,离婚不久,她又被学校解聘了,无法在葡萄牙立足的她只得回到了自己的故乡,靠领取社会救济金和亲友的资助生活。但她还是没有停止她的写作,现在她的要求很低,只是把这些童话故事讲给女儿听。

有一次,她在英格兰乘地铁,她坐在冰冷的椅子上等晚点的地铁到来,一个人物造型突然涌上心头。回到家,她铺开稿纸,多年的生活阅历让她的灵感和创作热情一发不可收拾。她的长篇童话《哈利·波特》问世了,并不看好这本书的出版商出版了这本书,没想到,一上市就畅销全国,达到了数百万之巨,所有人都为此感到震惊。

她叫乔凯特·凯瑟琳·罗琳,她被评为"英国在职妇女收入榜"之首,被美国著名的《福布斯》杂志列入"100 名全球最富有名人",名列第 25 位。

每个人都会有想象，但想象最终总被岁月无情地夺去，只留下苍白而又简单的色彩。成功与失败的分水岭其实就在于能否把自己的想象坚持到底。

资料来源：周爱农.80个故事助你塑人格[M].郑州：河南科学技术出版社，2013.

心理自测

PDP 性格测试（简易版）

PDP(Professional Dynamitic Program)是行为风格测试的一项工具，是指一个人天赋中最擅长的做事风格，是全球涵盖范围最广、精确度最高的，是目前知名企业在人才运用上的最佳管理工具。国内俗称五种动物性格测试。PDP根据人的天生特质，将人群分为五种类型：支配型、外向型、耐心型、精确型、整合型；又将五种类型的个性特质形象化，将这五类人群分别称为"老虎""孔雀""考拉""猫头鹰""变色龙"。

请回答以下30个问题，问题答案分别对应1～5分，即：非常同意得5分；比较同意得4分；差不多同意得3分；有一点同意得2分；不同意得1分。

提醒你注意一点，回答问题时不是依据别人眼中的你来判断，而是你认为你本质上是不是这样的，看看问题吧。

题　目	非常同意	比较同意	差不多同意	有一点同意	不同意
1. 你是一个值得信赖的人吗？					
2. 你个性温和吗？					
3. 你有活力吗？					
4. 你善解人意吗？					
5. 你独立吗？					
6. 你受人爱戴吗？					
7. 你做事认真且正直吗？					
8. 你富有同情心吗？					
9. 你有说服力吗？					
10. 你大胆吗？					
11. 你精确吗？					
12. 你适应能力强吗？					
13. 你组织能力好吗？					
14. 你是否积极主动？					
15. 你害羞吗？					

续　表

题　目	非常同意	比较同意	差不多同意	有一点同意	不同意
16. 你强势吗?					
17. 你镇定吗?					
18. 你勇于学习吗?					
19. 你反应快吗?					
20. 你外向吗?					
21. 你注意细节吗?					
22. 你爱说话吗?					
23. 你的协调能力好吗?					
24. 你勤劳吗?					
25. 你慷慨吗?					
26. 你小心翼翼吗?					
27. 你令人愉快吗?					
28. 你传统吗?					
29. 你亲切吗?					
30. 你工作足够有效率吗?					

评分规则:

5、10、14、18、24、30 题得分加起来是"老虎"分数:＿＿＿＿＿＿＿＿＿

3、6、13、20、22、29 题得分加起来是"孔雀"分数:＿＿＿＿＿＿＿＿＿

2、8、15、17、25、28 题得分加起来是"考拉"分数:＿＿＿＿＿＿＿＿＿

1、7、11、16、21、26 题得分加起来是"猫头鹰"分数:＿＿＿＿＿＿＿＿＿

4、9、12、19、23、27 题得分加起来是"变色龙"分数:＿＿＿＿＿＿＿＿＿

结果解释:

假若你有某一项分数远远高于其他四项,你就是典型的这种属性;假若你有某两项分数大大超过其他三项,你是这两种动物的综合;假若你各项分数都比较接近,你是一个近似完美性格的人;假若你有某一项分数特别低,就需要在那一种动物属性的加强上下工夫。

1. 老虎型(支配型)

"老虎"一般企图心强烈,喜欢冒险,竞争力强,目标一经确立便会全力以赴。它的缺点是在决策上较易流于专断,不易妥协,较容易与人发生争执摩擦。如果下属中有"老虎"要给予他更多的责任,如果上司是"老虎"则要在他面前展示自信果断的一面。中外名人中毛泽东、朱镕基以及前英国首相撒切尔夫人为较典型的老虎型,德国为老虎型人数最多的国家。

2. 孔雀型(表达型)

"孔雀"热情洋溢,口才流畅,重视形象,善于人际关系的建立。缺点是容易过于乐观,往往无法估计细节,在执行上需要专业的技术精英来配合。对孔雀要以鼓励为主,保持他的工作激情,但也要注意他的情绪化和防止细节失误。孙中山、克林顿、里根、戈尔巴乔夫、王石、马云都是这一类型的人,美国是孔雀型最多的国家。

3. 考拉型(耐心型)

"考拉"属于行事稳健,温和善良,在别人眼中常让人误以为是懒散不积极,但只要决心投入,绝对是"路遥知马力"的最佳典型。对"考拉"要多给予关注和温柔,想方法挖掘他们内在的潜力。甘地、宋庆龄、蒋经国等都是此类型的人,一般而言,宗教信仰者都是"考拉",而中国也是考拉型的摇篮。

4. 猫头鹰型(精确型)

"猫头鹰"传统而保守,分析力强,精确度高,个性拘谨含蓄,谨守分寸忠于职责,但会让人觉得"吹毛求疵"。"猫头鹰"清晰分析道理说服别人很有一套,处事客观合理,只是有时会钻在牛角尖里拔不出来。古代断案如神的包青天正是此种类型的典范。大多数科学家、职业经理人和财务人员都属于猫头鹰类型性格。日本是这个类型人数较多的国家。

5. 变色龙型(整合型)

"变色龙"中庸而不极端,韧性极强,善于沟通,能充分融入各种新环境且适应性良好,他们懂得凡事看情况场合。周恩来总理、美国前国务卿基辛格、诸葛亮都是这种类型。中国香港和中国台湾是"变色龙"较多的地区。

互动训练

1. 看我走过来

目的:在游戏中通过展示自己"走过去"的形象,提升自信,展示具有个性的自我形象。

操作:

(1) 事先准备一些球、花、书、报等能够表现生活、学习、运动等场景的实物,以及不同风格的背景音乐。

(2) 活动开始前,给每位成员5~10分钟的创意设计与准备时间,鼓励每个人投入活动,特别对内向、自卑、胆小的成员,既要激励又要尊重,让其放下包袱,投入体验。为了避免部分成员因紧张而怯场甚至拒绝参与,可以允许两人、三人一起组合"走过来",甚至提供面具。

(3) 活动开始时,主持人宣布,请每一位成员面对大家,从10米外"走过来",在"走过来"时,可以运用各种道具,但不允许重复别人的表现方式。

(4) 所以成员都走完后,评选出"最自信""最热情""最幽默""最佳创意""最具活力""最佳搭档"等奖项。

(5) 为了营造现场气氛,可以播放背景音乐,事先多准备一些道具供成员选择用,当成员"走过来"时全体可以鼓掌激励。在评选"最佳奖"时注意评选比例,以激励为目的。

(6) 最后进行集体交流,分享感受。

2. 优点轰炸

目的:学习发现别人的优点,学会欣赏别人,培养积极健康的人格特质,促进成员之间的互相肯定和接纳。

操作:

(1) 成员按小组坐好,每个小组发一张报纸,用报纸折一顶帽子,请一位同学坐在小组中央,将帽子戴在头上,接受小组其他成员的轰炸。

(2) 小组每位成员轮流说出他(她)的优点及所欣赏之处(如性格、相貌、待人方式等),被轰炸者要真诚地对赞扬他的人说"谢谢"。

(3) 赞扬的时候必须称赞别人的优点,称赞要具体,态度要真诚,要努力地去发现别人的长处,不能毫无根据地吹捧,反而会伤害别人。

(4) 结束后,成员在小组内讨论,被称赞时哪些优点是自己以前觉察到的,哪些是自己以前所不知道的。被人称赞时的感受如何? 称赞别人时感受如何?

3. 突出重围

目的:培养成员克服困难的信心、勇气,以及坚持到底不服输的性格品质,塑造健全人格。

操作:

(1) 以 15～20 人为一组,所有成员手拉手围成一个圈,这个圈被称为"包围圈"。

(2) 主持人讲解游戏规则:假定你被敌人包围了,情况十分危急,包围圈是由许多人手拉手围圈而成。要求你尽快想办法冲出围圈。可采取钻、跳、推、拉、诱骗等任何方式(以不伤害人为原则,且不可对外围成员进行过分的暴力攻击),力求突围挣脱,冲出包围圈;其他成员则站立,手拉手围成一个包围圈;外围的成员必须要尽全身气力、心计,绝不让被围者逃出;若圈内的成员从某两个成员手拉手的缝隙中逃出,则这两个相邻的成员双双要进入圈内作为被包围者。

(3) 游戏开始,主持人可通过随机抽号的方式,让一名成员站在包围圈团体中央开始游戏。倘若被围的成员灰心失望,一时冲不出"包围圈",则主持人可增加两名成员到圈内作为"突围者",其他的成员可鼓励他继续努力。一段时间后,换其他成员。

(4) 分享突围的感受。讨论:闯关突围会令人想起什么? 突围者成功了几次,失败了几次,为什么会失败? 突围者在游戏中感觉如何? 单兵作战容易吗?

(5) 游戏过程中,务必注意场地安全,最好在草地上而不要在坚硬的水泥地面上。在做游戏的时候,一定要向成员讲清楚可能会发生的碰撞以及跌倒等问题,要大家做好预防,事先须注意移去危险器物。另外,有健康顾虑者(如先天性心脏病、心脏功能欠佳者等)不要参加,以防意外发生。

4. 魅力测试站

目的:协助成员认识在人际交往中受欢迎的人格特质,并帮助成员检视自身的人格特质,发展受人欢迎的特质,克服不良特质。

操作:

(1) 主持人描述情景:你参加了一个夏令营,在这个夏令营里你结识了很多性格迥异的人,有真诚的、善解人意的、乐于助人的、体贴的、热情的、善良的、活泼开朗的、风趣幽默的、聪明能干的、自信的、心胸宽阔的、脾气古怪的、不友好的、饶舌的、自私自利的、自负傲慢的、虚伪的、恶毒的、不可信任的、性情暴躁的、孤僻的、冷漠的、固执的、心胸狭隘的,等等。(可通过 PPT 将以上性格同时展示出来,方便成员查看)

(2) 组织成员进行讨论:你最不愿意和哪三种人做朋友? 最愿意和哪三种人做朋友? 并简要地说明理由。同时,请每位成员在心底对自己做一个评判(不需要说出来),你认为自己最类似于以上哪两种人? 优点、缺点各选一个。然后仔细倾听其他成员对此的评价,从而了解自己的性格在人际交往中的受欢迎程度。

(3) 主持人根据成员的发言,记录下每种性格的魅力指数。最愿意和某三种人做朋友。那么根据喜欢程度的高低,这三种性格分别记 3、2、1 分;反之,最不愿意和某三种人做朋友,那么根据讨厌程度的高低,这三种性格分别记 -3、-2、-1 分。所有成员发言完后,计算每种性格的总分,得出该性格的人际魅力指数。

(4) 组织成员进行分组讨论"如何培养最受欢迎的三种性格",以及"如何克服最不受欢迎的三种性格"。

5. 漂流瓶

目的:利用团队的力量为自己塑造健全人格出谋划策。

操作:

(1) 活动分为 4～6 人的小组若干,每一位小组成员事先准备好一个空的饮料瓶和白纸,主持人介绍活动,请每位成员认真思考后,写出人格方面的困惑和烦恼,并将纸条卷起来塞入饮料瓶里,可自行选择是否匿名。

(2) 成员依次将饮料瓶放入每个小组事先准备好的团体心理活动箱里,并在活动箱上备注各小组标识。

(3) 以小组为单位,把每个小组成员的"求助信"在全班范围内"漂流",每位成员负责对"漂流"到自己手里的"求助信"献策,并在策略末尾写上自己的名字。如果不愿意留下自己的名字,可以不留;但是要尽量多地把"漂流瓶"传到不同成员的手里,每人不必拘于只献一计。

(4) 最后,根据活动箱上小组标识进行"物归原主",小组成员拿回自己的漂流瓶,可自行选择是否在全体成员面前把自己收获到的"计策"进行交流和共享。

(5) 请向为自己提供可行又有效的方法的成员表示你的感谢。走过去,握手并真诚地说"谢谢你"(或者用你自己的方式表达)。

(6) 如果时间充裕,主持人应该就这些"方法"和"建议"进行讨论,让成员能更好地知道提出解决问题的办法时应注意哪些方面,如何使自己的"建议"和"方法"更为有效。

拓展资源

心理学网站：

1. 壹心理-世界和我爱着你 https://www.xinli001.com

2. 心理频道-教育部中国大学生在线 http://xinli.univs.cn

3. 每天一点心理学 http://www.psyeveryday.com

心理学电影：

1.《当幸福来敲门》(2006)

2.《少年派的奇幻漂流》(2012)

电影片段

心理学书籍：

1. 阿弗雷德·阿德勒:《自卑与超越》,曹晚红译,中国友谊出版公司,2018 年。

2. 卡伦·霍妮:《我们内心的冲突》,田伟华译,九州出版社,2019 年。

3. 古斯塔夫·勒庞:《乌合之众》,马晓佳译,时代文艺出版社,2019 年。

4. 周虹俊:《人格魅力——你的核心竞争力》,上海交通大学出版社,2014 年。

心理学课程：

1. TED 演讲 https://open.163.com/ted/

2. 哈佛大学公开课:幸福课 http://open.163.com/special/positivepsychology/

第七章

左右逢源　身心愉悦

案例导读

　　大二女生林同学,情绪消沉、说话低声细语,羞怯而不自然。她自称经常无法入睡,睡眠质量很差,无法坚持学习,心情很糟糕。经仔细询问深谈才知道她与同学关系不和,致使自己孤独苦闷。林同学来自于河南省一个偏僻乡村,父母均是农民,母亲积劳成疾,患有多种慢性病,家庭比较贫困,姐弟二人。她性格内向,不善言语,喜欢独来独往,很少与人交往。但她从小很节俭,从不与同学攀比,学习刻苦,成绩优异。然而自上大学之后,她发现以前的生活方式完全不适合大学生活。她想融入班集体中,却不知道如何与人交往,怎样处理宿舍同学之间、班级同学之间的人际关系,这使她伤透了脑筋。一年多来,她和班上同学相处很不融洽,跟同宿舍人曾经发生过几次不小的冲突,关系相当紧张。她经常独来独往,基本上不和班上同学交流,集体活动也很少参加,与同学的感情淡漠。她觉得自己没有一个能相互了解、谈得来的知心朋友,常常感到特别的孤独和自卑,长期的苦恼和焦虑使她患上了神经衰弱症。经常的失眠和头痛使她精神疲惫,体质下降。她本想通过埋头学习的方法来减轻痛苦,然而,事与愿违,由于她学习精力很难集中,效果很差,成绩急剧下降,后来竟出现考试不及格的现象。她感到恐慌,失去了坚持学习的信心。这种心理使她逐渐对大学生活失去了兴趣,迷失在自己编织的网中,一度出现自暴自弃的现象。

资料来源:http://blog.sina.cn/dpool/blog/s/blog_c1e4f9df01030sdr.html.

想一想:

(1) 我们该如何看待林同学?

(2) 如果你遇到类似的问题,你该怎么办?

本章概要

1. 认识人际交往的特点和价值;

2. 了解大学生人际交往中常见问题;

3. 掌握人际交往的方法。

第一节　人际交往概述

人类的心理适应,最主要的就是对于人际关系的适应。所以人类的心理病态,主要是由于人际关系的失调而来。

——丁瓒

随着经济与科技的快速发展,大学生在社会及校园生活中会遇到各种各样的问题,人的一切活动都离不开人际关系,当代大学生正处于发展时期,大学生由于对正确的价值观、人生观、世界观没有概念,缺乏社会经验和处理人际关系问题的能力,很多大学生在人际关系中,由于缺乏经验和正确的判断,处理不好人际关系的问题,可能会使身心受到伤害。大学生作为实现伟大复兴的中国梦的重要群体,建立良好的人际关系,不仅对身心的健康发展有益,更为进入社会前打下了坚实的基础。

一、什么是人际交往

在现实生活中,每个人都无法回避与别人的交往,也是在交往过程中了解和发展了自我。良好的人际关系是一笔宝贵的财富,学习人际交往,是大学生的人生必修课。

人际交往是大学生健康成长的基本条件。戴尔·卡耐基曾说:"一个人事业的成功,只有百分之十五是源于他的专业技术,另外百分之八十五是基于人际关系和处世的技巧。"

人际交往指人们运用语言或非语言符号交换意见、传达思想、表达感情和需要等交流过程。人际交往反映着人们寻求需要满足的心理状态,包括物质交往和精神交往两方面。

人际关系是交往的结果,交往双方的情感需要得到满足,人际关系就能保持平衡,使人感到愉快。对于大学生来说,人际交往的对象主要是亲人、朋友、同学和老师。

二、人际交往的价值

(一) 人际交往是基本心理需要

对于刚刚离开家庭、步入大学的新生来说,获得良好的人际关系,是其适应新生活的重要标志。对大学新生的调查显示,许多同学进入大学后,"最希望得到的是理解和友谊"。同学之间的相互关心和帮助,有助于他们较快地熟悉新的环境,减少对父母的依赖感。

(二) 人际交往是社会化的重要方面

"每个人学会走出自己,与别人联结后,能让所有人受益。"美国哈佛大学教授 Robert Putnam 在他的著作《独自打保龄球:美国社区的崩溃与复苏》中这么说。他认为,对个人的发展、社会的进化而言,新朋友可以教会我们新东西,引导我们走向新的机会。

今天的同学将很可能是明天的同伴与朋友。同学情、师生情可以延伸到今后的事业中,并将对今后的家庭生活、个人事业提供良好的帮助,人与人之间的沟通使得很多工作出现质的飞跃。

(三) 良好的人际关系是幸福感的来源

幸福感是心理健康的重要体现,健康的个性总是与良好的人际交往状况相伴随的,人际关系和谐、融洽,会给人带来充实与幸福,能充分调动人的积极性;当人际关系状况失调时,就会给人带来烦恼与忧伤。

相关链接 ·+·

幸福的来源是关系

身为心理咨询师和作家的毕淑敏 2009 年 5 月在杭州做了一场《都市快报》读书会。来之前,毕淑敏先给读者出了一道题目:谁是世界上最幸福的人?

《都市快报》组织方先征集了读者的答案,然后将答案汇总给毕淑敏。毕淑敏将《都市快报》读者的"幸福答案"分发给了到场的听众,请每一个人选择里面的一条,模拟原始作者的心情,尽量幸福地读出答案。

话筒和答案纸在一个个人手中传递,人们认真地聆听他人的幸福,有的时候还要动用自己的智慧,补足这份幸福。

当所有的答案朗读完毕后,毕淑敏又请大家举手投票,选出里面最幸福的三条。最终,以下三条入选:

"我是一名在校的大学生,我认为当一个常年在外的儿子回家时,喊着'妈妈,我回来了',妈妈总是轻轻地'哎'一声,我感觉到这个时候她是世界上最幸福的人。"

"年老的时候,能和所爱的人一起背靠背地赏星看月,同读一首诗,同听一首歌是最幸福的人。"

"在晚霞下,执子之手。"

毕淑敏动情地说:"这些胜出的答案,甚至包括所有的答案,都无关金钱,没有人说,中了 500 万最幸福;也没有人说,住进了 200 平方米的房子最幸福。因为没有一样物质的东西直接等于幸福。"

其实,我们不难看出,幸福就在人际关系中。

资料来源:黄丽.校园成长列车——献给大学生的心灵礼物[M].杭州:浙江科学技术出版社,2009.

三、大学生人际交往特点

大学生的生活范围主要是在环境单纯的大学校园内,人际交往相对简单。一般来说,大学生人际交往方式有如下几个方面的特点。

(一)交往的迫切性

随着大学生生理、心理的逐渐成熟,他们的交友需要日益显现。大学生的主要任务是为走向社会做职业前阶段的专业基础准备,现代社会发展对人际交往的能力提出了更高的要求,从而更增强了大学生的社交意识。

(二)交往的理想化

人际交往最基本的愿望在于希望从交往对象那里获得亲密和归属的需求。大学生渴望真诚纯洁的友谊,在交流信息、沟通感情等方面容易以理想的标准要求对方,现实中的交往对象不可能完美,导致很多大学生对他们的人际关系状况不满,感觉缺少知心朋友。

(三)交往的敏感性

大学阶段处于心理发展的重要时期,对于外界刺激的反应相对敏感,家人或朋友无意的话语就能引发他们强烈的情绪波动。处于青春期的大学生对于异性会有好奇和向往,若没有得到及时回应也容易产生很深的挫败感。

(四)交往的平等性

每个人在人格上都是平等的,没有人愿意和骄傲自负的人做朋友。大学生有较强的独立和平等意识,倾向于精神的交流和沟通,也希望交往对象能有同样的情感投入。

(五)交往的不成熟

大学生在择友和交往中常常缺乏交往技巧,认识和评价他人时容易带有主观、极端倾向,凭感觉交朋友;或是对于自己存在认知偏差,表现为人际交往的不自信等。

相关链接

鸽子搬家

一只鸽子老是不断地搬家。它觉得,每次新窝住了没多久,就有一种浓烈的怪味让它喘不上气来,不得已只好一直搬家。它觉得很困扰,就把烦恼跟一只经验丰富的老鸽子说。老鸽子说:"你搬了这么多次家根本没有用啊,因为那种让你困扰的怪味并不是从窝里发出来的,而是你自己身上的味道啊。"

寓言启示录:与别人格格不入,问题来自于自己! 有些人会不断埋怨别人的过错,指责别人的缺点,他们觉得周围的环境和人处处和自己作对;或者是认为自己"曲高和寡",一般人无法理解自己丰富而深刻的思想。实际上,他们没有意识到真正的问题不是来自于周围,而是来自于他们自己。

资料来源:郑文红.大学生心理委员培训教程[M].北京:新世界出版社,2010.

四、大学生人际交往的影响因素

人际交往源于人与人之间的相互接纳和喜欢,怎样才能被人接纳和喜爱是一个古老而有生命力的问题。人们为什么会相互吸引呢?

(一) 相邻吸引

虽然地理位置不是人际交往的决定因素,但无疑是一个有利的条件。人们生活的空间距离接近,决定了人们能认识和双方接触的机会,交往的频率高,更有可能成为朋友。

相关链接

人际关系的时空接近性效应

美国心理学家费斯廷格等人以麻省工学院宿舍的已婚大学生为实验对象,研究他们之间的友谊与住处远近的关系,在学年开始时,他们让各户搬到新的住宅,互不相识。经过一段时间以后,研究者调查每户新结交的三位最好朋友。结果发现,从互不相识到入住一段时间后结交为新朋友,几乎离不开四个接近性特征:① 是邻居;② 是同楼层的人;③ 是信箱靠近的人;④ 是走同一个楼道的人。由此看来,经常见面是友谊形成的一个重要因素。

资料来源:莎伦·布雷姆.亲密关系[M].北京:人民邮电出版社,2005.

(二) 相似吸引

态度相似是人际吸引的主要因素。人们大多喜欢与跟自己在某方面相似的人交往。相似点多,心理上会比较接近,共同语言较多,由此产生的亲近感,会激发彼此交往的愿望,容易产生情感上的互动。

相关链接

人际关系的态度相似性效应

社会学家纽科姆曾以大学新生为对象进行过一项实验,对态度相似程度与吸引力的关系进行了研究,他为参加研究的大学新生提供免费住宿。在住进宿舍前,研究者先给这些彼此不认识的被试实施态度、价值观和个性特征等测验,分配一部分特征相似的学生住在一起,另一部分特征相异的学生安排居住在一起。结果发现,一起居住的特征相似的学生倾向于彼此相互接受和喜欢,并成为好友,而特征相异的学生虽然朝夕相处,还是难以相互喜欢并建立友谊。为什么观点、态度、个性相似的人容易相互吸引呢? 费斯廷格的社会比较理论解释为:人人都具有自我评价的倾向,而他人的认同是支持自己评价的有力依据,具有很高的报偿和强化力量,因而产生很强的吸引和凝聚力。

资料来源:章志光.社会心理学[M].北京:人民教育出版社,1996.

(三) 外貌吸引

外貌对人际交往的影响是显而易见的。在日常交往中,外表英俊、美丽的人,比较容易建立起良好的第一印象,并在很大程度上影响到交往的兴趣。"美即是好的",好看的人同时被认为在其他方面也是优秀的。

但是在选择终身伴侣时,对外貌的要求明显降低,人们更重视的是个性品质等内在特征。

相关链接

外貌的辐射效应

心理学家兰迪等人在 1974 年进行了一项实验研究,他们让男性被试评价有关电视影响社会的短文,被试被告知短文的作者都是女性。论文的客观质量有好坏两种,实验分为有魅力组、无魅力组和控制组。有魅力组的被试接到的短文附有作者照片,照片为一个公认有魅力的女性,无魅力组所附的照片则是没有魅力的女性,控制组所读的短文没有附照片。结果表明,由于辐射效应的作用,同样的文章,当被认为是有魅力的作者写的时候,得到的评价更高,文章本身质量并不好时尤其如此。

资料来源:章志光.社会心理学[M].北京:人民教育出版社,1996.

(四) 互补吸引

在人际交往中,双方的需要和期望正好互补时,往往会产生强烈的吸引力。"刚柔相济"指的是两个性情不同的人，却能和谐相处。生活中互补性是在一定程度的相似性基础上发挥作用的。男性与女性，由于性别和个性能互补相悦，容易相互吸引。

相关链接 ＋－＋－＋－＋－＋－＋－＋－＋－＋－＋－＋－＋－＋－＋－＋－＋－＋－＋－＋－＋

人际交往互补性效应

苏联的一些心理学家，对气质相同的人合作的效果和气质不同的人合作的效果进行了比较研究。结果发现，两个强气质的学生组成的学习小组常常因为对一些问题各执己见，争执不下而影响团结；两个气质弱的学生在一起，又常常缺乏主见，面面相觑，无可奈何。只有两个气质不同的学生组成的小组，团结搞得最好，学习效果也最显著。

资料来源：戚昕.大学生心理健康教程[M].北京：人民邮电出版社，2010.

（五）人格吸引

人格特征包括一个人的个性、能力、价值观等，能力强的人往往使人产生钦佩感，具有吸引力。但能力差别太大或太小，吸引力也会减小；群体中最有能力的成员往往不是最受大家喜爱的人。能力超凡会构成一种让人倾向于逃避的压力，一个有才华同时又会犯些小过错的人更具魅力。真诚、可信、智慧、体贴等都是受人高度喜欢的个性品质。

相关链接 ＋－＋－＋－＋－＋－＋－＋－＋－＋－＋－＋－＋－＋－＋－＋－＋－＋－＋－＋－＋

"完美"的人未必受欢迎

心理学家林斯做过这样的一个实验，让4组大学生分别听4个不同的自我报告录音。第一组大学生听到一个优秀大学生的自述：他学习优秀、擅长运动、相貌英俊，现在他在煮牛奶，牛奶煮得恰到好处。第二组大学生听到的内容几乎和第一组一样，只是他牛奶煮沸了，寓意他生活能力一般。第三组大学生听到的报告是：他学习不好，身材矮小，没什么特长，现在他在煮牛奶，但牛奶煮得很好。第四组大学生听到的报告几乎与第三组相同，只是他牛奶也煮沸了。实验最后调查四组大学生对报告中人物的喜欢程度。结果第二组打分最高，其次是第一组，再次是第三组，第四组打分最低。实验说明，人们并不喜欢完美的人，一些无伤大雅的缺点反而让人觉得更贴近生活实际、更可亲。

资料来源：胡月.大学生心理发展辅导与实践[M].大连：大连理工大学出版社，2011：157.

第二节　大学生人际交往常见问题

关于人际关系的艺术，如果有所谓成功的秘诀，那就是有站在对方立场审时度势的能力，即由他人的观点看事情，如由你自己的观点看事情一样。

——戴尔·卡耐基

同学们来自五湖四海，个性、生活习惯、兴趣爱好和价值观念千差万别，有时甚至语言都难以相通，平时生活中的一些小事便容易引发分歧和矛盾。大学生需要正确面对人际交往中可能出现的问题，积极调节自己。

一、人际认知中的偏差效应

（一）首因效应

人际交往都是从首次印象开始的，最初的印象给人留下的记忆最深刻，对以后的交往也将产生强烈的影响，这就是首因效应。但是，第一印象的信息是十分有限的，随着时间的变化、认识的深入，人们才能把不完整的信息贯穿起来，形成一定程度的整体印象。因此仅凭第一印象来评价他人，往往比较偏颇。

相关链接

首因效应

国外心理学家曾做过一个实验，编了两段描写一个叫吉姆的学生的材料。第一段说吉姆外出买文具，邀请了两个同学做他的参谋，一路上有说有笑，还不时地与遇见的同学打招呼，尽管其中有些同学甚至连名字都叫不出。第二段则说吉姆放学后单独回家，不愿和同学结伴而行，路上遇见了同学，因怕交往，就躲到一边去了。这位心理学家选择了一百名中学生，分成四组。第一组学生只看第一段材料，他们一致认为吉姆是个性格外向、好交往的人；第二组学生只看第二段材料，他们一致认为吉姆是个性格内向、不好交往的人；第三组学生先看第一段材料，再看第二段材料，结果78%的人认为吉姆是个性格外向的人；第四组学生先看第二段材料，再看第一段材料，结果82%的人认为吉姆是个性格内向的人。

资料来源：樊富珉、王建中.当代大学生心理健康教程[M].武汉：武汉大学出版社，2006：164.

（二）晕轮效应

晕轮效应指的是人际交往中,在掌握对方信息资料不足的情况下做出总体判断的结果。在晕轮效应下,当对某人产生良好印象后,便认为这个人什么都好,好像是被一个积极的光环笼罩着;而如果我们开始讨厌一个人,他身上所有的缺点也被放大,好像一无是处。

相关链接 ++

晕轮效应

心理学家哈罗德凯利曾做过一个实验。他告诉一班大学生有一位讲师要来为他们上课,要求他们听课结束后对讲师做出评价。接着,他简要地介绍了这位讲师的情况。他把班里的学生分为两组,对一组说这位教师是"相当温和的人",对另外一组学生说这位教师是"相当冷淡的人"。当这位讲师上课结束后,凯利要求学生们在一组"态度量表"上评价这个教师。虽然全班学生在同一时间听同一人的课,但每一个学生的评价却明显地受到原先暗示的影响。听说该老师"相当温和"的学生更倾向于把他看成一个不拘小节、和蔼可亲、受欢迎的人,而听说该教师"冷淡"的学生则相反。并且前一部分学生有56%在课堂讨论中积极与该教师接触,后一部分学生只有32%投入班级讨论。在人际交往初期,人们往往会利用少量的资料信息对别人做出广泛的结论,出现晕轮效应。

资料来源:戚昕.大学生心理健康教程[M].北京:人民邮电出版社,2010.

++

（三）刻板印象

刻板印象指人们存在的某些固定化认识,影响着对他人的认识和评价。刻板印象有利于对某一群体做出概括性的评价,但容易产生简化信息的偏差,造成"先入为主"的成见。例如,大家通常认为北方人豪爽、南方人精明;认为男性比女性更愿意从事独立和冒险的工作,而女性感情更加脆弱、迷信和顺从。

刻板印象有利于提高人们加工信息的速率,有些情境要求你基于最低程度的信息对他人迅速做出判断,但倘若在非本质方面做出概括而忽视了人的个别差异,就会形成偏见,做出错误的判断。

相关链接 ++

刻板印象

戴维·汉密尔顿和罗伯特·吉福德让被试阅读关于A组成员和B组成员的信息,提供的关于A组成员的信息量是B组的两倍,这样就使B组成员在研究中成了"少数群体"。另外,所提供的信息中,适宜行为的信息量也是不适宜行为的两倍,适宜行为主要是这样的叙述:"约翰,A组成员,到医院探视了一个生病的朋友。"不适宜行为则是这样的叙述:"鲍勃,B组成员,在地铁站乱扔垃圾。"尽管在组员和消极、积极行为的比例之间并没有任何关联,被试却建立起了联系,高估了B组成员不适宜行为的频率。研究中,少数群体的成员(其被描述的机会只是多数群体成员的一半)和不适宜行为(其出现频率只是适宜行为的一半)都是被试社会认知中特殊的方面,导致了两者之间的错觉相关。

资料来源:斯蒂芬·弗兰佐.社会心理学[M].北京:世纪出版集团人民出版社,2010.

(四) 超限效应

由于刺激过多、过强和作用时间过久而引起心理极不耐烦或反抗的心理现象,称之为"超限效应"。超限效应告诉我们,在人际交往中,同学朋友间出现了一些误会和不愉快时,不要反复针对一件事批评或是指责他人,这样容易引起他人的反感,影响人际关系的质量。

相关链接

美国著名幽默作家马克·吐温有一次在教堂听牧师演讲。最初,他觉得牧师讲得很好,使人感动,准备捐款。过了10分钟,牧师还没讲完,他有些不耐烦了,决定只捐一些零钱。又过了10分钟,牧师还没讲完,于是他决定一分钱也不捐。到牧师终于结束了冗长的演讲,开始募捐时,马克·吐温由于气愤,不仅未捐钱,还从盘子里偷了2元钱。

资料来源:张振肇.大学生心理发展手册[M].西安:电子科技大学出版社,2009.

(五) 投射效应

投射效应是指在人际交往中,总是假设他人与自己有相同的爱好或倾向,"以小人之心度君子之腹"就是一种典型的投射效应。我们自己是什么样的人,就会认为别人也是什么样的,一个爱发脾气的人,就会认为是别人常惹你生气,每一件事都可能变成你愤怒的理由;一位想作弊的同学总感觉到别的同学也都想作弊,倘若自己不作弊就吃亏了,求得心理上的暂时平衡。

相关链接

宋代著名学者苏东坡和佛印和尚是好朋友,一天,苏东坡去拜访佛印,与佛印相对而坐,苏东坡对佛印开玩笑说:"我看你是一堆狗屎。"而佛印则微笑着说:"我看你是一尊金佛。"苏东坡觉得自己占了便宜,很是得意。回家以后,苏东坡得意地向妹妹提起这件事,苏小妹说:"哥哥你错了。佛家说'佛心自现',你看别人是什么,就表示你看自己是什么。"

资料来源:http://baike.baidu.com/view/388011.htm.

二、人际交往障碍

（一）社交自卑

案例导读

- -

　　长期在单亲家庭生活的刘磊性格内向，有些孤僻，缺乏安全感。入大学以来，他发现大学生活和高中不同了，身边的同学总是三五成群，凑在一起聊天，有说有笑，自己显得十分土气，不会说普通话，没有拿得出手的特长，从来没有摸过电脑，没有可以说的上话的朋友。在教室里，本来想和坐在旁边的同学打个招呼，可是发现自己根本不敢正视别人的眼睛，想要张口时又把话给咽回去了，嘴唇都颤抖起来。因为感觉与人打交道真的很难，也很痛苦，干脆不做努力了。

　　社交自卑是人际交往中的自卑感，是对自己的能力及品质的评价偏低而产生的不如别人的自我意识。人们是在社会比较中加深对自己以及自己与周围关系的认识。自卑者往往错误认识自己，将自己某一次的失败或某方面的缺陷扩大化，觉得自己和别人比什么都不行。一个人形成自卑心理后，往往怀疑自己的能力，不敢表现自己的能力，怯于与人交往，形成不良的人际关系，而不良的人际关系又反过来加深自卑感。社交自卑感严重的人在社交场合表现出拘谨、退缩等行为，害怕出丑，心理承受力弱，只有被动地守护自尊心，这些都妨碍一个人积极而恰如其分地与他人交往。

　　人际交往自卑的原因主要有以下三种：

　　1. 自我认知不足

　　过多的自我否定，在交往中丧失了自信，很难交到朋友，就更加的自我封闭；有些大学生的期望过高不切实际，总想保持自己的完美形象，对于失败没有心理准备，一旦出现不如意就灰心丧气，不相信自己，抑制了能力的正常发挥。

　　2. 经历挫折

　　如果一个人童年时期经常遭受过多指责或批评，容易导致自卑心理的产生，加上可能生理上有部分缺陷招人嘲笑，总觉得别人不可能喜欢自己，对于交往缺乏信心。消极的反馈与失败的积累会挫伤锐气，使其在冷漠与嘲笑中形成自卑心理。

　　3. 内心孤僻

　　孤僻往往是由性格内向引起的，内向的人不善言谈，不愿在公开场合表现自己，把自己和周围的人隔离开来，导致孤独感的产生。内向孤僻的人在与人交往时显得害羞，他们过分在意别人的评价，担心自己的表现不好，怕给别人留下不好的印象，于是就把自己封闭起来，但是内心孤独，渴望与他人的交往。

相关链接

　　人人都自卑。形成自卑的过程大约有两种。一是在小时候跟成人的比较过程中,都有不如成人的深刻体验;再加上某些不太利于成长的环境,自卑的状态就可能凝固在心里。二是每个人对自己的事情都比较了解,对别人的事情比较不了解,在自己的视野下,神秘地被赋予一些同样神秘的力量或者光环。

　　自卑源于所有生物都具有的攻击性。这种攻击性的呈现方式,就是在心理和行为层面,时时、处处跟他人比较。比较就是竞争,竞争就是在智力和体力上对他人实施攻击。

　　自卑者的攻击多半是在其内心里完成的。在面对一个他假想的竞争对手时,攻击性自动发射。如果对手显得比自己强大,攻击性就很快朝向自己,便出现自卑者都有的内心世界,自责、压抑、焦虑或者恐惧。这个复杂而迅速的过程,自卑者和旁人通常都察觉不到。

　　表面看来,自卑是瞧不起自己。但是,如果一个人从来没有把自己跟别人比较之后而瞧不起别人,那也就不会有在比较之后的瞧不起自己。换句话说,没有攻击别人,也就不会有技不如人的结果和失败后的自卑了。

　　有一点点自卑,不是一个太大的问题。过度自卑却可能对生活的方方面面都产生不良的影响。过度自卑者的外在表现形式可以完全相反。有些自卑者,毫不掩饰自己的自卑,经常在自己的言行中呈现弱小和胆怯;另一些自卑者,则"自欺欺人",他们外在的表现形式,却是自鸣得意、目空一切的自傲和自信。

　　跟过度自卑的人打交道,是一件危险的事情。因为他们的极大的攻击性不是消失了,而是转向了自身,一旦有了时机,这些攻击性便会以出人意料的方式攻击他人。我们看到的事实就是,有些人自卑到了经常受欺负的程度,而当他们忍无可忍反击的时候,通常是"一鸣惊人"。

　　内向攻击的表现,或者说自卑的表现,证明这个人的人格水平已经发展到很高的阶段。比较而言,总是向外释放原始攻击性的人,则处在心理发展的较低阶段。极端例子是反社会型人格,他们不断地攻击他人和社会,跨越法律的边界,往往会受到法律的制裁。

　　一个著名大学的研究生告诉我,他如何如何自卑。具体地说就是对自己的一切,包括长相、身材、智力、成绩等都不满意,而且还对自己使用了很多尖刻的贬义词,我听了都替他心痛。有一次我感慨地对他说:"你实在是太瞧不起人了啊!"当时他听了很吃惊。几个月后他告诉我,他回去仔细体会了这句话的含义,开始学习瞧得起或者说欣赏别人,奇迹般的效果是,慢慢地他都忘了自己的自卑了。

　　这句话等于是说:每个人都不必通过瞧不起他人来瞧不起自己。苍天在上,它会毫不吝啬地给予那些抬举别人的人以抬举自己的力量。

——曾奇峰

（二）嫉妒

案例导读

　　小婷和小婕是某艺术院校大三的学生，同在一个宿舍生活。入学不久，两个人成了形影不离的好朋友。小婷活泼开朗，小婕性格内向，沉默寡言，小婕逐渐觉得自己像一只丑小鸭，而小婷却像一位美丽的公主，心里很不是滋味，她认为小婷处处都比自己强，把风头占尽，时常以冷眼对小婷。大学三年级，小婷参加了学院组织的服装设计大赛，并得了一等奖，小婕得知这一消息先是痛不欲生，而后妒火中烧，趁小婷不在宿舍之机将小婷的参赛作品撕成碎片，扔在小婷的床上，小婷发现后，不知道怎样对待小婕，更想不通为什么她要遭受这样的对待。

　　嫉妒是人类普遍具有的一种情感体验，古希腊斯葛多派哲学家认为，嫉妒是对别人幸运的烦恼，是一种由不愉快、愤怒等组成的综合性负性情绪体验。

　　在人际交往中嫉妒心理的表现主要是对他人的长处、优势心怀不满，学习上因为竞争失败产生嫉妒心理；生活中因为家庭经济状况不佳对家境较好的同学产生嫉妒心理；在生理条件上有因长相平平或身材不佳，对生理条件优越的同学产生嫉妒心理等。

　　嫉妒心理产生的原因是社会比较，在能够比较出好坏或高低的领域内都可能引发嫉妒，比如能力、金钱、容貌和机遇等。嫉妒心理产生源于两种错误的认识：一是认为别人取得了成绩，就说明自己没有成绩，别人成功了就说明自己失败了；二是认为别人的成功就是对自己的威胁，是对自己的利益的侵害。

　　在大学校园里，嫉妒会引起人际关系疏离、紧张，严重地影响正常的人际关系，也不利于自身的身心健康与发展。容易嫉妒的人需要调整自己与他人比较的距离，不要把别人的优势都看作对自己的威胁，而要真诚地把欣赏他人，靠着自己的不服输去改善自己目前的状况。

（三）猜疑

案例导读

　　小敏19岁，大一学生，是班级的组织委员，她来到咨询室谈起了她和同学的关系，她说自己配合团支书做很多班级的活动，学院的活动很多都需要她来组织同学们参加，可是支持她工作的同学越来越少了，大家都找理由不去。她总在抱怨现在大学生的自私自利，没有一点集体荣誉感。她还谈到有些同学开始和她关系好，后来就逐渐冷漠，她说她觉得那些同学开始和她亲近是因为她班干的身份可以帮他们办事。小敏很担心自己的人际关系状况，不知道应该如何与同学维持好友谊。在咨询中了解到小敏家庭关系不是很和睦，因为她是女孩，父亲一直对她不满意，犯了一点小错误就训斥半天，所以小敏从小就觉得自己很渺小，性格上过分敏感多疑。

猜疑是由主观推测而产生不信任的复杂情感体验，是一种过于敏感的消极心态，猜疑者过分关注自己，自我暗示强烈，带着固有成见从某一假想目标出发，脱离实际地去理解生活中的事情。比如室友在开心地聊天，正好在她回宿舍的时候聊完了，她便认为室友肯定是在议论自己。

产生猜疑主要有三方面原因：一是思维封闭，对信息的摄取范围很小，将一切推理判断建立在自己设想上。二是对他人缺乏信任，看似怀疑别人，实际上是自信心不足。三是挫折经历，在早期的人际交往中有不愉快的经历，比如以前由于轻信别人，在交往中受过骗，蒙受了巨大的物质或精神损失，遭受了重大感情挫折，使得自己失去了对他人的信任，产生防御心理，正所谓"一朝被蛇咬，十年怕井绳"。

猜疑会使大学生之间关系产生裂痕，甚至发展到对立。为了减少猜疑，大学生应以客观事实代替主观臆想，切勿轻信他人的流言，而应主动与别人沟通，用开诚布公的交谈来消除误会和隔阂。

（四）交往恐惧

案例导读

小磊上大学之后，从不多与人讲话，与人讲话时总是低着头，眼睛躲闪，一说话脸就发烧，心里怦怦跳，大家和他说话非常费劲，听不清他说的内容，感觉他的声音是在喉咙口又缩回去了。他不愿与班上同学接触，觉得别人都对他不好，他尤其怕接触女生。在寝室里，只要有别的寝室同学过来，就会不知所措，赶紧离开寝室，不参加寝室和班级任何活动，又不去聚餐，上课时不敢朝黑板方向看，老师所讲的内容经常听不明白。由于这些毛病，小磊极少去社交场所，很少与人接触。自己曾试图克服这个毛病，用意志控制自己，但作用都不大。他自己也很苦恼，来到心理咨询中心请求帮助。

交往恐惧是指在社交时出现的一种带有恐惧色彩的情感反应，表现在与人交往显得特别紧张，面红耳赤，两眼不敢正视对方等，与人交谈时显得语无伦次，甚至不敢开口。

在人际交往中，会出现不同程度的恐惧心理。主要原因有以下两种：一是早期生活中缺乏社交经验，如可能家长要求孩子在家学习，平时很少有时间和同伴们在一起玩；或是因为父母常年在外工作，从小到大和祖辈生活在一起，导致缺乏安全感。二是创伤经验，许多人对自己有过高的要求和目标，偶尔失败就容易自卑，对外界反应敏感。如在人际场合有不愉快的体验，结果把失败的后果和影响无限扩大，过度否定自己的潜能，害怕再遭受失败，产生了恐惧的条件发射。

要克服社交恐惧，首先要战胜的是自己，要知道每个人都不是完美的，都会有不足之处，不要盲目夸大别人的优点而觉得自己一无是处，克服社交自卑，增加交往的愿望。也可求助于专业的心理辅导老师,通过做一些克服社交恐惧的适应性心理训练,改变个性中的消极因素,克服交往恐惧心理。

(五)以自我为中心

案例导读

萧雨是一位大一的女生,家境富裕,父母视她为掌上明珠,从小事事都顺着她,迁就她。上大学之后,萧雨和另外三位同学住一个寝室,她总喜欢对其他同学指手画脚,甚至发号施令,她认为同学都应该听她的,都应该围绕她转。开始室友都碍于情面,还不好意思和她翻脸,可是时间一长,寝室的三个人都不怎么搭理她了,她们三个一块儿去上课,一起去吃饭,干什么事都不叫她。萧雨觉得她们做得太过分了,居然敢疏远她。于是,寝室气氛越来越紧张,矛盾也越积越多。

有些大学生以自我为中心、只关心个人的需要,看不起其他同学,听不进和他不同的意见。遇到问题或困难时,总是习惯于把自己的责任推卸干净,总是会抱怨别人。

在相处时总爱挑毛病,别人做得再好也会被指责,这种人带着攻击性,带着放大镜挑毛病。但是没有人愿意被人家挑毛病,这种个性特征常常会挫伤别人的自尊心,让人没有安全感,造成交往的紧张、压抑,易使他人敬而远之。

以自我为中心的根源是因为内心不够强大,才会以这种强势的外表来掩饰自己。其实每个人都需要坦然面对自己的不足,虚心接受他人的批评和建议,才能在人际交往中拥有平和的心态。要把别人作为一面镜子来反射自己,从别人的评价中认识自己,同时抛开偏见接纳别人,就能逐步摆脱自私心理的束缚。

第三节　大学生人际交往的方法

心香一瓣

假如你有一个苹果,我有一个苹果,彼此交换后,我们每人都还是一个苹果。但是,如果你有一种思想,我有一种思想,那么,彼此交换之后,我们每个人都有两种思想,甚至两种思想发生碰撞,还可以产生出两种思想之外的其他思想。

——萧伯纳

人际关系的好坏不是一个简单的技巧问题,它反映了个人的成长经历、生活环境,融合了个人的性格特点,是需要在生活中逐步学习的一种特殊技能。

一、人际交往技巧

大学生在协调人际关系时,不仅要把握影响人际关系的相关因素,而且要善于运用正确的原则和方法去协调人际关系,有效地防范和解决各种人际冲突。

(一)真诚待人

社会生活中的每个人,在不同的情景下都扮演着不同的角色,但这并不代表我们就要把自己真实的态度、情感隐藏在面具之下,也不是随意地想说什么就说什么,想做什么就做什么,而是应该在当前的情境中,在责任和期待的要求下,找到平衡点,既不委屈自己也不伤害别人,选择双方都可以接受的方式去表达自己的想法和感想,所以这和毫无顾忌的真实是不同的概念。比如在不同意对方观点时,可以表达为:"可能你的想法有你的道理,其实我也有一些不同的经验,想和你聊聊",而不是直接表达为"我觉得你的想法是错误的",前者会产生更好的沟通效果。在交往中有勇气承认自己的错误也是真诚的表现,在自我批评的时候,无形中增强了对方的自尊心。

相关链接

战国时的魏文侯,有一次曾对管理猎场的人说,两天后,我要到此来打猎。那一日,文侯与臣僚们饮酒,正饮了一半,文侯却停下了酒杯,说:"天不早了,我要出去。"臣僚们惊讶道:"外面正下着雨,我们这里饮酒又很快乐,你干什么走?不要走!"文侯说:"我两天前与虞人(管理猎场的人)约好的今天去打猎,不管怎么说,不好失约啊!"

资料来源:金戈.每天自我反省5分钟[M].北京:中国言实出版社,2004:203.

(二)尊重和宽容

在交往中互相尊重是建立在平等基础上的,不能觉得自己高高在上,也不要认为自己就低人一等,只有平等待人,人们交往才会有愉快满足之感。那些优越感很强、喜欢炫耀自己的大学生多数人际关系较差,他们即使能力很强,也无法发挥,因为不坚持交往平等原则的人,是不会被他人所欢迎和接纳的。

人际交往中,尊重不只是一条原则,而是要通过行为表现出来。比如每次聚会时守时,温和地表达自己的观点,减少对他人的指责,努力去理解对方的处境和难处,在对方遇到问题时愿意伸出援助之手等,一个真心尊重别人的人,也一定能赢得别人的尊重。

相关链接

华盛顿当总统时,他从不愿意用他办公桌上的叫人铃像下命令似的传唤人来,十次里有九次都是自己到助手办公的房间去,在偶尔传唤别人的时候,一般都到他自己办公的橡树厅门口去接。

他处理白宫的日常事务时,总是这样体贴别人,一点也不以尊长自居,他之所以能够使周围的人对他忠心耿耿,真正的原因即在于此。

资料来源:金戈.每天自我反省5分钟[M].北京:中国言实出版社,2004:203.

(三) 主动交往

大学生有强烈的交往愿望,也希望在他人眼中保持良好的自我形象。初入大学校园面对着新老师新同学,要努力去表达自己,每个人都希望别人能比自己更主动些。很多事情你不主动去做,他人并不了解你的意图,付出真心和热情是主动交往的第一步,有利于减少待人接物的不周之处。

相关链接

狮子和老虎之间爆发了一场激烈的冲突,到最后,两败俱伤。狮子快要断气时,对老虎说:"如果不是你非要抢我的地盘,我们也不会弄成现在这样。"老虎吃惊地说:"我从未想过要抢你的地盘,我一直以为是你要侵略我。"

资料来源:文书锋.大学生心理健康通识[M].北京:中国人民大学出版社,2010:79.

(四) 倾听

语言沟通是最重要的交往方式,我们通过语言传递思想、态度和感情。用心倾听又是语言沟通中最重要的技巧,"倾耳以听"反映出的是一种沟通的专注和重视的态度。倾听过程中,要注意以下两点。

(1) 看着对方的眼睛或面部,保持目光交流,身体前倾表示理解,适时做些提问,表示对对方谈话的兴趣和关注。

(2) 在对方表达时不轻易打断对方,不论你是否赞同对方的观点;当对方没有询问意见时,我们也不要急于给出问题的解决办法,可能对方只是想倾诉而已。

相关链接

美国著名的主持人林克莱特在一期节目上访问了一位小朋友,问他:"你长大了想当什么呀?"小朋友天真地回答:"我要当飞机驾驶员!"林克莱特接着说:"如果有一天你的飞机飞到太平洋上空时,飞机所有的引擎都熄火了,你会怎么办?"小朋友想了想:"我先告诉飞机上所有的人绑好安全带,然后我系上降落伞,先跳下去。"

当现场的观众笑得东倒西歪时,林克莱特继续注视着孩子。没想到,接着孩子的两行热泪夺眶而出,于是林克莱特问他:"为什么要这么做?"他的回答透露出一个孩子真挚的想法:"我要去拿燃料,我还要回来!还要回来!"在听这个故事的中间,其实大家都犯了一个相同的错误,以为这个孩子是个自私的家伙,然而在主持人的诱导下,最后大家才明白了孩子的真正意图。这则故事其实告诉我们关于倾听的启发,你听到别人说话时,你真的听懂他说话的意思吗? 如果不懂,就请听别人说完吧,这就是"听的艺术"。

资料来源:http://blog.sina.com.cn/s/blog_4b0bed7d010007mf.html.

(五)适当的自我表露

自我表露是指个体在和他人交往时,自愿地在他人面前表达自己的想法,允许别人了解真实的自我,这对于保持心理健康极为必要。学会自我表露,坦诚地向交往对象透露自己的一些秘密,对于促进良好的人际关系大有好处。从来不表露自己的人很难和他人建立起亲密关系,如果把自己的一切表露无遗,也会使他人感到压力,阻碍人际交往。

二、人际交往艺术

(一)赞扬和微笑

威廉·詹姆斯说:"人性中最深刻的禀赋,是被人赏识的渴望。"赞美是种奖赏,是强化对方身上的闪光点。赞美意味着我们学会用积极的眼光看待他人,当你学会将赞美传递给身边的朋友时,你会发现自己的收获远远多于你的付出。

行为胜于言论,微笑是一种让人感到愉快的表情,它可以缩短人与人之间的心理距离。对人微笑就是向他人表明:"我喜欢你,我喜欢见你",这样的赞扬和微笑会让对方获得一种"重要人物的感觉"。

(二)增减效应

在人际交往中存在着增减效应,即交往中他人的态度变化,影响着我们对他人的评价。如果他人一开始不喜欢我们,慢慢地对我们的好感逐渐加深,那么我们对于他们的评价很高。而相比那些一直喜爱我们的人,渐渐地喜欢我们的程度越来越低,我们最容易感到不满。在生活中,一些关系很好的朋友正是因为关系稳定之后,容易忽视对方的感受,导致了关系的破裂。

相关链接

先抑后扬

社会学家阿伦森和林德通过实验比较"一直待人很好""一直待人很差"及"从一种态度转变为另一种态度"这三种人给人的印象,他们要求学生跟一名实验合作者交往,固定见面数次。然后让合作者向主试报告他对受测学生的观感,并刻意安排让受测学生"意外地"偷听到此项报告。结果发现,学生喜欢一直打赞美报告的合作者,不喜欢一直表示批评不满的合作者,但最受他们喜爱的,却是在实验过程中对他们的意见由逆而进展为顺的合作者。这种现象的发生,可能跟个人期望有关。刚开始的负面态度,令别人对彼此的交往期望甚低,而后来的正向转变,却使人有大出意外之感。在期望以外的友谊,自然是更值得珍惜和尊重。

资料来源:马家辉.爱与不爱之间[M].北京:世界图书出版公司,2006:99-100.

(三) 互惠原则

人际交往本质上是一种社会交换,需求关系是人际交往的核心,双方通过对物质、精神的交换使各自的需要得到满足。互惠原则是指交往双方在满足对方需要的同时,也得到对方的给予,双方的交往关系因此能继续发展。如果一方只索取,不给予,交往就会中断;互惠性越高,交往双方就稳定、密切。

相关链接

回音谷

儿子对妈妈说:"我不想上学了,学校里的老师同学都对我不好,从不关心我的需要。"妈妈把儿子带到山上,叫他对着对面的山峰大喊"我恨你"。儿子照办,妈妈又叫儿子再朝山峰大喊"我爱你"。儿子照办,瞬间即传来了同样的回音——我爱你。儿子终于明白了人际之道,重新建立积极的人际关系。

人际交往的确跟回音谷的效果一样,你向对方发出什么样的呼声,对方自然传回什么样的回音。你关心别人,尊重别人的存在和需要,必定会得到同样的爱护与尊重;你对别人冷淡和无礼,必遭受别人相同的恶劣对待。孟子说:"恶声至,必反之",就是这个道理。

资料来源:马家辉.爱与不爱之间[M].北京:世界图书出版公司,2006:61.

(四) 保持适度距离

在人际交往中需要保持适度距离,是指大学生要学会尊重每个人的自我空间。在交往中适当地表露自己,不过度依赖他人,该自己做决定的方面不能指望他人。同样,也要明确清晰的交往界限,保护别人的内心世界和隐私,即使关系再密切,都要学会保持适当的心理距离。

(五) 登门槛效应

心理学研究表明,一下子向别人提出一个较大的要求,人们一般很难接受。但如果逐步提出要求,不断缩小差距,人们就比较容易接受,这就是登门槛效应。这主要是由于人们在不断满足小要求的过程中已经逐渐适应,意识不到逐渐提高的要求已经大大偏离了自己的初衷。人们都希望在别人面前保持一个比较一致的形象,因此在接受别人的小要求后,再拒绝别人就变得更困难了。例如,当我们劝说同学改变生活习惯时,可以先提出一个较小的要求,比如"每天只是锻炼 10 分钟"或者"一个礼拜打扫一次寝室",当对方答应小要求后再进行进一步的劝说。

(六) 遵守社交礼仪

注重社交礼仪,是人际交往中对人尊重、友好的做法,在交往中使自己的穿着、谈吐举止符合自己的身份和交往的情景。通过礼仪这一交往艺术,能够传递友好和尊重,更能够获得对方认可。在交往初期注意给对方留下良好的第一印象,这对今后交往活动将产生重要的影响。

心理自测

你的人际交往能力如何?

下面是人际交往能力的简易自测题,每个题目请选择一个你认为符合自己实际想法的选项。

1. 人际关系中我的信条是(　　)。

A. 大多数人都狡诈虚伪,不可为友

B. 人群中有一半是狡诈的,一半是善良的,我选择善良者为友

C. 大多数人是友善的,可与之为友

2. 我已约定与朋友逛街,但因太累而失约了。在这种情况下我感到(　　)。

A. 无所谓,对方肯定会谅解我

B. 有些不安

C. 我很想了解对方是否对自己有不满的情绪

3. 一位朋友告诉我一件很有趣的私事,我会(　　)。

A. 朋友一离开,随即与他人议论此事

B. 尽量为其保密

C. 根本没有考虑过要继续宣传此事

4. 我交朋友的途径一般是(　　)。

A. 必须经过相当长的时间,而且还相当困难

B. 经过熟人的介绍

C. 在各种社交场合都能交到朋友

5. 对于朋友的优缺点,我喜欢(　　)。

A. 诚实地对他提出批评意见

B. 既不奉承也不批评

C. 诚心诚意地当面赞扬他的优点

6. 当朋友遇到困难时,我觉得（　　）。

A. 别人叫我帮忙我会帮他,但我不会主动帮忙

B. 只有那些与我关系密切的朋友我才会主动帮忙

C. 我应该主动帮忙

7. 对于朋友们的恶作剧我总是（　　）。

A. 很生气并且有所表示

B. 有时高兴,有时生气,依自己当时的情绪和情况而定

C. 和大家一起笑

8. 我所结交的朋友是（　　）。

A. 那些与我利益密切相关的人

B. 有时愿与同自己相投的人相处

C. 通常能和任何人相处

结果与评价:

选A得1分,选B得2分,选C得3分,你的总分是:_____。

8～13分:人际关系不够融洽,交往的范围太小,缺乏基本的交往能力。

14～18分:人际关系不稳定,有基本的交往能力,但交往的范围较小。

19～24分:人际关系很融洽,受人欢迎与尊重,有较强的交往能力。

资料来源:张大均,邓卓明.大学生心理健康教育——诊断.训练.适应.发展[M].

重庆:西南师范大学出版社,2004:106.

你给人第一印象如何

从心理学角度来看,由于第一印象是在对某人一无所知的情况下获得的,故潜入大脑的程度较深,并且它对今后输入的关于此人的信息将产生不可忽略的作用。要想知道你给别人的第一印象如何,请做下面的测试,选择每题中适合你的答案。

1. 当你第一次见到某个人,你的表情是（　　）。

A. 热情诚实、自然大方　　　B. 大大咧咧、漫不经心　　　C. 紧张局促、羞怯不安

2. 你与他人谈话时的坐姿通常是（　　）。

A. 两膝靠拢　　　　　　　　B. 两腿叉开　　　　　　　　C. 翘起"二郎腿"

3. 你选择的交谈话题是（　　）。

A. 两人都喜欢的　　　　　　B. 对方感兴趣的　　　　　　C. 自己热衷的

4. 与人初次会面,经过一番交谈后,你能对他(她)的谈吐举止、知识能力等方面做出积极、准确的评价吗?（　　）。

A. 不能　　　　　　　　　　B. 很难说　　　　　　　　　C. 我想可以

5. 你说话时姿态是否丰富?（　　）。

A. 偶尔做些手势

B. 从不指手画脚

C. 我常用姿势补充言语表达

6. 若别人谈到你兴趣索然的话题,你将(　　)。

A. 打断别人,另起一题

B. 显得沉默、忍耐

C. 仍然认真听,从中寻找乐趣

7. 你是否在寒暄之后,很快就能找到双方共同感兴趣的话题?(　　)。

A. 是的,对此我很敏感

B. 我觉得这很难

C. 必须经过较长一段时间才能找到

8. 你和别人告别时,下次见面的地点是(　　)。

A. 对方提出　　　　　　　B. 谁也没提这事　　　　　　C. 我提议的

9. 你讲话的速度怎么样?(　　)。

A. 频率相当高　　　　　　B. 十分缓慢　　　　　　C. 节律适中

10. 你同他(她)谈话时,眼睛望着何处?(　　)。

A. 直视对方眼睛

B. 看着其他的东西或人

C. 盯着自己的纽扣,不停玩弄

11. 会面时你说话的音量总是(　　)。

A. 很低,以致别人听到较困难

B. 柔和而低沉

C. 声音高亢而热情

12. 通常第一次交谈,你们分别所占用的时间是(　　)。

A. 差不多　　　　　　　　B. 他多我少　　　　　　C. 我多于他

评分规则:

得分　　选项 题号	A	B	C
1	5	1	3
2	5	1	3
3	3	5	1
4	1	3	5
5	3	5	1
6	1	3	5
7	5	1	3

题号 \ 得分 选项	A	B	C
8	3	1	5
9	1	3	5
10	5	1	3
11	3	5	1
12	3	5	1

结果解释：

12~22分：第一印象差。也许你会感到吃惊，因为很可能你只是依着自己的习惯行事而已。也许你本来是很愿意给别人留下一个美好的印象，可是你的不经心或缺乏体贴，或言语无趣，无形中却让他人做出关于你的错误的勾勒。你必须记住交往是种艺术，而艺术是不能不修边幅的。

23~46分：第一印象一般。你的表现中存在着某些令人愉快的成分，但同时偶有不够精彩之处，这使得别人不会对你印象恶劣，却也不会产生很强的吸引力。如果你希望提高自己的魅力，首先必须从心理上重视，努力在"交锋"的第一回合中显示自己的最佳形象。

47~60分：第一印象好。你的适度、温和、合作给第一次见到你的人留下深刻的印象。无论对方是你工作范围抑或私人生活中的接触者，他们无疑都有与你进一步接触的愿望。你的问题只是在于注意那些单向的对你"一见钟情"者。

资料来源：邢群麟.世界上最经典的1 500道心理测试题[M].北京：中国言实出版社，2007：249-253.

人际关系综合诊断量表

本量表共28个问题，每个问题做"是"(打√)或"否"(打×)回答。请你根据自己的实际情况认真完成。然后参看后面的记分方法，对测验结果做出解释。

1. 关于自己的烦恼有口难言。

2. 和生人见面时感觉不自然。

3. 过分羡慕和妒忌别人。

4. 与异性交往太少。

5. 对连续不断的会谈感到困难。

6. 在社交场合感到紧张。

7. 时常伤害别人。

8. 与异性来往感觉不自然。

9. 与一大群人在一起常感到孤寂或失落。

10. 易受伤害。

11. 与别人不能和睦相处。

12. 不知道与异性相处如何适可而止。

13. 当不熟悉的人对自己倾诉他的生平遭遇以求同情时,自己常感到不自在。

14. 担心别人对自己有什么坏印象。

15. 总是尽力使别人欣赏自己。

16. 暗自思慕异性。

17. 时常避免表达自己的感受。

18. 对自己的仪表(容貌)缺乏信心。

19. 讨厌某人或被某人所讨厌。

20. 瞧不起异性。

21. 不能专注地倾听。

22. 自己的烦恼无人可倾诉。

23. 受别人排斥与冷漠。

24. 被异性瞧不起。

25. 不能广泛地听取各种意见、看法。

26. 自己常因受伤害而暗自伤心。

27. 常被别人谈论、愚弄。

28. 与异性交往不知如何更好地相处。

回答是计 1 分,回答否计 0 分,计算总分:

结果解释:

0~8 分:说明你和朋友的相处困扰较少。你善于交谈,性格开朗,关心别人,对周围朋友很好,愿意与他们在一起,朋友也喜欢你,彼此相处得不错。你与异性朋友也相处很好。

9~14 分:说明你与朋友相处有一定的困扰,人缘一般,与朋友的关系时好时坏,经常处于起伏变动之中。

15~28 分:说明你与朋友相处存在严重困扰。分数超过 20 分,则表明人际关系行为困扰程度很严重,而且在心理上出现较为明显的障碍。你可能不善于交谈,也可能是个性格孤僻的人,不开朗,或者有明显的自高自大、讨人嫌的行为。

资料来源:宋专茂,陈伟.心理健康测量[M].广州:暨南大学出版社,2005.

互动训练

1. 撕纸

目标:通过游戏使学生明确双向沟通的重要性。

材料:准备总人数两倍的 A4 纸。

操作:

(1) 主持人给每位学生发一张纸。

(2) 主持人发出指令:大家闭上眼睛,把纸对折,再对折,再对折,把右上角撕下来,转180度,把左上角也撕下来,睁开眼睛,把纸打开。

(3) 大家会发现对于同样的指令,不同的倾听者也会撕出不同的形状。

(4) 主持人可以请一位学生上来,重复上述的指令,不同的是这次学生们可以问问题。

(5) 总结:沟通误会是很多人际关系问题产生的原因。在沟通过程中,如果学生只是站在自己的角度思考问题,就很容易出现偏差。

2. 信任之旅

目标:通过助人与受助的体验,增加对他人的信任与接纳。

材料:遮光手帕。

操作:

(1) 团体成员两人一组,一位做盲人,一位做帮助盲人的人,盲人蒙上眼睛,原地转三圈,暂时失去方向感。

(2) 盲人在帮助人的搀扶之下,沿着指导者选定的路线绕室内外活动。其间不能讲话,帮助人只能用手势、动作帮助盲人体验各种感觉。

(3) 活动结束后两人坐下交流当盲人的感觉,帮助别人的感觉,并在团体内交流。然后互换角色,再来一遍,再互相交流。

(4) 交流讨论集中在以下几个方面:

① 若你是盲人,你会是什么感觉? 使你想起什么? 你对你的伙伴的帮助是否满意?为什么? 你对自己或他人有什么新发现?

② 对于助人者,你怎样理解你的伙伴? 你是怎样想方设法帮助他的? 这使你想起什么?

(5) 总结:人与人之间需要彼此的关心和协助。我们在人生中,会遇到各种困难和挫折,同伴的支持与合作,可以令我们勇往直前。

3. 心有千千结

目标:使学生在游戏体会人际交往中大家的关系和信任,感受到集体的力量,认识自己在集体中的责任和作用。

材料:轻快的音乐、室内或室外没有障碍的空旷区域。

操作:

(1) 所有组员手牵手连成一个大圈,面向圆心。

(2) 请组员们记住自己的左右手分别牵的是谁。

(3) 松开手,音乐响起,组员们随着音乐在小范围内随意走动。

(4) 音乐停,组员们站住。在不挪动位置的情况下去牵原来左右手牵的人。(如果实在够不着,可以允许稍微挪动一些)

（5）现在手与手之间、人与人之间，结成了一个异常混乱的死结。要求在不说话、不松手的情况下把结打开。最后恢复成大家开始时手拉手围成的一个大圆圈。

（6）当出现"结"非常复杂，有人想放弃时，主持人要暗示、鼓励，一定可以解开"死结"。

总结：

（1）解铃还须系铃人。很多组员一开始看到这个错综复杂的大结时不相信它会解开，随着游戏的进行，大家的心情会越来越轻松，会发现只要我们下决心解开"心结"，就一定能够达到目标。

（2）强调集体的作用，人与人关系的大结是大家共同织成的，只有集体的力量才能解开。每个人都是重要的，为了解开结，我们必须互相迁就对方的需要。

（3）体验非语言沟通的作用。

资料来源：田国秀.团体心理游戏实用解析［M］.北京：学苑出版社,2011:109-110.

4. 有缘相识

目标：通过游戏，让学生体验主动交往的乐趣，寻找志同道合的朋友。

材料：多种颜色的小方形纸若干，每张纸分别剪成四小块彼此能相互契合的形状，选择欢快的乐曲做背景音乐。

操作：

（1）在背景音乐的欢快气氛下，主持人要求每个参与者到场地中央的盘子里选取一张自己喜欢的纸片。

（2）根据自己所选纸片的颜色与形状，到群体中寻找能与自己图形契合的"有缘人"。

（3）找到了有缘人后，两个人坐在一起，相互介绍自己，通过交谈找出彼此间三个以上的共同点。

（4）全班交流分享。

注意事项：

1. 此游戏适合一个相互陌生的群体；

2. 有缘人可以是颜色相同形状契合，也可以是颜色不同但形状契合的人，由参加者自己理解决定。

资料来源：杨敏毅、鞠瑞利.学校团体心理游戏教程与案例［M］.上海：上海科学普及出版社,2006:3-4.

5. 戴高帽

目标：学习发现别人的优点并欣赏，促进相互肯定接纳。

材料：一项高帽子。

操作：

（1）5～10人一组围圈坐。请一位成员戴上高帽坐在中央，其他人轮流说出他的优点及欣赏之处（如性格、相貌、处事……）。

（2）被称赞的成员说出哪些优点是自己以前察觉的，哪些是不知道的。

（3）每个成员到中央戴一次高帽。规则是必须说优点，态度要真诚，努力去发现他人的长处,不能毫无根据地吹捧,这样反而会伤害别人。

(4) 全班交流分享,体验被称赞时的感受如何? 怎样用心去发现他人长处? 怎样做一个乐于欣赏他人的人?

拓展资源

心理学网站:

1. 中国大学生心理健康在线:http://www.psyhealth.cn/

2. 中国心理网:http://www.psy.com.cn/

3. 中国心理卫生协会:http://www.camh.org.cn/

心理学电影:

1.《追风筝的人》(2007)

2.《阳光小美女》(2006)

心理学书籍:

1. 戴尔·卡耐基:《人性的弱点》,中国妇女出版社,2006 年。

2. 丁远峙:《方与圆》,海天出版社,2006 年。

电影片段

第八章

健康爱情　理智对待

案例导读

分手就等于失败

女生李某某家境较好,个性要强,从小一帆风顺,没遇过什么挫折。因为初恋男友突然要求分手,并和一个不如自己漂亮的女生交往,令她无法接受,感到非常痛苦。因失恋而导致心理问题,半个月来睡眠较差,经常失眠,胃口下降,头痛紧张,情绪低落,成绩下降,认为自己很失败。

资料来源:摘自韦广雄,范慧玲.让关爱走进心灵——大学生心理咨询与辅导案例集
[M].桂林:广西师范大学出版社,2015.

想一想:

(1) 李某某在遭受恋爱挫折后出现了哪些心理问题?

(2) 我们应该怎么帮助她?

本章概要

1. 爱情的内涵和爱情的心理结构;

2. 大学生恋爱的特点和爱情的意义;

3. 大学生恋爱的类型和困扰;

4. 爱的能力的培养;

5. 大学生性心理及其调适。

爱情,一个亘古常新的话题,以她魅力永存的深厚意境,牵动着大学生的心灵。歌德曾说过:"男子的钟情,少女的怀春,是人性中至洁至纯。"美好的爱情使大学生活更加瑰丽动人、催人上进,并给人以无穷的创造力,然而有时爱情也会给大学生活带来无尽的烦恼和痛苦。通过本章的学习,使大学生理解爱情的内涵,认识大学生恋爱心理的特点,了解大学生在恋爱心理和性心理方面存在的问题,形成对恋爱心理和性心理的正确认识。

第一节　爱情概述

　　我承认天底下再没有比爱情的责罚更痛苦的,也没有比服侍它更快乐的事了。

——莎士比亚

　　爱情是人类一种复杂而微妙的情感,它包含着丰富的内涵。爱情是大学生们最为感兴趣和关注的话题之一,大学生的爱情已不像过去那样"犹抱琵琶半遮面",恋爱在大学校园里已是很常见的现象。

一、什么是爱情

(一) 爱情的概念

　　所谓爱情,就是一对男女之间,基于一定的物质条件、社会关系和共同的人生理想,在各自内心中形成的对对方最真挚的倾慕,并渴望对方成为自己终身伴侣的最强烈、最稳定、最专一的感情。

(二) 爱情的性质

　　真正的爱情既不是柏拉图式的"精神之恋",也不是纯粹异性间的生理吸引。爱情是人类特有的精神心理活动,它包含了生理、心理和社会诸多复杂的因素。正如英国哲学家罗素所说:"爱情源于性,又高于性。"这就是说,爱情离不开男女之间的性爱,丧失了性基础的爱情是不真实的爱情。但狂热的激情、生理的欲望也不等于爱情。爱情不仅仅源于两性间的自然吸引,更重要的,它是一种社会情感生活的产物和要求,是一种强烈的内心情感体验,是两颗心灵的相互向往、吸引和精神的升华,蕴含着深刻的思想、道德和文化等内容。

(三) 爱情与喜欢的区别

　　爱情与喜欢的区别主要表现在如下几个方面:

　　第一,依恋。恋爱的双方在感到孤独时,会强烈地想与对方长时间待在一起,让对方来陪伴和安慰,而喜欢的双方没有这种依赖感。

第二，利他。恋爱双方会高度关怀对方的情感状态，觉得让对方高兴、快乐和幸福是自己义不容辞的责任，对于对方的不足，有时也高度地包容和理解。即使是以自我为中心、自私自利的人，在恋爱中也会表现出某种理解、宽容和包涵。

第三，亲密。爱情是专一的，排他的。异性之间的喜欢大多与性无关，而爱情则杂了性爱的因素，恋爱双方不仅有高度的情感依赖，而且还有身体接触的需求，有很多边缘性行为的出现。性是爱情的基础，但爱情是核心成分。

第四，喜欢表现为一时出现的情绪感受，是一种单纯的情感体验，爱情表现为长时间的相互了解，经常与许多相互冲突的情绪有联系。

第五，爱情有较多的幻想，喜欢则不是由对他的幻想唤起，而是由他人的现实评价唤起。喜欢不像爱情那么狂热、热烈、迫切，而是表现得较为平静、宁静和客观。

如何准确地把握友情和爱情的界限？有一个简单的办法可供参考。

如果你们有意无意地总想两个人在一起，又总想逃避开朋友和熟人，则说明你们的关系已经从友情偏向了爱情，起码已经在爱情与友谊之间摇摆。

如果你对自己的异性朋友，有一天突然有一种欲求相见而不能的焦虑、不安，说明已经到了与对方不愿意分离的地步，而在正常情况下是绝对不会有这种感觉的。

如果你对异性的打扮、长相和服饰突然产生了极大的兴趣，如评价对方哪种打扮漂亮，哪种姿势优雅，那你已经离开了友谊的轨道。

因此，划清爱情和友谊之间的界限，消除自己心理上的苦恼可以避免不必要的纠葛和麻烦。

二、爱情的特征

爱情，作为两性之间的特殊关系，有不同于其他人际关系的基本特征。

（一）爱情的忠贞性

男女之间一旦形成了爱情关系，就应该相互忠贞于对方，就不允许第三者介入，也不允许其中一方充当第三者。真正的爱情必然具有排他性、纯洁性。男女双方与其他人的关系再好，也不能超出朋友之间的友谊关系。

（二）爱情的道德性

爱情与婚姻不同，婚姻是依靠法律来维持的，而爱情是一种特定的交往形式，要受到社会环境和道德规范的制约，只要不触犯法律，主要靠道德标准来衡量、评价。道德规范、风俗习惯约束男女的爱情行为。凡符合社会道德规范的爱情是高尚的、受到社会的赞许，凡不符合道德的爱情都会受到社会舆论的谴责。

（三）爱情的平等性

男女双方在发展爱情中的"平等"，是指其所处的地位平等。爱情是以双方互爱为前提的,恋爱的双方是自愿的、自主的、不受强制的。强制婚姻或者买卖婚姻虽然不合法,却是可能的,而爱情是金钱买不到的,容不得半点的外强制,双方必须完全平等。"单相思"不是爱情。

(四) 爱情的吸引性

爱情是男女双方互相依恋、相互吸引。恋爱的双方都希望终身相伴、长相聚、不分离。一旦分开,则终日思念,有"一日不见,如隔三秋"之感。那种追求"不在乎天长地久,只在乎曾经拥有"一时的感情寄托,并非真正的爱情。真正的爱情追求的是"无人能代替的对象",恋爱者只被一个"她"或"他"吸引着,爱情的产生必定同注意力集中于一个被吸引的人、依恋的人相关联。

三、爱情三成分理论

斯滕伯格(1986)的爱情三成分理论(Triangular theory of love)是目前最重要且令人熟知的理论。他认为爱情包括三种成分:亲密(Intimacy)、激情(Passion)及承诺(Commitment)。所谓的亲密是指与伴侣间心灵相近、互相契合、互相归属的感觉,属于爱情的情感成分;激情是指强烈地渴望与伴侣结合,促使关系产生浪漫和外在吸引力的动机,也就是与"性"相关的动机驱力,属于爱情的动机成分;而承诺则包括短期和长期两个部分,短期的部分是指个体"决定"去爱一个人,长期的部分是指对两人之间亲密关系所做的持久性承诺,属于爱情的认知成分。随着认识的时间增加及相处方式的改变,上述的三种成分将有所改变,爱情的三角形会因其中所组成元素的增减,其形状与大小也会跟着改变。三角形的面积代表爱情的质与量,面积愈大,爱情就越丰富。

相关链接 ·+·

爱情的生化反应

美国科学家经研究发现,造成两性之间感情吸引力与"化学反应"有着密切的关系。产生男女之间吸引力的物质大多数是一种类似氨基丙苯的化学物质。这些化学物质可以通过两性之间的眼神传递、肌肤触摸等产生,从大脑开始,沿着神经传导进入血液,进而使皮肤变红,身体发热甚至出汗,心情激动亢奋,促使热恋中的男女双双坠入"情网",难以自拔。

科学家们还发现,人体的氨基丙苯等化学物质不能永久存在,人们经过恋爱、初婚的激情后,大约在100天后进入半衰期,并开始逐步减少,到三年后(大约1 000天),氨基丙苯等化学物质全部消失。这必然会引起激情逐渐消退,出现"情感危险期"。

但是,由于恋人长期的共同生活,体内又会产生类似镇静剂的化学物质内啡肽,它能使恋人之间平衡、安全、互相依靠,甚至不能分离,从而使爱变化,大多数恋人的感情会进一步加深、巩固。

资料来源:http://www.sdkx.gov.cn/.

·+·

斯滕伯格进一步提出,在三种成分下有八种不同的爱情关系组合。

1. 无爱

就是指在人际交往过程中不涉及爱的三成分,这是大部分人际关系的特点,并不会涉及爱。

2. 喜欢的爱

喜欢仅仅是一种亲密的关系,没有强烈的激情和长期的承诺。当一段亲密的友情超越了友谊之后,可能发展成为爱,如青梅竹马。

3. 狂热的爱

产生于激情而没有亲密和承诺,在适当的环境下狂热会很快产生。狂热时会产生生理反应,比如心跳加快、分泌激素等。

4. 空洞的爱

一个人决定去爱并对爱承诺,但是缺少爱的亲密和激情,这种爱已经失去了精神上的情感和身体吸引。

5. 浪漫的爱

由亲密和激情成分组合而成。浪漫的爱不只是身体上互相吸引,情感上也相互联系。

6. 伴侣的爱

亲密和承诺的组合。它实质上是一个长期的、有承诺的友谊,经常发生在身体吸引已经消失的婚姻中,只有彼此对爱人的权利和义务,已经没有激情了。

7. 愚昧的爱

激情和承诺的组合,但是缺少亲密成分。我们日常生活中的"闪婚"就是一种愚昧的爱。虽然激情成分能很快产生,但是亲密却不能,因此由愚蠢的爱建立的关系经不起考验。

8. 完美的爱

这种爱由三种成分共同组合而成,融激情、亲密和承诺于一体,可能在初恋阶段我们才有这种感觉,我们每个人都期望能在生活中找到完美的爱。

相关链接 +·+

真爱的特征

神话中的丘比特问爱神:"love 是什么意思?"爱神说:"

L——listen 就是倾听;

O——obligate 就是感恩;

V——valued 就是尊重;

E——excuse 就是宽容。"

爱不是生活在自我的世界里,是倾听对方的声音,理解对方的感受并给予回应;爱不是得到而是给予,是感谢彼此的付出并给予表达;爱不是代替别人生活,是尊重彼此的需要并给予关怀;爱不仅是欣赏对方的优点,还要能够宽容对方的缺点并给予理解。爱情是"从独享到分享,从独愁到分忧"。这样的爱情是有教育功能的,双方在爱中学习在爱中成长。

美国心理学家弗洛姆(E.Fromm)认为爱是人类与生俱来的能力,但需要不断学习如何去爱,才能将爱的能力发挥出来。强调爱己才能爱人,真爱是给人以自由,而不是束缚。认为真爱包括"愿意了解,用行动表示关心、关爱的献身感以及责任感"。爱一个人就要了解对方;爱一个人就要关心对方,并且用实际行动表示关心;爱一个人就要全身心投入地爱对方;爱一个人就意味着尽一份责任,不是只知索取。

奥地利心理学家弗兰克尔(Viktor.E.Frankl)认为爱的态度有三个层次。最原始的态度是针对他人身体而引起的性冲动,是性的态度,属于生理层次。其次是迷恋,要求深入对方的内心,但仍达不到对方的核心,属于心理层次。第三层次是针对对方精神层次的爱,针对对方人格的爱,爱不再停留在身体或情绪上,而是在精神上深深地被对方的人格所感动。真实的爱是以对方的精神人格的独特性为对象,因此,不可能"转移"到别人,真实的爱在实践上是永恒的,它与性兴奋状态所表现的短暂性不同。

真爱的特征有:

1. 两人世界

爱情的独特性就是一定是两人的世界,这里讲的也一定是异性之间的两人关系,第三者不能替代。

2. 爱的回应

爱是应该有回应的,如果仅仅是一方的承诺,那不是爱情,很可能是单相思。

3. 互相渴求的期盼

在爱的关系中,互相之间有一种默契,有共同的期盼,比如希望共度人生。

4. 可以分享和分担

相爱的双方分享人生快乐与分担生活的遭遇,理解和信任并依赖着对方。

5. 与对方相处特别快乐

真实的爱使双方强大,不仅接纳对方的优点,而且包容对方的缺点和不足,所以,彼此渴望在一起享受快乐。

6. 在爱中会为对方着想,在爱中成长

爱表现在对所爱的人的幸福表现出关注,而且这种关心对彼此是一种成长,是一种支持,是一种信赖,彼此渴望对方幸福,在爱中成长。

7. 有深刻的融洽,有相互共鸣、同感

爱使双方彼此理解和熟悉,能够洞察所爱的人的需要和思想,是一种心心相印的感受。

8. 相处时有坦然的安全感、信任感(像小孩、真我)

两个相爱的人有良好的自我意识,尊重自我也认识彼此,有良好的沟通,在彼此的关系中是一个真实的自我。

9. 开心

会很开心,渴望对方成为生命、生活的一部分,渴望结婚。

资料来源:桑志芹.爱情进行时[M].北京:高等教育出版社,2008:14-15.

四、爱情的心理意义

文学家莫里哀曾说过一句话:"恋爱是一所学校,教我们重新做人!"这种美好的情感可以改变人的趣味,升华人的人格,开发人的潜能,促进人的新生,使人乐于承担责任。爱情对于大学生来讲,具有重要的心理意义。

(一) 爱情可以促进自我成长

大学生正处在自我成长的关键时期,通过恋爱,可以更好地认识自己的个性特点,了解自己的情感世界,发现自己的处世方式,培养自己的性别角色。在恋爱关系中,恋人就像一面镜子,会照出自己的许多东西,促使自己更好地发现自我、塑造自我,获得自我成长。同时,爱情体验可以极大地唤起大学生的生活热情,增加对人生的理解和感悟。

(二) 爱情可以塑造健康身心

现代社会,人们的生活压力越来越大。特别是大学生群体往往自我定位高,成才欲望强,而社会阅历少,心理发展不成熟,因而当面临学习、就业、经济、情感和社会适应等方面的问题时,极易出现心理困扰。而伴侣之间的亲密关系,提供了彼此相互扶持、相互关怀的心灵慰藉,从而成为一种对抗生活压力的"缓冲器"和"防护墙"。牛津大学的迈克尔·阿基勒教授通过11年的潜心研究,认为决定一个人幸福快乐的关键因素在于和谐的婚恋关系、亲密的家庭关系和稳定的朋友往来。

美国加州预防医学研究中心主席迪恩欧尼斯博士在他所著的《爱与生存》一书中也表示:"在我的经验中,还未曾发现过有任何一种药物,拥有比爱及亲密关系更神奇的疗效,特别是对那些面临死亡威胁的病人,爱情往往提高了他们的生命力。虽然说爱情并不是万灵丹,但是一颗受爱滋润的心的确就像吃了抗生素般,让病人更坚强。"许多国家的健康医疗研究调查也都指出,已婚者会比单身、鳏寡以及离婚的人健康。一项针对乳腺癌患者所做的研究调查也证明,同样经过7年的治疗之后,拥有伴侣的乳腺癌患者有72%的存活率,没有伴侣的患者的存活率只有56%。1992年,针对心脏病患者所做的研究调查也指出,没有固定伴侣的心脏病患者,有50%在5年内会死于心脏病复发,而有伴侣的心脏病患者5年内复发的概率只有18%。

产生这种差别的主要原因就在于伴侣间的亲密关系带给人们一种安全感、满足感。在这种亲密关系中,人们能够自由地倾诉自己的委屈,宣泄自己的不良情绪,得到爱的抚慰,满足自己爱与被爱的需要,受到爱情的激励与鼓舞。

（三）爱情可以开发生命潜能

爱情使人明确生命的意义和人生的价值，可以激发人的创造力和生命潜能，对人生起到巨大的推动作用。一个处在热恋中的人，会变得耳聪目明、思维敏捷、精力充沛，每天都处在亢奋的状态中，工作效率高，学习效果好，充满了激情和灵感。"爱情可以创造奇迹"正是从这个角度而言的。因此，成功的爱情可以促进事业发展，成就人生大业，提高生命价值。

第二节　大学生的恋爱类型和心理特点

> 心香一瓣
>
> 爱情的意义在于帮助对方提高，同时也提高自己。
>
> ——车尔尼雪夫斯基

生命是一个过程，恋爱也是一个过程。生活中有阳光，必定有风雨，大学生的爱情如同夏日里的太阳雨，美丽而又伤感，恋爱中的各种问题总是困扰着大学生。

一、大学生的恋爱特点

21 世纪的大学生接受了快速的经济发展和信息变更，他们的思想更趋于多元化，相对于传统的恋爱观，呈现出了明显的时代特征。

（一）恋爱年龄低龄化

以前大学生基本到高年级才谈恋爱，现在受社会上一些青年人或者是高年级同学恋爱行为的影响，很多大学生一进入大学就开始"抢着"谈恋爱，甚至有些在进入大学前就已经有过恋爱经历了。一些尚未尝试爱情的大学生也开始在大学里早早寻觅恋爱的对象。不懂得爱情却追求爱情使一些大学生产生要尽早恋爱的心理。

（二）恋爱行为公开化

大学生是一个特殊的青年社会群体，他们思想比较开放，容易接受新观念，独立意识强。在今天这个开放的社会中，大学生往往注重突出个性，不太受他人尤其是长辈的影响，在恋爱问题上不再顾忌他人的评价，校园道路、草坪、食堂、教室等公共场合都到处可见恋人们卿卿我我的身影。

（三）恋爱关系脆弱化

在校大学生谈恋爱一般不考虑经济、地位、家庭等社会性问题，浪漫主义情感色彩浓厚，自主性强、约束性差、情感性强、理智性弱。大学生谈恋爱注重情感体验和交流，对恋爱的结果不太在意，"只求曾经拥有，不求天长地久"，这样的恋爱关系往往容易中断。恋爱向来被人们看作是为了寻觅生活伴侣，是婚姻的前奏。但是大学生恋爱一般不是指向婚姻，注重的是恋爱过程，实质上是只强调爱的权利，而不关注爱的责任，这容易导致恋爱关系脆弱化。

（四）恋爱观念开放化

随着时代的变迁，社会价值多元化的发展，当代大学生的恋爱观念也日益开放，很多同学对婚前性行为持理解和宽容的态度，对部分在外租房同居的现象也能接纳。传统的贞操观在大学生的思想观念中逐渐淡化，恋爱方式公开化，甚至有些大学生在公共场所、大庭广众之下，旁若无人地做出过分亲密的动作。

二、大学生恋爱中的常见问题

（一）爱情第一

大学生对爱情抱有美好的期待，大多数大学生也非常珍惜感情，因此总是付出大量的时间和精力，容易出现爱情至上、沉迷恋爱的心理。把大量的时间用于约会、谈心、逛街和两人间的交往上，以致学习成绩下降，同其他同学关系疏远，美丽的大学生活变成了痛苦的回忆。

（二）缺乏责任感

有的同学把谈恋爱当作积累人生经验，看作一种体验。这种缺乏责任感，把真诚的爱情当作儿戏的态度使大学校园出现一些恋人一毕业便立刻恩断义绝、分道扬镳的现象。有少数同学抱着及时行乐的错误人生观，以恋爱为游戏，朝秦暮楚、喜新厌旧，疯狂地追求异性又轻率地抛弃。

（三）功利世俗

一些同学把恋爱作为交易来换取个人利益，或者以门第、家产、地位、名誉作为恋爱条件。他们谈恋爱就是为了金钱、名誉、地位和享受。这种恋爱观是对神圣、纯洁爱情的亵渎。

（四）排除寂寞

有些同学把爱情看成打发时间的游戏。他们为了弥补内心的空虚与失意而陷入恋爱，一旦寂寞感消失，恋爱关系也就中断。这种恋爱态度既不负责任，也不讲道义，是十分有害的。

三、大学生恋爱的表现形式与类型

（一）大学生恋爱的表现形式

1. 单相思

单相思也叫单恋、暗恋，是一方倾慕情感苦于不被对方知晓和接受，而造成的一厢情愿。或对恋爱的渴望，它仅仅停留在个体单方面的爱恋而无法发展成双方相恋的状态。大学生心理尚未完全成熟，单相思现象比较常见，且较多地出现在性格内向、敏感、富于幻想、自卑感强的人身上。

伊萨可夫斯基说："爱情是两颗心撞出来的火花，不是一颗心对另一颗心的敲打。"单相思只反映了单方面的倾慕，所以不是爱情。但由于这种感情强烈，付出的情感得不到回报，因此往往对当事人造成的伤害更大。爱情错觉可以形成单相思，暗恋也可能走向单相思。通俗歌曲《心雨》中有两句歌词："我的思恋是不可触摸的网，我的思恋不再是决堤的海。"这里表达的是一位一直暗恋着他人，而发现他人又另有所爱的失意情绪。暗恋即在生活中遇到与自己头脑中"白雪公主""白马王子"相吻合的目标后，就会对对方产生强烈的感情，坠入情网，不能自拔。由于害怕遭到对方的拒绝，不少单相思的人不愿意向对方吐露心声，就会出现心情烦躁、情绪低落、感情脆弱、敏感多疑、注意力难以集中、工作和学习效率低下、失眠、厌食等现象，严重者还会出现抑郁症。

一些大学生处在单相思的情形下，似乎很难从痛苦中摆脱出来，然而只要真正明白自己当前的处境，问题也是不难解决的。

2. 热恋

大学生的热恋表现为热烈，有些甚至是轰轰烈烈，热恋期间总希望对方多陪自己，即使短暂的分开也会让对方有"如隔三秋"的感觉，由于受到荷尔蒙影响，热恋中的男女自制能力差、冲动、过激，他们常做一些令平时的自己难以想象、令朋友匪夷所思的事。热恋期过后是磨合期，磨合期间有时会因鸡毛蒜皮的小事生气，甚至吵架，出现这种情况，只要稍微冷静思考一下，大家都多包容下对方，不要一味指责，坦诚相待，多沟通交流，让彼此了解对方的想法，不要什么都憋在心里，谁错了就要说出是谁错了，热恋期中的吵吵闹闹也是不可或缺的一种调味料。

3. 网恋

网恋，是指网民通过网络，在双方没有见面的情况下建立恋爱关系。网恋具有一定的盲目性和偶然性,是爱情过程的高度浓缩。可能借由去个性化效应、需要的补偿、晕轮效应等心理作用,放大对爱情的感受,模糊对爱情的判断。殊不知,也许自己只是恋上了一个头像、一段签名。由于大学生心理并不成熟,尤其需要谨慎选择网恋这种方式来追求幸福的爱情。想要得到幸福的爱情,要有理性的恋爱观和清醒的头脑,用你智慧的心眼去辨别是真爱还是欺骗,同时不要太沉溺于网上虚拟的爱情。

现在网络技术的发达,在校的大学生整天都在网上遨游,甚至与虚拟世界的人发展恋爱关系,网恋逐渐发展成为大学生恋爱的一种途径。大学生网恋一般很容易上瘾,而一旦上瘾就会沉湎于网上不能自拔,把网上爱情视为生活的唯一追求。调查表明,已有一些大学生中午、晚上不休息,加班加点在网上谈恋爱,上课时却无精打采,有的大学生甚至为了上网谈恋爱而逃课。网恋不仅严重影响学习,而且容易使他们减少与老师、同学之间的交流,不愿意参加集体活动,性格变得孤僻,甚至造成人格分裂。网络恋情的可靠性很低,因为在网上对方的言行举止、生活习惯、个性特征都不能很好地在现实生活中展现出来,我们看到的仅是网上的一些虚幻的语言文字,即使是视频聊天,对方的很多信息还是不能充分掌握,网恋的欺骗性对一些大学生是一个沉重打击,有些大学生因为网恋失意,问题严重的甚至出现精神崩溃。

4. 三角恋和多角恋

案例导读

小宁是一名大二女生,家在外地,她说现在自己很迷茫,因为自己好像同时喜欢上了两个男生,而这两个男生也都很喜欢自己,自己不知道更喜欢谁,又想到拒绝任何一个人都会让自己感到内疚。

事情是这样的,小宁大一放假回老家认识了邻居家的儿子小刘,整个假期小刘都对自己呵护备至,小宁也觉得和小刘在一起很开心,因为小刘非常会照顾人,让自己感觉很温暖,而两家大人也有意撮合两人成为一对,希望等小刘毕业后就回来结婚。在大学学习期间两人一直保持联络,小刘还经常会给小宁寄生活用品和老家的特产。而在大一的下半学期,由于参加社团,小宁又认识了男生小羽,小羽跟小宁也是老乡,因为老乡的关系两人渐渐熟络起来,小羽因为比小宁大一届,所以在学习上给了小宁很多帮助,两人之间有很多相似的地方,而小羽的风趣幽默和温柔性格也渐渐吸引了她。直到有一次小羽通过短信告诉小宁已经喜欢上了她,小宁才意识到问题的严重性,同时她也感到很高兴,因为从心底里小宁挺喜欢小羽。但是,自己怎么能同时喜欢上两个男生呢? 小宁说自己从来没有告诉小羽,之前自己已有男朋友了,因为她不知道说出来会发生什么。

小宁说自己现在内心充满矛盾和内疚感。之所以充满矛盾,是因为自己同时喜欢上了两个男生,而不知道更喜欢哪一个,如何做出选择。之所以心中充满内疚感,是因为她感觉自己在感情上对两个人都是不诚实的,尤其对小刘,小刘对自己无微不至的照顾和关心让小宁一直心存感激,可是却背着小刘对小羽有了好感。小宁说自己不是个好女孩,因为感情不专一,曾经想过做出选择,但是两个男生都很好,小刘很温柔体贴,小羽跟自己志趣相投,而自己也不知道哪个更合适。而且一旦做出选择,小宁非常害怕伤害到其中另一个,所以迟迟不愿面对这种情境。由于最近心里一团乱麻一样,所以才决定来进行咨询,希望咨询师能够帮助自己进行选择和决定。

在大学校园里,有人说:"只爱一个有点傻,爱上两个最起码,四个五个也不多,十个八个才潇洒。"三角恋是指一个三个人的群体在同一时期中,陷入了类似以下的状况:其中两个人爱上同一个人,或一个已有伴侣的人正好爱上群体中的另一个人等。三角恋是多角恋中的一种。

多角恋是一个人同时被两个或两个以上的异性所追求或自己同时追求两个或两个以上的异性并建立了爱情关系。由于恋爱具有排他性、独占性和冲动性,因此多角恋会带来很多爱情纠纷。多角恋当事人因为害怕恋人知道第三者的存在,总是出现隐瞒、失信等事情,自己感到痛苦。而且一旦恋人知道,彼此会更痛苦,双方甚至会做出很多情绪失控的行为,这样会对个人或社会造成很大的危害。席勒说:"真正的爱情是专一的,爱情的领域是非常狭小的,它狭到只能容下两个人生存;如果同时爱上几个人,那便不能称作爱情,它只是感情上的游戏。"

大学生要正确地认识多角恋的危险,要清楚多角恋不会有一个完美的结果,只会带来多方的痛苦和悲剧。同时,要树立正确的恋爱观,要清楚爱情是男性与女性之间排他性的爱慕关系。这种关系包括自己特有的感情和义务,它只能存在于恋爱者两人之间,不容许第三者介入。

5. 失恋

案例导读

一位失恋的男生来到心理咨询室寻求帮助:我的女朋友莫名其妙地和我分手了,这对我来说是一个沉重的打击。多日来,我想不明白,情绪低落,心烦意乱,没有一点心思去学习。我想找她问个明白,可她总是躲着我,或是含糊其辞,不正面回答我。同学们都劝我不要自寻烦恼,忘了这事,可是我却也怎么也忘不了,失恋的痛苦像恶魔一样,无情地折磨着我的心。

大学生中,"有情人"虽多,但"终成眷属者"毕竟少数,这样就必然会产生一批批"失恋大军"。失恋是指一方否认或中止恋爱关系后给另一方造成的一种严重的心理挫折。恋爱失败和失恋是两个不同的概念。前者指恋爱关系的否定,它表现为两种形式,一是恋爱双方都不满意,彼此同意分手,二是恋爱的一方已无情意而提出与对方分手,而另一方却仍情意绵绵,沉湎于对恋情的怀念之中。失恋就是指恋爱失败的第二种。失恋会使人产生孤独感、虚无感及对爱的绝望感等心理体验,产生悲伤、痛苦、绝望、忧郁、焦虑等负性情绪,其所带来的消极情绪若不及时化解,会导致心身疾病,严重者甚至采取报复乃至自杀等方式来排解心中的郁结。

相关链接 ∙∙∙

张爱玲说过的大实话

1. 分手时,不哭。当然,不是要你一点都不哭。当着面,别哭,背地里,往死里哭。

2. 一个人最大的缺点,不是自私、野蛮、任性,而是偏执地爱着一个不爱自己的人。

3. 不管你的条件有多差,总会有个人在爱你。不管你的条件有多好,也总有个人不爱你。

4. 能开口说出的委屈,便不是委屈。能离开的人,便不算爱人。

5. 一个人,如果没空,那是因为他不想有空;一个人,如果走不开,那是因为不想走开;一个人对你借口太多,那是因为不想在乎。

6. 要明白一个道理,男人可以轻易地喜欢一个人,但不会轻易地爱上一个人。

7. 不要妄想试图改变谁,因为谁也改变不了谁,只有他愿不愿意为你改变。

8. 时间可以了解爱情,可以证明爱情,也可以推翻爱情。

9. 不要说,这世界上没个好男人了,不要去记恨那个抛弃你的人,毕竟曾经爱过你,疼过你,宽容会让你更美丽。

10. 勇敢的女人永远比懦弱的女人美丽。如果你的爱人不爱你,我劝你还是勇敢点分离,好过懦弱的纠缠。

∙∙

(二) 大学生恋爱的类型

1. 理想浪漫型

这种类型的恋爱者追求浪漫,追求完美,追求对方百分百包容自己,有些大学生甚至希望对方每天给自己一个惊喜,他们把爱情想象得非常完美、非常理想,对恋爱之路将会遇到的困难和挫折估计不足,或者根本不去想象可能会出现的各种情况,他们往往更多的是追求恋爱的快乐感觉。

2. 现实功利型

这种类型的恋爱者较为现实和功利,如看重对方的家庭状况、父母和主要亲戚从事的工作、家庭背景等,关注对方家庭对自己的前程仕途是否有帮助,对自己的经济是否有资助,他们往往把爱情功利化、物质化。在大学校园这种类型占的比重不大,但出来工作后,通过介绍人进行的相亲活动,现实功利型的占绝大多数,有些相亲对象直接就看对方的物质条件如何,能达到自己要求的才愿意迈出见面的第一步。

3. 互爱互助型

这种类型的恋爱者在学习或工作上相互帮助,在相互尊重、相互欣赏中产生感情,进而确定恋爱关系,他们完全没有任何功利的动机,没有任何外在因素的干预,由于志趣相投,他们注重思想上的沟通和情感上的共鸣,能处理好精神满足和生理冲动自控。

4. 情欲慰藉型

这种类型的恋爱者受性心理和性生理发展、发育的影响,将性与爱对等起来,错误地认为"有爱必然要有性,有性才能爱",因为他们在外界性刺激的影响下,包括性电影、有性情节的小说、性图片等,追求性刺激,认为恋爱是为了满足自己的性欲,只享受性带来的快乐和愉悦,不对爱情的本身承担任何的责任,他们忽视爱的内涵,爱情的道德责任意识淡薄,逢场作戏,玩弄异性常常是这些人的不良行为。

第三节　大学生爱的能力培养

心香一瓣

> 人的需要涉及给予和接受爱,我们必须懂得爱,必须能教会爱、创造爱、预测爱。
>
> ——马斯洛

生命是一个过程,恋爱也是一个过程。有阳光必然有风雨,问题是风雨来临的时候,我们能否守候那雨后的阳光。这需要对爱情有信心,相信矛盾会解决,明天会更好。可是,心浮气躁的现代人和年轻气盛的大学生却往往没有耐心去远观、静候,爱情稍不如意就怨恨、不满、发泄、疯狂,以致给爱情致命的打击。因此,大学生们要学会用理智调控情感,及时调适、解决恋爱中遇到的矛盾和困扰,在波澜不惊中享受爱情带来的幸福与快乐!

美国著名诗人惠特曼说:"爱,不是一种单纯的行为,是我们生活中的一种气候,一种需要我们终身学习、发现和不断前进的活动。"现在的大学生年轻气盛,心浮气躁,不能很好地处理恋爱中的很多问题,导致一些大学生情绪失控,甚至做出一些极端的事情。想要获得美好的爱情,首先要提高自我心理成熟能力;其次要培养与异性交往的能力;最后要培养正确的恋爱能力。

一、提高自我心理成熟能力

从 2000 年开始,每年的 5 月 25 日被确定为"大学生心理健康日",它是"我爱我"的谐音,旨在提醒每个大学生要学会自爱而后爱人,这是大学生自我觉醒、不断成熟的标志。心理成熟的表现是多种多样的。

(一) 独立的人格

具有独立人格的人能够正确地认识自己、悦纳自己、发展自己,对自己充满自信,不会因爱情的丧失而否定生活的意义,也不会因爱情的获得丧失自我的发展空间。而人格未完全独立的人,会因为生活的空虚而恋爱,感情容易飘忽不定,一旦恋爱则陷于激情之中难以自拔,倘若失败,便对自己做出负性评价,丧失自信。

(二) 恰当的择偶标准

恋爱不是一种纯粹的精神活动,它是个人生理、心理发展的需要,更是一种社会性的行为。恋爱择偶本身就体现了一个人的追求,懂得什么是真正的爱情,知道自己需要什么样的恋人,以及爱情在社会生活中的位置。

(三) 能体察、关怀与尊重他人

弗洛姆说:"爱意味着关心、尊重、责任、认识,它不是为某个人所爱之意义上的一种情感,而是为所爱的人的成长和幸福的一种积极主动的奋斗,它根植于自身的爱的能力。"成熟的人具有对他人的敏感性,能知晓对方的需求、利益、观点和风格,能在此基础上包容对方,主动关心对方,与对方进行思想感情交流,尊重对方的人格独立,给对方以自信和力量。

二、培养与异性交往的能力

异性间的友谊不仅有助于人的个性发展,且有助于健康心理的培养,为未来恋爱关系的建立提供了一条有效途径。处在有异性交往的社交圈里,同学之间可以求得心理的接近,满足青春期特有的心理需求。如果在恋爱前缺乏与异性的交往,那就无法避免对异性的好奇和神秘感,从而出现更多的虚假恋爱。

(一) 主动与异性交往

青少年由于性的萌芽,产生对异性的渴望,这是正常的生理心理现象,过分压抑不利于青少年的身心发展。在与异性交往时不要过分拘泥,轻松、平和、心态摆正就能交到更多的异性朋友。一般来说,在两性交往过程中,女孩子不要过分做作,要自尊自爱,不要让对方产生歧义误解和非分之想;男孩子要沉稳,学会尊重女生。

(二) 把握交往范围

异性交往是一个广泛的社交圈,作为大学生,要学会选择,切不可不分选择地交友,特别是现在网络这么发达,很多大学生在网上结识了很多异性朋友,有时并不了解对方的信息就选择见面,这样很危险。

(三) 控制交往频率

异性交往可能成为很好的红颜知己或是蓝颜知己,如果没有进一步的交往成男女朋友的可能性,就要注意交往的频率,不要让对方误会,切不可过于频繁地与某一特定对象长期交往,这容易引起恋爱幻想。俗话说"自作多情",就是没有处理好交往过程中的频率造成误会引起的。

（四）注意交往场所

如果不想谈恋爱,就不要轻易接受某个异性单独相处的邀请,更不要与某个异性在电影院、公园或酒吧等能引起性幻想的场所单独相处。大学生应该学会自爱,不能过分迁就异性朋友的一些不合理要求。

三、培养爱的能力

爱情是美好而甜蜜的,但是不具备爱的能力的人,只能收获爱的苦果,难以品尝到爱的甘甜。弗洛姆曾经说过:爱是一种能力,也是一种艺术。要掌握爱的艺术,一要掌握理论,二要学会实践,三要赋予爱以最大的关切。那么,如何获得美好的爱情? 如何去建立、发展健康的恋爱关系? 如何保持爱情之树常绿? 这些都需要培养爱的能力。爱的能力对人一生的发展有着重要的意义,爱的能力过低或发展不够完善,常常影响人们爱的付出或得到,导致人们爱的心理需要得不到满足,从而带来心理健康方面的问题。良好的爱的能力会引导个体真正地爱自己、爱他人,真正体验到爱与被爱的心理需要得到满足所带来的快乐和幸福。

心理学家弗洛姆在《爱的艺术》中,描述了一个成熟的有创造性的人的爱。他认为:"爱是人的一种主动的能力,是一种突破使人与人分离的那些屏障的能力,一种他和他人联合起来并克服孤独感的能力。"真正意义上的爱,并不只是一种喜欢或者被人喜欢的感觉,更是一种为成长和幸福所做的积极奋斗。因此,爱是一种主动的活动,而不是一种被动的情感;爱是给予,而不是接受;爱是分担,而不是迷恋。

（一）学会说出爱

很多大学生苦恼于不知如何表达自己的爱,从而错失爱情。当一个人爱上另一个人时,就要勇敢地说出来,即使被拒绝了也可以及时发现问题,争取下次再表达之前认真考虑。如果能被接受,请珍惜你获得的爱情。同时我们应该知道表达爱是在表明一种爱的幸福,即使可能得不到回报,也满足了爱的心理需要。

爱,要勇于表达。既然爱,就要告诉他。这是一种爱的能力,这点对于能否获得爱情至关重要。因此,当你爱上一个人时,能否用恰当的方式和语言向对方表达出来是衡量一个人爱的能力高低的重要标准。当然,表达爱需要勇气,需要信心。同时,勇于表达爱也是一种境界,因为这种表达可能得不到回报。表达爱的方式很多,既可以直接表达,也可以通过书信或他人间接地表达。

（二）学会接受爱

有些大学生面对别人向自己表达爱时不知所措,有时明明心里喜欢对方,可表达不当,对方以为自己表错意,错失美好爱情。当期望的爱情来临时,请考虑清楚后,如果你也爱他/她就勇敢地接受。

大学生面对别人的施爱,能否及时、准确地对爱做出判断,并做出接受、谢绝或再观察的选择,也是一种爱的能力。接受爱的能力源自对自我价值的认可,因为被爱常常意味着我们在别人眼中具备价值或吸引力,反过来说,一个缺少自我价值感的人,很难感受到真正被别人所爱和眷恋,他们常常处在焦虑和担心之中,随时害怕失去对方。心理学家约翰·鲍尔比认为,如果孩子在早期与父母的关系中感受到爱与信任,他就会觉得自己是可爱的、值得信任的;但如果他的依恋没有得到满足,就会对自己形成不好的印象,这种关系模式常常会一直延续到成人阶段,进而深刻地影响到爱的关系。据调查,人群中大概有10%的成年人有这种不安全依恋,他们难以享受被爱的感觉,对他人不信任,经常担心对方是不是真的爱他们,而最后往往因为过于强烈的占有欲和控制欲把对方吓跑。因而,只有当我们首先感受到被自己所爱的时候,才能全然地享受被别人所爱的幸福感。

(三)学会拒绝爱

有的大学生明明不喜欢对方、不爱对方,自己也不明确表示,有的是碍于面子,有的是享受那种被人追求的感觉,这样下去,造成双方都受伤害。

拒绝爱的能力意味着敢于理智地拒绝不希望得到的爱情。在一份并不希望得到的爱情到来时优柔寡断,或屈从于对方的穷追不舍都是有害的,因为爱情来不得半点勉强和将就。因此,同学们要掌握恰当的拒绝方式,学会勇敢地说"不"。

拒绝爱的能力,首先表现为对他人的尊重,要感谢对方对自己的欣赏和厚爱。其次要态度明确,表达清楚,即:和对方只能是什么样的关系,同学还是一般朋友,或者什么都不是。最后,行动与语言要一致。可能有些同学怕对方受伤害,虽然语言拒绝了对方,但是行动上还与对方有较亲密的接触,如单独去看电影、吃饭等,使对方产生误解,长时间处在爱情期待之中,导致情感纠缠不清甚至出现心理问题。

总之,珍重每一份真挚的感情是对他人的尊重,也是一种自重,同时还是对一个人道德情操的检验。真切地关怀和同情他人的命运,用一种充满关切、尊重和机智的方式来维护自己也维护他人的利益是爱的能力的重要体现。

相关链接 ·+

学会拒绝

有人去找禅师求得解脱痛苦的方法,禅师却让他自己参悟。第一天,禅师问他悟到什么?他说不知道,禅师便举起戒尺打了他一下。第二天,禅师又问,他仍说不知道。禅师举起戒尺又打了他一下。第三天,他仍然没有收获,当禅师举手要打时,他却挡住了。于是禅师笑道:"你终于悟出了这道理——拒绝。"拒绝,是一种自卫、自尊与沉稳,是一种意志和信心的体现,也是一种豁达与明智。学会拒绝,才活得真实明白。

资料来源:樊富珉,岳晓东.阳光伴我行[M].北京:高等教育出版社,2008:143.

·+

（四）学会辨别爱

有的大学生经常挂在嘴边的是"我喜欢你，但是不爱你"。这是一种模棱两可的说法，有些同学就区分不好，把喜欢当成爱，然后就拼命追求，结果是不爱。有鉴别爱的能力的人，会自然地与他人交往，主动扩展交往的范围，尽量多地体验他人的感受，会用不同的行为方式区别不同的感情。

鉴别爱是指能分清什么是好感、喜欢和爱情，什么是理智和冲动。有鉴别爱的能力的人，是个自信也懂得尊重别人的人。有鉴别爱的能力的人，会积极与他人交往，主动扩展交往范围，珍惜友谊。而缺乏鉴别爱的能力的人，则往往站在自我的角度考虑问题，出现对爱情的认识偏离。

首先，好感不是爱情。好感是一种直觉性的感情，如果把爱的历程描绘为"好感、爱慕、相爱"三部曲的话，好感只是爱情的前奏，但它并不一定发展为爱情。好感以直觉和印象为支点，而爱情则以心灵的融合为基础。

其次，感情冲动不是爱情。感情冲动常常是暂时性的，一时的感情冲动可以产生于任何一对男女之间，它是两性吸引的结果。感情冲动往往使人头脑发昏，忘乎所以，甚至做出不久后便后悔的愚蠢举动，这是一种十分脆弱的感情。而爱情则是一种既炽热又深沉、既强烈又持久的感情，它随着时间的推移而生根、开花、结果，使恋爱着的双方变得更加美、可爱。

再次，异性的友情不是爱情。爱情是以两性吸引为基础的强烈情感，是建立在共同生活理想之上的、两人互相渴望成为终身伴侣的感情；而友情则超越了性的欲念，是同志、同学、朋友间的一种平等、诚挚、相互信任的友爱之情。同时，爱情具有排他性和封闭性，是两个异性挚笃专一、忠贞不贰的感情，不容许有任何的第三者插足；而友情则产生于普通的人际关系中，是开放、广泛和可以传播的。此外，两者承担的义务不同。友情一般只承担道德义务，朋友之间要以诚相待，遵守诺言，互敬互助等；而爱情总是与婚姻家庭联系在一起，同时又必然对社会产生影响，因此爱情双方不仅要承担道德义务，还必须承担法律义务。

（五）学会维护爱

美国著名诗人惠特曼说："爱，不是一种单纯的行为，而是我们生活中的一种气候，一种需要我们终生学习、发现和不断前进的活动。"恋爱只是爱情生活的第一步，在人生漫长的道路上，维系爱情需要智慧、耐力和付出。因此，积极培养维护爱的能力，使爱情之树常青，是每一个大学生应该学习的人生课题。

首先，爱需要宽容。有位哲人说得好：爱是对对方最深刻的理解和宽容。爱的本质是给予，是相互的给予，而不是把对方改造成完人。人无完人，优点的另一面可能就成了缺点。因此，在恋爱过程中，不要试图改变对方，要学着接纳对方。可能你爱的正是他与众不同的特点，而他改变了，变成了另外一个你，对你就失去了独特的魅力，吸引力也将大打折扣。

其次,爱需要博大。在恋爱过程中,可能每一个人都希望成为恋人心中的主宰。殊不知,一个人的情感世界是广博而丰富的,除了需要爱情以外,还需要亲情和友情。因此,不要要求你的恋人把你放在首位,不要把爱情看得至高无上,更不要追问"我和你妈妈同时掉到河里你先救谁"的问题,这是不能放在一起对比的感情。如果你的恋人为了爱你而忽视了他的父母、朋友,这只能是一种无知的悲哀,这种爱不会长久。设身处地地想一想,哪一个人不爱自己的父母? 哪个人没有要好的朋友? 当你的恋人对他的父母不恭不敬、对他的朋友不闻不问的时候,你还能在他的怀抱里感到安全和幸福吗? 因此,只有将爱情、亲情和友情相互渗透,相互交融,升华成一种大爱,这种爱才能久远。

再次,爱需要磨合。恋爱的过程即双方情感融合和行为磨合的过程,因此在恋爱过程中出现矛盾和冲突是不可避免的。这一方面源于双方生活方式、生活习惯的不一致、不协调;另一方面还源于双方个性、价值观的差异。此外,在竞争与快节奏的生活、就业压力下,大学生平添了许多焦虑感、疲劳感、压抑感和失落感。这些负面情绪急需在恋人那里得到"转移性宣泄"。因此,爱需要包容、理解和体谅。相爱的人不是寻求两人的完全一致,而是学会如何协调各种关系,如何解决爱的冲突,如何包容接纳对方。缺乏这种能力,爱就不能维护,更不能发展。因此在恋爱过程中,要学会用建设性的方式去解决冲突。其中,沟通是非常有效的方式。恋人间常用的沟通方式有三种:温和式沟通、争吵式沟通和肢体沟通。

通常,这几种沟通都有助于冲突的解决和感情的融合,而伤害性的争吵冷战都不利于问题的解决。积极的争吵式沟通之所以有利于两个人的磨合是因为争吵有它的积极含义,它说明恋人之间还抱有积极的期待,希望对方变得更加完美,希望通过吵架的方式引起对方的关注和重视。如果恋人间连吵架的兴趣都没了,这样的恋爱就真的走到了尽头。此外,恋人可以从争吵中捕捉到很多信息,从中了解对方的观点、态度、情绪等,为解决冲突带来转机。研究发现,自称从不吵架的夫妻,通常在短时间内对婚姻满意度比一般人高,可是三年之后,这些人的婚姻满意度反而比那些把问题吵开来的夫妻还低。可能的原因是,这些夫妻把对彼此的不满一直压抑下去,反而不利于亲密关系的维持。可见,吵架可能有益亲密关系,但重要的是要懂得如何处理争执,学会如何"吵架"。恋人争吵要掌握以下几个原则和艺术:其一,不留积怨(最好不过夜);其二,不要动辄分手;其三,不算旧账;其四,不让双方的家人、朋友卷入冲突中;其五,不动手。当然,激烈的、非理智的争吵会伤害彼此的感情,影响恋爱关系。因此,恋人之间的沟通最好还是采用和风细雨的方式。

总之,懂得经营爱情,时时更新爱情,善于交流情感,彼此欣赏对方,是爱的重要源泉。

相关链接　‧+‧

恋爱中学习建设性地吵架

恋爱中的双方是亲密的,心理上高度依恋,但又因为是两个人,而且社会阅历、生活经验、思维方式、情感体验、价值观等的不同,吵架就在所难免了。如何吵架,通过吵架发展关系而非导致关系恶化,也是我们在恋爱中要学习的。

Rusbult(1987)、Hendrick(2000)、Mills 和 Duck(2000)曾提出一些建议,现把这些建议归纳为以下几点:

1. 双方彼此了解自己和对方的沟通方式以及之间的差异,了解对亲密的质和量的理解,可以减少许多不必要的争吵。

2. 发生争吵的时候,不要害怕去面对,应该注意的是彼此的声调和语气。当发现自己的声调和语气太过激烈的时候,要控制自己,让自己放松缓和一下,也要提醒对方,请对方慢慢说。

3. 提醒自己不采用敌对的态度,而要学会接纳彼此的不同和达成共识。虽然意见不同,但双方有一个共同的目标去面对问题,这样才能解决冲突(以解决问题为中心,而不是发泄情绪)。

4. 冲突往往伴随双方彼此激烈的情绪,应该遵守每一次一个人说话,另一个人把话听完再说。

5. 对方如果没有准备好沟通,可以先等待,不要勉强,以免带来更多的负面情绪。同时告诉自己不要放弃沟通,等时机合适了再沟通。

6. 吵架的时候要学会对事不对人,千万不要把陈芝麻烂谷子之类的事情翻出来。

7. 直接沟通比间接沟通好。通过中间人传话往往传错了内容,传错了语气,可导致进一步误会。

8. 恋人之间学会表达"对不起",只要是自己有错,一定不要吝啬"对不起",它是化解冲突的良药之一。

9. 若双方已激烈争吵,其中的一方可以设法离开,另一方要让自己平息下来,并不再纠缠在争吵的气氛中。

资料来源:黄丽.校园成长列车:献给大学新生的心灵礼物[M].杭州:浙江科学技术出版社,2009:138-139.

(六) 学会承受失恋

在恋爱中,恋爱和失恋是相伴而生的。因为恋爱的过程就是双方互相适应、选择的过程,因此,恋爱失败是正常的事情。有人对全国 1 000 对美满家庭做调查,发现只有不到 10%的人的配偶是初恋恋人。换句话说,90%以上的恩爱夫妻都经过了失恋的痛苦,或者说都经过了恋爱的再选择过程。据记载,古希腊大师苏格拉底的三个弟子向老师求教如何找到理想的伴侣。苏格拉底没有直接回答,却让他们走麦田埂,从中选出一支最大的麦穗带回来,但只许前进不许倒退,而且只有一次机会。第一个弟子走几步看见一只又大又漂亮的麦穗,高兴地摘下来。但他继续前进时,发现前面有许多比他摘的那只大,只得遗憾地走完了全程。第二个弟子吸取了教训,总是提醒自己后面还有更好的,当他快到终点时才发现,机会都错过了。第三个弟子吸取了前两个的教训,当他走到三分之一时即分出大小三类,再走三分之一时,他选择了属于大类中的一只美丽的麦穗。虽然这不一定是最完美的一只,但他通过比较,得到了满意的结果,愉快地走完了全程。上面的故事非常富于哲理,相信大家会从中悟出一些道理。只有通过比较和选择才能优中选优,获得美满的爱情。所以,同学们一定要正确对待失恋,不可作茧自缚,人为地制造苦闷的情绪和孤寂的环境,长期在痛苦的旋涡里徘徊,或由此心灰意冷,愤世嫉俗,看破红尘,痛不欲生,甚至恼羞成怒,伺机报复。为尽快从失恋的阴影中摆脱出来,大学生们可以尝试以下几种方法:

1. 情绪宣泄法

大学生在失恋后会有许多负性情绪积累,如痛苦、烦躁、委屈、怨恨、愤怒等,这些负性情绪如不及时排解会损害身心健康,影响正常的生活和学习。因此大家可以采用积极、健康的心理方法宣泄不良情绪,如听音乐、运动、找朋友倾诉、哭泣、写日记、深呼吸等,恢复常态心理。要避免使用消极的心理宣泄方法,如骂人、找人打架、生闷气、以牙还牙、砸东西、报复对方等,以免对自身造成更大伤害。

2. 认知转变法

大多人失恋后挫折感强烈,难以自拔者,往往在认知方面存在着某种错误观念,他们或者抱着已经逝去的爱,靠回忆度日;或者对对方抱着一线希望,幻想破镜重圆;或者念念不忘对方,发誓"非他不嫁"或"非她不娶";或者爱不成则恨,采取报复手段干扰对方的生活,甚至触犯法律。一般来说,否定性和对抗性情绪是失恋者的通病。那么,应该如何走出这种认识误区呢? 同学们在心理宣泄的基础上,不妨试试列"感情清单"的方法,"感情清单"包括以下内容:

● 我们是怎样恋爱上的?

● 我们在一起时,我是否觉得比跟别人在一起时更快乐、幸福?

● 我的付出,对方是否常有明确的回应?

● 我们在一起时,是否不用多说话就会有一种默契?

● 对方提出分手的理由是否成立? 如果真是这样应该怎么办? 不是这样又说明了什么?

● 对方有哪些缺点? 如何评价对方?

● 悲伤痛苦将给自己带来什么后果?

● 念念不忘对方会对自己的将来产生何种影响? 有无必要? 值不值得?

● 我现在和过去有哪些改变?

● 我对未来有哪些计划?

大多数人在开出"感情清单"后,就会发现自己理智了许多。原来的恋爱关系并不像想象得那么美好,甚至认为分手是最好的结局。

3. 情感转移法

大学生们在失恋后还可以运用情感转移法,让自己的兴奋点和注意力转移到生活的其他方面。例如,可以在大自然中忘却自我,开阔胸怀;在兴趣爱好中寄托情怀,寻找乐趣;在事业中施展才华,体现价值;在集体中感受友谊,重塑自信。当你跳出了原来的爱情世界,你会重新感觉到世界的美好、生活的美好、爱情的美好。

4. 心理咨询法

大学生在失恋后还可以寻求心理帮助,通过心理咨询这种专业化服务尽快从失恋的阴影中走出来,重新寻找自己的爱情。

第四节　大学生性心理及其调适

心香一瓣

大约不会有人反对:美满的爱情必然要包含美妙的性,而美妙的性当然要以爱情为前提。因为世上还有一种叫做"友爱"的情感,以及一种叫做"嫖娼"和一种叫做"施暴"的行为。因而大约也就不会有人反对:爱情不等于性,性也不能代替爱情。如同"红灯区"里的男人或女人都不能代替爱人。

——史铁生

一、什么是性与性心理

（一）什么是性

性(sexuality)是一个非常广泛的概念,广义的"性"是将人以男女两性划分,区别对待,以及男女之间的关系、联系和发展规律等,只要是人,就有性的归属、性的差异和性的活动。"性"可以折射出人的各种心理和生理现象,包括社会现象和发展历史。从生物学角度来看,性是人类的本能之一,是整个人类得以生存和繁衍的基础。从社会学角度来看,人类的性不仅是生命实体的存在状态,同时也被赋予了精神和文化内涵。

（二）什么是性心理

性心理是指在性生理的基础上,与性征、性欲、性行为有关的心理状态与心理过程,也包括了与异性交往和婚恋等心理状态。性生理是性心理发展的生物学基础,性生理发育的障碍或缺陷,会使性心理的发展出现偏差。

（三）什么是性行为

性科学研究按照性欲满足程度的分类标准,将人类性行为主要分成两种类型:一是核心性性行为,即两性性交行为。性交是性行为的直接目的和最高体现。一般说来,人们在性交以后,就满足了性的要求。性交需要生殖器官的参与、刺激、兴奋。从生物学角度上解释,性交的目的是为了生殖繁衍。二是过程性性行为,如接吻、拥抱、爱抚等。这是性交前的准备行为。这些动作的目的,是为了激发性欲,实行性交。性交后还要通过这样一些动作,使性欲逐渐减退,作为尾声,这也属于过程性性行为。性行为是特殊的社交行为,是由人的社会属性所决定的。

性是生命中美好的事情,是爱情中诱人的艺术,作为在校大学生要处理好自己的性行为,要经得起诱惑,要对发生的性行为负起该有的责任。

二、大学生性心理特征

处在青春期的大学生由于受文化层次、接受教育程度以及所处特殊环境的影响,其性心理除了具有这一年龄阶段青年的普遍性特征外,还有以下特征。

(一) 本能性和朦胧性

大学生尤其是低年级的大学生,性心理不具有深刻的社会内容,基本上还是一种由于生理上的急剧变化带来的本能作用,他们常常在心中用自己童年、少年时期所经历,所见过的与性有关的现象来解释性。性给人一种神秘感及羞耻感,大学生的性意识的萌动披着一层朦胧的轻纱。

(二) 隐蔽性和文饰性

大学生随着性机能的成熟,在青春期出现的性欲望和性冲动会表现得更加强烈,他们希望接近异性,迫切希望与异性交往,以得到性的生物性满足,但表面上却表现得不屑一顾,或者做出故意回避和清高的样子。正是这种心理上的需要与行为上的矛盾表现,使他们产生了心理冲突和苦恼。

(三) 动荡性和压抑性

许多大学生的性心理还不成熟,尚未形成稳固的、正确的性道德观和恋爱观,自控力较差,因而他们的性心理容易受外界不良的影响而动荡不安。一部分大学生对性冲动持否定、抵制的态度,采取压抑的方式,少数人以扭曲的方式,甚至以变态的行为表现出来。

(四) 性别差异性

大学生的性心理因性别的不同而有些差异。在对异性感情的流露上,男性表现得较为外显和热烈,女性往往表现得含蓄和深沉;在内心体验上,男性更多的是新奇、喜悦和神秘,女性更多的是惊慌、羞涩和不知所措;在表达方式上,一般是男性较为主动,女性较为被动,往往采取暗示的表达方式。此外,男性的性冲动易被唤起,而女性易在听觉、触觉刺激下引起性兴奋。

三、大学生常见性困扰

(一)性压抑

受我国封建意识根深蒂固的性偏见的影响,有些大学生只要出现性心理活动就自认为可耻、不道德,这种过度的压抑导致了羞愧、焦虑、烦躁、紧张不安等负面情绪。毛主席曾经说过,哪里有压迫,哪里就有反抗,压迫越深,反抗越强。同样道理,性压抑越重,副作用就越多,副作用包括性变态和性犯罪等。

(二)性幻想

性幻想是与性有关的虚构想象,又称性想象,是一种普遍存在的性心理现象。每一个人都会有性幻想,性幻想的内容大部分是以追求欢乐的性爱活动为主,但也有少数人会幻想成被强奸或受性虐待。从精神分析学角度来看,有两种解释,第一种是指在传统的性压抑思想影响下,女性往往会对性行为存在着罪恶感或羞耻感,假如在性幻想中把自己想象成是主动并乐意追求性生活的,就会引起自我的焦虑或内疚;如果把自己想象成弱者,如幻想成自己被"强奸",就可允许自己既享受到性快乐,又可为自己找到辩解的理由。第二种是指潜意识中的攻击本能与性幻想结合起来,如果指向自身,则构成受性虐待的幻想;如果指向性对象,则构成虐待性对象的幻想。产生性幻想其实是一种常态,不仅普遍,而且也是性冲动的一种不可避免的结果。

(三)性梦

性梦是指在睡眠中出现的带有各种性内容色彩的景象,这种情况在青春期的男女中普遍存在。性梦是青春期成熟的正常心理现象,它不受意识支配,无法控制,无法预防。性梦的内容丰富多彩,有谈情说爱,有发生性行为,还有接吻和拥抱。这种幻想可以随心所欲地编,编写得不满意可以重新再编,演得不理想可以重新再演。一般认为,性梦与性激素达到一定水平和睡眠中性器官受到内外刺激及潜意识的性本能活动有关。性梦的自然宣泄,可以缓解性压抑,有利于性器官功能的完善和成熟。性梦作为意识控制解除下的一种潜意识行为,既无法控制,也无法预防。无论平时是多么"正人君子"的人,在性梦中都有可能出现荒诞不经的性事,此时绝没有必要以清醒状态下人们普遍遵循的伦理道德去鞭挞这些"荒唐事"。

性梦发生的原因很多,如白天的性经历、劳累过度、内衣勒得太紧刺激到生殖器等。对于性梦我们要正确对待,不管性梦多么离奇或梦境是否伤害到他人,它毕竟是梦,不必为性梦的内容而耿耿于怀,毕竟大部分人有过性梦的经历,但如果性梦过于频繁,过分沉溺其中,而且影响正常的工作、生活和学习的话,可能会变成一种性变态,即"白日梦",此时就需要引起重视了。

（三）性自慰

性自慰，即自我性刺激，在我国多年来一直沿用"手淫"这个名称。手淫本身是无害的，它对身体不会带来任何损害和不良后果，从性心理发展的角度来看，手淫是性机能发展成熟后为了满足性欲、缓解性冲动和性张力、消除由于禁欲而引起的性饥渴和性烦恼的一种手段，它不涉及他人的隐私，是安全的、合法的，合乎伦理。马斯特斯夫妇的实验研究证实，自慰和性交所引起的生理反应并无区别，自慰并不会导致早泄、阳痿和神经衰弱等病症。偶尔自慰不仅是无害的，而且有利于缓解性冲动，但过度自慰会引起性欲增强、性冲动加快加重，反而达不到原来的释放目的。然而，一个"淫"字，加之对性自慰的错误认知，使许多有此行为的大学生产生了负罪、羞耻、内心恐惧、自我厌恶、担忧等心理，而种种因素的积累又成为性自慰的主要心理原因。手淫并非不可克制，只要有坚定的信心是可以克服和戒除的。

（四）性别认同困扰

案例导读

黄庆出生在一个偏僻的农村，他是家里的老六，上面还有五个姐姐。从小他就喜欢和姐姐们一起玩，也喜欢和其他女孩子一起玩耍。他认为男孩子比较粗野，玩的游戏也非常野蛮和不安全。他更喜欢女孩子的文静和斯文。随着时间的推移，黄强越来越喜欢把自己当成一个女孩，他也跟姐姐一样留了长发，在家穿姐姐的长裙。上大学之后，黄庆不自觉地爱上了一个室友，每天都有种很强烈的欲望想亲近他。在寝室的时候，时刻都在留意他的一言一行，甚至还默默写一些诗歌来寄托自己的爱慕之情，但是迫于道德的压力，黄庆觉得对室友越迷恋，自己内心就越痛苦，不知道自己该怎么办。

性别认同是指个体在生理上觉得自己是男是女，以及对自己现有性别的喜恶和是否有选择相反性别的倾向。由于家庭教养不当或社会不平等看待等原因，使个别青少年不能愉快地接纳自己的性身份。有的男孩说话尖声尖气，做事扭扭捏捏，没有男子汉气概，更有甚者，希望自己是个女孩。有个别女孩，对自身的生理变化缺乏思想准备，对女性月经、怀孕及其他女性生理现象极度厌恶，希望自己是个男性，从而给性身份的接纳带来困难。

（六）性侵犯

近年来，性侵害现象在大学校园里时有发生，它严重危害着同学们的人身安全，特别是对女同学的身心及精神易造成极大的损伤。暴力式性侵害主要是指犯罪分子采取暴力手段，如携带凶器威胁、劫持女同学，或以其他形式相威胁，向女生实施性侵害（调戏、猥亵、强奸等）。胁迫式性侵害主要是利用受害人有求于己，或以受害人的个人隐私进行要挟、胁迫，使其就范。诱惑式性侵害主要指利用受害人追求享受、贪图钱财或意志薄弱，制造各种机会引诱受害人。

（七）性骚扰

性骚扰是指通过利诱和威胁，将自己的性殷勤强加于他人，迫使他人屈从自己的性意志，满足其变态的性侵犯的奢望。据调查，最容易受性骚扰的是以下情况：

第一，在清晨或黄昏，特别是在夜间单独行走在偏僻道路的女性。

第二，独身居住或单独进入男性房间的女性。

第三，择友不慎，处事草率，结交品质恶劣的男性为友的女性。

第四，相貌迷人，穿着裸露，行为轻浮的女性。

第五，随着手机的普及，利用手机发送黄色、低级趣味等短信骚扰异性，以对女性骚扰常见。

四、大学生性心理维护

（一）正确认识性生理

性是一门综合性的科学，它包括性生理学、性心理学、性社会学、性伦理学、性美学等学科。系统、全面地了解男女生殖系统的结构和生理机能以及性卫生等方面的知识，对自己和异性的身体有个正确的认识。

（二）培养健康的性心理

1. 树立健康的性道德

性道德是指在两性方面的行为规范和准则。我们应倡导性纯洁为核心的性道德，在性领域建立起健康人格，认识到婚前保持性纯洁的价值和意义，健康的性意识可以促进自我约束力的提高，以负责任的态度克制生理和情感冲动，明白与异性交往的行为准则，洁身自爱。

2. 自觉抵御淫秽物品的诱惑

大学生不要从不健康的，甚至淫秽读物与影视中寻求性快感，这样会使我们的心理和行为严重偏离社会主流。

相关链接 ···

性冲动的缓减

1. 参加体育运动，比如出现性冲动时，可以到户外打篮球、排球、乒乓球、羽毛球，或者出去跑几圈，或者游游泳，冲个冷水澡，或者干些体力活，通过脑、体、心的全方位转移，过剩的精力就会得到发泄。

2. 多找朋友玩，最好加入具有异性朋友的社团，这样既可以增加两性互动的机会，又能保持身心平衡。

3. 减少刺激诱惑源,不看性挑逗、低级庸俗和不健康的影视或读物。

4. 不妨适当地来点自慰,这样既可以满足自身的性欲,使性冲动快速消失,让快乐心情快回来。

5. 性欲望与性冲动可以通过后天修养调节,比如当自己有了性冲动时,既可以把性欲望和性冲动的方向转到工作、学习等健康内容上,也可以把这种欲望和冲动转化到创造性活动中去,在追求自己的人生理性的同时使性欲和性冲动得到转移和控制。

资料来源:刘晓明.大学生心理健康教育[M].北京:科学出版社,2009:181.

3. 正视性幻想与性梦

对于成熟而未婚的男性来说,性梦是缓解性欲冲动的途径之一。一般来说,男性的性梦常伴有射精,即梦遗,醒后往往回忆不起梦境的全部细节。而女性的性梦与男性相比有较大的差异,未婚女性的性梦往往错落零乱,变化无常,很难有清晰的性梦,女性在醒后能够回忆起梦境的内容。

关于性梦。梦,我们是避免不了的,但梦来源于现实,来源于生活,由于性梦与白天的性经历、劳累过度、底裤勒得太紧刺激到生殖器有关,因此避免性梦过于频繁,则要注意劳逸结合,穿合适的内衣内裤入睡;对于性梦的内容,不必耿耿于怀,毕竟你的梦没有伤害到任何人。

关于性幻想。首先要从转变观念和看法做起,性幻想是一种普遍的心理现象,通常是无害甚至有益的。它替代不能实现的性追求而获得部分性心理满足,还可以作为性兴奋的"心理春药"。但是,如果过分沉溺于性幻想的白日梦,而影响了正常生活、工作和学习,甚至幻想过分离奇并坚信是真实的,就属于病理性幻想或妄想了,可能是精神分裂症或其他精神疾病的表现,就要尽快寻求精神科医生的帮助了。

4. 正确认识手淫

对待手淫"不以好奇心去开始,不以发生而懊恼,已成习惯要有克服的决心,克服之后就不再担心"。平时不穿紧身内裤,经常清洗外阴,清除包皮垢,减少外部刺激,在睡前不看或少看与性有关的书刊和影视节目,避免形成性兴奋,产生新的手淫欲望。作息时间有规律,养成晨起锻炼的习惯,使充沛的精力得到释放。

克服手淫习惯的方法通常有:一是不看色情书籍和音像,避免过多的性刺激;二是不要过多的性幻想,尽量将工作和生活的节奏安排恰当;三是多做有氧运动,以释放性冲动;四是做一些自己感兴趣的事情,转移对性的好奇和心理依赖;五是转移注意力,多接触积极向上的健康事情。

5. 接纳认同自己的性别角色

性别角色意识是一个人社会化成熟与否的重要体现,是心理健康的重要标志。世界是两性的和谐统一体。男女在生理和心理上各有自己的特点,各有自己的性别魅力。尽管现在社会上对同性恋存在着各种不同的看法,但人们对同性恋所引起的社会适应困难的看法是相当一致的。因此,大学生应当接纳和欣赏自己的性别角色,发展出适应时代要求的优秀个性特点。

6. 应对性侵害

根据不同情况区别应对。第一,对犯罪分子的性攻击要进行英勇反抗,积极防卫。第二,提高自卫意识。一些同学在与异性,特别是年龄比自己大、地位比自己高的异性接触时,总是对他们的"关怀""爱护"抱感激的态度,对他们有求必应,失去警惕,结果是自吞苦果。针对这种情况,应抱冷处理态度,促其收敛,如果对方一意孤行,死搅蛮缠,则应不留情面,借助集体或组织的帮助,来维护自己的正当权益。第三,要培养自己自信、稳重、正派和大方的性格品德,不被金钱、物质所诱惑。

7. 避免性骚扰

首先,大学生应当维护自尊、自重、自爱的形象,做到举止大方、行为得体、作风正派、衣着打扮不轻浮。其次,大学生应当学会自我保护。女生尽量晚上不要单独外出,更不要在男性家中或住所长时间停留。面对异性的非分要求,不要畏惧,要勇敢说"不"。要以严厉的态度制止和反抗性骚扰,必要时向别人呼救或向公安部门寻求帮助。对于性骚扰事件的经历,不要过分恐惧和自责,因为你是无辜者。为了更快地排除自己的心理困扰,可以同父母、老师、知心朋友宣泄自己的情绪,也可以寻求心理咨询的帮助。

女生避免性骚扰的措施有:① 女性应懂得保护自己,不要穿过于透明、裸露的服装,言行举止切忌轻浮。②夜间不要走偏僻小路。③ 乘公共汽车时,如发现有成群结伙、流里流气的人蜂拥上车,最好向车的前部,靠近司机或售票员站立;不要挤在人群中间,并且要尽量避免和这些人同时在一个站下车。④ 尽量避免单独去男性宿舍。⑤ 当有人对你非礼时,应想办法躲避,情况紧急时要立即呼救。切记不可默认或害羞而听之任之。⑥ 当有人发送骚扰短信时,应给予警告,还可以保留短信作为日后保护自己权益的法律依据。

心理自测

测测你的恋爱心理是否成熟?

男欢女爱本来是人之常情,但是恋爱的艺术并非人人都能掌握。你的恋爱心理发展到了什么程度? 请据实自测。

1. 你认为恋爱是为了(　　)。

a. 找到一个情投意合的伴侣　　　　b. 成家过日子、抚育儿女

c. 满足性的需要　　　　d. 刺激有趣好玩

2. 你喜欢的异性是(　　)。

(女性选择)

a. 英俊潇洒,有男人魅力　　　　b. 有钱有势有能力

c. 人品好　　　　　　　　　　　　d. 爱自己的,其余的无所谓

(男性选择)

a. 漂亮性感,有女人魅力　　　　　b. 贤惠能干,善于理家

c. 温柔体贴,人品好　　　　　　　d. 只要有爱,其余的无所谓

3. 你和恋人确立恋爱关系是因为(　　　)。

a. 条件般配　　　　　　　　　　　b. 我比对方优越

c. 对方比我优越　　　　　　　　　d. 没想过

4. 你希望恋爱这样开始(　　　)。

a. 一见钟情　　　　　　　　　　　b. 青梅竹马

c. 在工作(学习)中逐渐产生　　　　d. 经人介绍

5. 让爱情更深一点的良策是(　　　)。

a. 极力讨好取悦对方　　　　　　　b. 尽力使自己变得更完美

c. 欲擒故纵　　　　　　　　　　　d. 爱情是缘分,无计可施

6. 当恋人暴露出一些缺点和不足时,你会(　　　)。

a. 委婉告知并帮其改进　　　　　　b. 震惊意外,对其加以指责

c. 嫌弃动摇,怀疑爱情　　　　　　d. 无所谓

7. 当一位比你目前恋人更优秀的异性对你表示爱慕时,你会(　　　)。

a. 离开恋人接受其爱　　　　　　　b. 将其恋情淡化为友情

c. 瞒着恋人与其往来　　　　　　　d. 为迟到的爱后悔痛苦

8. 当你倾慕的异性另有所爱时,你会(　　　)。

a. 一如既往地待他(她),等其觉悟　　b. 参与竞争,力争夺取

c. 抽身止步,成人之美　　　　　　d. 整日后悔痛苦

9. 恋爱中的波折矛盾是(　　　)。

a. 必然又必需的　　　　　　　　　b. 对恋爱的否定

c. 无聊的　　　　　　　　　　　　d. 束手无策的痛苦经历

10. 由于种种原因,你的恋爱失败,对方提出分手,你会(　　　)。

a. 千方百计抓住他(她)　　　　　　b. 到处诋毁对方名誉

c. 说声再见,各奔前程　　　　　　d. 矛盾痛苦不知所措

11. 进入大龄的单身贵族队列,你的恋爱态度会(　　　)。

a. 一如从前,宁缺毋滥　　　　　　b. 放弃追求,随便凑合一个

c. 重订更现实的择偶标准　　　　　d. 不谈爱情

评分规则:

请按以下标准计分,并判断自己的恋爱心理成熟程度。

1. a:3;b:2;c:1;d:1

2. (女性选择)a:2;b:1;c:3;d:1。

　　(男性选择)a:2;b:2;c:3;d:1。

3. a:3;b:2;c:1;d:0。

4. a:2;b:1;c:3;d:1。

5. a:1;b:3;c:2;d:0。

6. a:3;b:2;c:0;d:1。

7. a:2;b:3;c:1;d:0。

8. a:2;b:1;c:3;d:0。

9. a:3;b:0;c:2;d:1。

10. a:2;b:0;c:3;d:1。

11. a:1;b:2;c:3;d:0。

结果解释：

26～33分：成熟型。恋爱心理非常成熟。懂得爱的真谛，向往爱又能在现实中实现爱。就像一名竞技状态良好的运动选手，你能够在爱情面前轻松舒展，游刃有余；更可贵的是即使直面失败也有良好的心态。你的恋爱婚姻一定很美满幸福。

18～25分：准成熟型。渴望爱的垂青，然而屡屡失误，一时难以如愿。校正一下恋爱指针，太过浪漫的往现实方向调调，太现实的多一些浪漫温馨情调，幸福快乐已在眼前了。

9～17分：待成熟型。恋爱婚姻是人生的一门必修课，要取得好成绩单单凭热情是不够的，还须专心修习，从理论到实践，再从实践到理论，一点一滴，终会水滴石穿。

3～8分：青涩型。爱情对你而言是迷宫，是八卦阵，或者是平淡苍白的荒漠。让心理轻松开放些，爱的光线会缓缓照射进来，那时你才能体会到柔情温暖。

互动训练

1. 爱是什么？

目的：通过活动让同学思考自己的爱情观，同时通过大家对爱的实质的讨论更全面地领悟爱的真谛，并能对自己的情感生活有所反思。

时间：20分钟左右。

操作：请静静地思考一下"爱"是什么，并在白纸上写出5条你所认为的爱的实质，如：爱是需要、关怀……（请更多关注那些直觉的、第一印象的内容，而非理性思考的内容和感受！）写完后每个同学在小组里向大家汇报自己的选择及感受。

讨论与分享：

(1) 你在活动中有何感受？

(2) 对你而言，爱的实质是什么？它对你曾经或目前的恋爱有何影响？你的选择与你的爱情观相符合吗？

(3) 其他人的爱情观对你有何影响？

(4) 最后每个小组将排在前5位的爱的实质写到黑板上在全班进行分享，教师进行点评补充、总结。

2. 我的性爱观

目的：了解自己的性观念。

操作：请根据自己的实际想法完成下面的句子。

对于"性生活只有夫妻才应享有"的说法

我认为_____

原因_____

在我的观念

性_____

性_____

性_____

社交公开场合，异性可以拥抱_____

因为_____

牵手是普通社交礼仪_____

因为_____

热吻和爱抚是性交的前奏，已是固定密友便可以_____

因为_____

若对方拒绝我以上任何举动，我的感觉如何？我会如何反应？_____

我允许的身体接触包括（牵手、拥抱、亲吻、边缘性行为、性接触、性行为）_____

我对于这样的接触感到_____

我与恋人的承诺在身体亲密上界限

可以_____

不可以_____

原因_____

怎样避免恋人之间过早的性行为？_____

在下列情景下，我容易被引起性冲动（请用对号表示）。

- 热吻
- 看三级电影
- 昏暗灯光
- 身体上的接触
- 紧密地拥抱
- 对方衣着暴露
- 对方涂了香水
- 四周有很多动作亲密的情侣
- 与密友独处一室
- 其他：_____

如何彼此提高警惕_____

讨论与分享：请成员以小组为单位进行分享，分享的程度由自己来把握。

资料来源：吴少怡.大学生团体辅导与团体训练[M].济南：山东大学出版社，2010:144-145.

拓展资源

心理学网站：

1. 中国大学生心理健康在线：http://www.psyhealth.cn/

2. 中国心理网：http://www.psy.com.cn/

3. 中国心理卫生协会：http://www.camh.org.cn/

4. 爱情保卫战：https://www.360kan.com/va/acUpaadv7JMAED.html

心理学电影：

1.《律政俏佳人》(2001)

2.《山楂树之恋》(2010)

3.《那些年，我们一起追的女孩》(2011)

4.《失恋 33 天》(2011)

5.《成为简·奥斯汀》(2018)

电影片段

第九章

生命之花　绚烂开放

案例导读

大学生六级作弊被取消学位 宿舍内自杀微博遗言

微博再次无奈地见证了年轻生命的消逝。2019 年 7 月 15 日凌晨,黑龙江八一农垦大学经管学院一名李姓大三学生,通过定时发送工具,连发 18 条微博作为遗言。15 日下午,该生在学校宿舍内被发现,发现时已经死亡。从其遗言来看,这名学生自杀的原因很可能是因为在英语六级考试中作弊被抓,学校给予其取消学位的处理决定。该生不能接受,绝望之余选择结束自己的生命。

资料来源:https://k.sina.com.cn/article_2620088113_9c2b5f3102000rvw6.html? from=news&subch=onews.

想一想:

(1) 我们该如何看待人生与生命?

(2) 面临同学发生危机时,我们该怎么办?

本章概要

1. 死亡是不可避免,也是必然存在的;

2. 感受生命的意义;

3. 危机面前不慌张。

第一节　正确面对死亡

心香一瓣

你无法预计死亡拜访你的时间,但是你可以提前预备好款待它的茶点。也许只有在绝境中,人生中最基本最朴素的光芒才会突破种种物质的阻力,迸出单纯而灼目的光芒。长的是人生,短的是年轻,所有面向死亡的修行,都是为了更好地活着。

——毕淑敏

在电影《时间规划局》的开头，一串数字出现在一只人类手臂上。随着脉搏的跳动声，数字不断变动，直到定格：0000·00·0·23·48·24——那意味着此人的生命只剩下不到一天时间。在电影中，导演一次次用特写镜头对准手臂上的倒计时：有时它是一串紧张跳动的荧光绿，有时是一串触目惊心的黑色"0"，有时是由绿到黑的"清零"过程。"清零"就是生命的结束。由"1"到"0"，似乎是戛然而止，但其实生命每天都在流逝，只是大脑会将这个流逝过程屏蔽在意识之外，这样我们才能把注意力集中在当下，努力学习，认真工作，享受生活。

一、死亡是生命存在的形式

欧文·亚隆在其著作《直视骄阳——征服死亡焦虑》的开篇醒目标注：你不能直视骄阳，也不能直视死亡。千百年来，死亡对于我们的每一个个体而言，是不愿意想象更不愿意面对的问题，不是多虑。现代社会的人的寿命虽然比以前大幅度地提高了，现代科技和医学也高度发展，可你依旧没办法准确地预知自己的死期。在这一点上，现代人一点也不比古代人幸运多少。人总是要死的，这是一个常识。凡是常识都要接受，如果你不接受，规律就会强迫你接受。到那时，你愤怒、委屈、不甘心，都于事无补。如果你鸵鸟埋头，假装这一切都不会发生，死亡就成了你仓皇之时的不速之客，吃亏的是你和你的亲人。

人们不喜欢讨论死亡，认为它是不祥和丑恶的。一提到死亡，人们联想到词语几乎都是负面的：阴暗、黑色、寒冷、腐烂、肮脏、丑陋、恐怖、惊吓、分离、哭泣、伤痛、绝望……这些形容词让我们的身心涌起了强烈的不舒服感。如果我们看到一个新生婴儿，我们就会联想到光明、发展、蓬勃、希望、金色、温暖、期待、快乐、幸福、灿烂……心境和感受完全不同。既然生死都是人生不可或缺的一部分，为什么我们不能像接受生之顺畅那样，平静地接受死之坠落？现代医学已经能够妥帖地减轻临终的痛苦，让死亡变得渐弱渐息，生理的痛苦可以用技术化解，心理的痛苦就更加凸显。我们不可能不想到死，正如我们不可能不死。生命在一呼一吸之间延续，也在一呼一吸之间流逝。

有人会说，我现在年纪还轻，死亡是很久很久以后的事情，等我岁数大了再做思考也还来得及。有的人即使到了花甲之年，听到人们谈论死亡，依然觉得不吉利，还一脸茫然地说，自己从来没有想过这件事，它还遥不可及，以后再说吧。人都满了花甲，还说死亡遥远，这乐观可能要把他带到猝不及防的地步。更有人想，我身体很健康，当我身体不好时，再思考也不晚嘛！这些貌似有理的话背后，潜藏着胆怯和无知。死亡基本上是不会提前把请柬放到你的桌面上并准时赴约的。天有不测风云，人有旦夕祸福。你无法预计死亡拜访你的时间，但你可以提前预备好款待他的茶点。

有位老人得了癌症，当医生告诉他这个消息时，他很平静地面带笑容地说，我很感谢上帝让我得了癌症。医生非常吃惊地说："你得了癌症，不怨天尤人、不惊惶失措，已很难得，为什么还要说感谢的话呢？"老人说："到了我这个年纪，死亡就是我的邻居了，随时都可能来敲我的门。如果我得了脑溢血或是心肌梗死，我很可能一句话也来不及说就死了,那样我的亲人接受起来该多么困难。而且我还有很多要交代的事也都没了着落。现在,我得了癌症,我有很充足的时间能和亲人告别,能把诸事整理得清清爽爽。当死亡一定要来的时候,还有什么比这种方式更令人安心呢? 这就是上帝所给予我的最好的礼物了。”

钦佩这位老人,不是每个人都能有这种从容赴死的勇气和福气。再一想,事在人为。我们可以创造出一个局面,让死亡变得可以接受,让自己较少遗憾,让生命更多一点掌握在手中的安然——这就是提前做好应对死亡的心理准备。

思考死亡,是为了有备无患,更为了胸有成竹地生活。只有真正生活过的人,才能坦然平静地走向永恒的死亡。

相关链接 ·-·

韩国:入棺体验后生活更积极

面对越来越多民众成为“生活方式”病(如糖尿病、血脂异常等)患者以及自杀率高居不下等问题,一种为警醒人们珍爱生命的健康教育形式——“模拟葬礼”近年来得到韩国政府、学校和宗教团体的支持,流行开来。

“模拟葬礼”在韩国有多种叫法,可称为“入棺体验”,也可叫作“临终体验”,主要环节有专家讲座、书写遗书、进入棺材模拟死亡等,让参加者通过体验更加珍爱生命,并以更积极健康的姿态面对生活,进而降低韩国的自杀率。

据韩国《文化日报》近日报道,“模拟葬礼”目前已从首尔市扩散到周围地区。最近首尔市芦原区就进行了这样一个活动:有80多名40~80岁的中老年人参加,主要就是体验死亡的感觉,并睡棺材体验,书写放弃无意义治疗的“医疗意向书”、遗书等。“模拟葬礼”的“重头戏”是睡棺材。今年74岁的张明佳老太太身穿传统黄色麻织寿衣,小心翼翼躺进一口棺材。她谈到内心感受时表示:“真感觉像死了一样。刚开始有点紧张,但深呼吸几次后平静下来。”在棺材中躺了5分钟的金某表示:“虽然时间很短,但似乎重新回顾了一生。”今年88岁的金周南老大爷参加完活动后表示:“疾病会让人死亡,也会给身边的人带来痛苦,我希望能更坚强地活下去。”

韩国这种关于生死的体验活动已经蔓延到了中小学。据韩国《中央日报》10月18日报道,首尔市内某文化会馆内正在进行一个“公共美术·我的葬礼”特别展览,希望通过这种最直观的行为艺术,让孩子体验到生命的无常和珍贵,教育他们要珍惜健康,尊重生命。展览组织方表示,很多来这里观看展览并体验死亡的人都获益良多,很多人对生活的态度发生变化,愿意以更加积极的姿态看待人生和家人。此活动的经费主要由首尔市教育厅资助,并将在其他城区举办。

资料来源:http://www.100md.com/html/paper/1671-4954A/2015/12/70.htm.

·-·

二、生命的存在

生命是所有生物体共有现象,生物体死亡以后不可复生,但是生命又有其特殊性,尤其是人类的生命,它能通过各种抽象的形式而延续。

(一) 人的生命存在形式

1. 物质形式

生命的物质载体是人,人的生命作为一个自然生理性的肉体生命而存在,是一个动态的过程,人的生长和发展必须服从生物界的法则和规律。所以,衣食住行、生老病死是每个人都必须经历的,也是每个人无法逃避的。

2. 精神形式

人不仅是为满足自己的自然生命而活着,还要追求超越肉体存在的精神存在。人要规划自己的人生,创造自己的价值,指导和提升人的生命价值。正是有了生命的精神形式的存在,才使人的生命有理性的意蕴和道德的升华。

3. 社会形式

马克思说,认识社会的人。一个人要想生存下去,就必须融入社会活动中,在与人的沟通、交往和互动中保存自己的生命,追求自己生命的意义,实现自己生命的价值。正是这种社会性存在,使人们面对各种变化时,有一种生命的智慧和坚定的信念,使人们在面对有生有死、有爱有恨、有聚有散、有得有失的人生和无奈命运时,有一种豁达的胸怀和坦然的态度。

有一对兄弟,他们的家住在80层楼上。有一天,他们外出旅行回家,发现大楼停电了。虽然他们背着大包的行李,但看到没有什么别的选择,于是哥哥对弟弟说,我们就爬楼梯上去吧!他们背着两大包行李开始爬楼梯。爬到20层楼的时候他们累得爬不动了,哥哥说:"包太重了,不如这样吧,我们把包放在这里,等来电后再坐电梯来拿。"于是,他们把行李放在了20层楼上,继续向上爬。

他们有说有笑地往上爬,但是好景不长,到了40层,两人实在累了,想到还只爬了一半,便开始互相埋怨,指责对方不注意大楼的停电公告,才会落得如此下场。他们边吵边爬,就这样一路爬到了60层,他们累得连吵架的力气也没有了。弟弟对哥哥说:"我们不要吵了,快爬上去吧。"于是他们默默地继续爬楼,终于到了80层!兴奋地来到家门口,兄弟俩才发现他们的钥匙留在20层楼的行李包里了……

有人说,这个故事其实就是反映了我们的人生:20岁之前,我们活在家人、老师的期望之下,背负着很多的压力、包袱,自己也不够成熟,能力不足,因此步履难免不稳。20岁之后,离开了众人的压力,卸下了包袱,开始全力以赴地追求自己的梦想,就这样愉快地过了20年。可是到了40岁,发现青春已逝,不免产生许多的遗憾和追悔,于是开始遗憾这个,惋惜那个,抱怨这个,嫉恨那个……就这样在抱怨中度过了20年。到了60岁,发现人生已所剩不多,于是告诉自己不要再抱怨了,珍惜剩下的日子吧！于是默默地走完了自己的余年。到了生命的尽头,才想起自己好像有什么事情没有完成……原来,我们所有的梦想都留在了 20 岁的青春岁月,还没有来得及完成……

一般来说,年龄在 20 岁左右的在校大学生,因为年轻,往往感觉不到生命的可贵,总觉得生命还很漫长;由于学习、娱乐、生活的精彩,以致没有时间去认真地考虑生与死的问题;因为年轻,大多数人对浪费时间就是浪费生命较少有深刻的体验;因为自身的健康以及大多数人的父母正值中年,使大学生还没有来得及体会疾病痛苦和面对死亡的恐惧。但最终人类还是不可避免地要走向死亡,有生必有死,这是任何人都抗拒不了的自然法则。正因如此,生命才展现其存在的独有特征。

（二）生命存在的特征

1. 不可逆

生命的珍贵,就在于它只有一次,不能逆转,失去了就永远不会回来。从胚胎起,生命便一直生长、发育、发展,直至衰亡。它绝不会"倒行逆施",返老还童。正是生命的这种特征,才使得人们更加关注、珍惜和呵护自己的生命。因为生命一旦走过是无法回去的,生活中的懊恼、悔恨的事情也不可能推翻重来。

2. 有限性

首先,生命存在时间是有限的。长生不老是人们关于生命的童话,现实中人的寿命一般七八十岁,最多不过百十来岁。其次,生命是无常的。天灾人祸、生老病死等不可预测,任何人都逃脱不了,都必然走向死亡。再次,个体的生命存在需要别人的帮助支持和关怀。任何人都不能离群索居,不食人间烟火。正是生命的有限性,才促使人去努力改变生活,创造生活,以实现自己生命的意义。

3. 不可换性

虽然生命是所有生物的共性,但它又为个体所私有,相互不能交换,彼此不可替代。生命对每个人来说只有一次,是任何人都无法复制的孤本。每个人都有自己的需要、兴趣、特长和认知思维方式,人总会赋予自己的生命以不同的意义,从而形成个人化的精神世界,使生命展现出不同的特色。

4. 双重性

人的生命存在两种形式:一是生命是自然界的一部分,受自然规律决定和制约,具有自然性。二是人作为精神的存在,要受到道德规律的决定和支配。每个时代、每个人都必须面对这种矛盾。人的这种双重性、矛盾性及其之间的相互作用,是人的生命存在的最根本动力。人就是在生命的双重性中寻求生命的意义,实现生命的价值。

5. 完整性

人的生命是完整的。人的生命是生理、心理和社会性的统一体,是一个不可分裂的整体,人通过实践活动在认识世界和改造世界的同时,也发展人自身,使人不断超越自我。

6. 创造性

生命是在不间断地运动,一旦静止就是死亡。但生命比单纯的持续运动更为丰富,生命会不断出现产生新内容的创造性运动,促进自身不断成长和变化。人通过创造去把握生活的变化,通过创造去发现生命的意义,通过创造去实现对自己生命的认识与超越。

三、温情面对生与死

生与死是人生中再自然不过的事情。但是在我们的文化中,对死亡却忌讳如深,以至死亡有着种种的代名词:夭折、故去、仙逝、永别、逝世、牺牲、病故、遇难、亡故、走了、升天、人没了等。人们不愿说死,更不愿讨论死亡。家长大多不愿意孩子参加葬礼,也有老辈爱用"死鬼"来吓唬孩子。更有极端者,甚至不愿提到"四"字,无论手机、电话号码、车牌号等。也许这都反映出人类对生的渴望与对死亡的恐惧。对于"死亡"的认识,可以说是一切文明的起源。人们害怕死亡才会聚在一起,从事某种宗教活动,于是宗教信仰在原始先民中产生。科学家考古发现,最早的城市中心区域大多是举行宗教仪式的场所。

是什么使人们走出荒蛮开始了文明?应该说是从认识死亡开始的。死亡等于消失,等于无,等于一切欲望的灭绝。由于人们对于死亡之后的设想不同,便产生了不同的宗教,留下了无数种哲思和宏大的人类文明工程,这些工程至今还被我们瞻仰着,并成为人类文化的基因,影响着一代又一代人的心理。

前人研究生死的文化视角概括起来主要有以下几个方面:

1. 哲学与心理学对生死问题的思考

在心理学还没有从哲学中分化出来的时候,西方的苏格拉底、柏拉图都有对死亡的反思,接着有黑格尔、尼采与弗洛伊德对死亡的描述与分析;在东方有孔子与庄子对死亡的不同态度。尽管受当时历史条件的限制,他们的观点有唯心哲学观的因素,但对哲学与心理学的发展奠定了一定的基础。

2. 医学伦理、心理生死现象

主要涉及安乐死、临终关怀与医疗伦理的争议、人们对生死问题的反思,以及生命的长度与生命的品质的探究,医学科学的目标设定与人的生命死亡之不可设定问题,探讨不同医疗系统、手段对死亡的态度,如中医、藏医对身体与生命的不同文化设定与操作。

3. 心理与生死现象

是指当家人发生意外、自杀死亡所引发的心理创伤现象时,如何帮助生者去面对无法自抑的情绪激动。对于如何去面对这些走过死亡幽谷的心理现象,各地不同的文化都有沿革。如各种文化的葬礼,无论静默的、歌舞的,都是基于对生死的主观认识而举行的,并借此表达人们对生死的感情。

4. 疾病与生死现象

主要涉及患者自己怎样看待疾病,患者和照顾者之间的关系,患者的生活世界与照顾者、医护人员的生活世界的距离,罕见疾病患者、慢性病患者与家人、医疗系统和整个现代社会的关系等。对于这些问题,现代社会以人为本的社会支持系统的建立,是社会的一大进步。

5. 族群文化与生死现象

主要指如何面对因人们生活视野以及文化背景的不同而产生的偏见、歧视,从而在人性上包容各异的生死观。

相关链接 ·+

《入殓师》:让死亡戴上了温情的面容

由于乐团解散而失业的大提琴演奏者大悟带着妻子回到乡下,并阴差阳错地进入了一家名为"NK 代理"的公司,成了一名新手入殓师,惊慌失措的大悟决定向妻子和周围的人隐瞒这个事实。在见习期间,受到社长的影响,大悟逐渐改变了最初对入殓师的印象,对这份将死者最美的面貌保留在世间的工作产生了极大的兴趣。

老入殓师佐佐木为妇人涂上了生前常用的口红,这一情节不仅体现了作为入殓师的佐佐木的细心,同时也表现了生者对于死者的尊重。妇人在入殓师的妙手下重现了生前的美丽,入殓师让死者安然踏上了旅程。在这一片断中入殓师的心怀慈悲、妇人女儿的孝顺懂事、男主人隐忍的悲伤无不让人动容。也正是因为这件事,让大悟成长为一名真正的入殓师。但此时,妻子美香和朋友知道了这件事,妻子的离家出走、朋友的鄙视,以及死者家属对他的辱骂使他承受了极大的压力。最终在社长的鼓励下,大悟坚持了下来,而怀孕的妻子也回来了,且理解了大悟的心情。影片的结尾也是高潮处,大悟接到了抛弃他三十年的父亲的死讯,在为父亲整理仪容时,大悟回忆起少年时父亲的脸,回忆起父亲对他的爱。

在影片中我们见到了许多葬礼,导演把充斥着死别的葬礼导成了一幕幕白色喜剧,让死亡也带上了让人动容的温暖。在影片结尾处,大悟在已僵硬的父亲尸体的手中找到了幼年自己给父亲的一块石头,大悟又将这块石头贴在妻子的腹部,将父亲对自己的爱传给了自己尚未出生的儿子。这种深刻的亲情将影片的主题再一次升华,体现了深刻的人文关怀。

《入殓师》将生死的含义通过镜头表现出来,每个片段都流露出了脉脉温情,情节舒缓却不拖沓,在两个小时的影片中娓娓讲述了一个个充满欢笑与泪水的人生故事,主人公大悟最后成长为一个不惧死亡、豁达宽容的入殓师,同时也告诉我们,坦然接受人生中的种种感情,享受人生。

资料来源:https://movie.douban.com/review/12290953/.

·+

对大多数还没有经历过现实死亡事件的大学生们,也同样有一个面对生与死的态度问题。没有足够心理准备的人,很难做到当面对生活中的突发生死事件时能够处乱不惊;

没有积极的心态的人,也较难在别人或集体、国家需要时能够挺身而出。

现代人的生死观应该充分肯定人生中积极的方面,在一生中要能与人为善,具有友爱、同情心、关怀、开朗、乐观等心理素质,能正确地看待死亡问题,不迷信,要有科学、正确的生死哲学思想。因此,树立科学、正确的生死观是大学生成长中的重要课题。

第二节　感受生命的意义

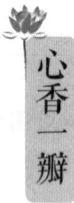

心香一瓣

　　不管命运之手是怎样的,对我们有利还是不利,只要生活落到我们头上,我们就使它变得尽可能美好。这既是生活的艺术,也是理性生命的真正优势所在。

——利希滕格

米兰·昆德拉说:"人生旅途无非两种,一种只是为了到达终点,那样生命便只剩下了生与死的两点;另一种是把目光和心灵投入沿途的风景和遭遇中,那么他的生命将是丰富的。"

一、无与伦比的人体与生命年轮

人体结构精巧,功能高超,无与伦比。例如,仅 1.5 千克重的人脑,约由 140 亿个脑细胞组成。其神经元件之多、记忆容量之大、活动之随心所欲,是任何电子计算机所望尘莫及的。大脑分为左脑和右脑,它们分别具有不同的功能。左脑负责计算、分析等与理性有关的领域;右脑负责感知事物、感知运动时的体位、鉴赏艺术等与感性有关的领域。人的心理活动,比其他动物要丰富而复杂很多。思维水平是人类最重要的标志。

人体,大自然的这一杰作,由好几百万亿个细胞构成。细胞和细胞之间填充着细胞间质。许多形状相似、功能相同的细胞及其细胞间质结合起来,构成了我们身体中的四种基本组织上皮组织、结缔组织、肌肉组织和神经组织。这四种组织的不同组合,构成了人体的骨骼、肌肉、脑、心、肺、肝、肾等"器官"。许多作用相近的器官结合成为一个"系统",完成某一方面的全套功能。其中大脑及神经系统是支配人的思维和行为活动的物质基础,即心理是大脑的机能,是客观世界在人脑中的能动反映。

人体内有八大"系统"。作为人体支架的骨骼和肌肉共同构成运动系统,使我们能走路、说话,完成各种劳动和运动动作。血液将所携带的氧气和营养物质,通过心脏和血管组成的循环系统,输送到身体细胞之间的组织液中,人体的细胞就浸浴在组织液的"生命之海"中,从组织液里吸取氧气和营养物质,同时把细胞新陈代谢过程中产生的二氧化碳和废物排到组织液中,再由血液循环带走。血液中的氧气来自呼吸系统的主要器官——肺与大气的气体交换,同时在这一交换过程中把二氧化碳呼出;血液中的葡萄糖、氨基酸、蛋白质、脂肪酸等营养物质,则来自经口摄入的食物,消化系统加以消化、吸收。来自肺部的血带足了氧气,来自小肠的血富含营养物质,流过肾脏的血液则把从组织细胞排出的废物通过尿排泄出体外。血液循环、呼吸、消化、泌尿系统保证个体生命活动的正常进行。生殖系统是繁殖下一代、保证种族延续的系统。神经系统和内分泌系统则是人体内的自动调节系统,分别通过神经活动和激素,控制全身各器官的活动,使各器官互相间巧妙地协调配合,并与内、外界环境的变化保持动态平衡。这就是自然界的骄子——我们的身体。我们的生命,就负载在这样一个大自然最精巧的杰作上。

人从出生到衰老,在心理和生理方面都要经历一个漫长的发展变化过程,生理发展是我们心理得以发展的物质基础。

是父母的结合,给了我们生命的载体——身体,我们是父母爱的骄子。无论父母的受教育水平高低、生活状况优劣,是父母和其他关爱我们的人的爱护和养育,才使我们从一个出生时弱小得无法站立的生命,成长为今天有着健康身体的独立的人。我们感恩父母把我们带到这个世界,享受阳光,享受生命,享受爱,有机会体验人生的种种酸甜苦辣。

人生是要自己去经历的,我们自己才是生命的主宰。身体(相貌、身高等)、家境只是人生成长的载体或一个时期的环境因素,但不是人生精彩与否的决定因素。

生命是一个发展过程。我们在人生的第一个 20 年里,经历了人的早期发育的几个阶段:新生儿期(0~1 个月)、乳儿期(1 个月~1 岁)、婴儿期(1 岁~3 岁)、幼儿期(3 岁~6、7岁)、童年期(6、7 岁~11、12 岁)、少年期(11、12 岁~14、15 岁)、青年期(14、15 岁~27、28岁)。今后我们还要经历成年、老年,走过人生不同的年轮,体验不同年龄阶段的人生,最终走向死亡,这是自然规律。而人生的最初 20 年,是人生发展变化最迅速、最重要的 20年。我们需要学习生活的自理能力,学习走向社会的自立技能,学习做自强人的品格,即学做人,学做事,为今后人生的后几个 20 年打下基础。

人有生理年龄、心理年龄、社会年龄之说。如果说,生理年龄是人自然发展的结果,那么,心理年龄、社会年龄则主要靠教育和我们自己去提升和发展,并不是随着生理的成熟自然而然地随之成熟的。

人的心理年龄与其实际年龄并不是必然一致的。我们身边不乏这样的人,身处花季,却已然少年老成,心态十分保守,一副老气横秋的样子;我们父母的同龄人,有的虽已近知天命之年,却总是充满朝气,积极乐观,心情开朗;有的人年事已高,言行举止犹如孩童。人的心理年龄与生理年龄应成大致对应的关系,但在不同环境和教育的影响下,仍会表现出发展中的个体差异和不平衡性,所以人的心理年龄、生理年龄以及智力年龄并不是完全同步发展的,也会受到近期的心情等多种因素的影响。因此,心理年龄是一个心理发展的"时间参数",随着人的不断努力,心理年龄是可以得到调整和优化的。

健康的人生目标会使我们自己成为一个身心健康的人,在参与社会服务中,充分享受到人生的美满幸福。

相关链接・+

珍惜生命

一个死囚在临刑前被突然告知：如果能端着一碗水绕皇宫走上一圈而滴水不洒，国王就赦免他，死囚答应了。

皇宫周围高低不平，还有许多台阶，而死囚只是死死盯着碗里的水，一步步走了大半天，终于走回出发点，竟然一滴水都没有泼洒出来。人群沸腾了，国王也非常高兴，问他："你怎么做到滴水不洒呢？"

死囚回答说："我端的哪里是水，分明是我的生命啊。"

资料来源：http://www.cssse.com/o/1025101A2019.html.

・+

我们不能到临近死亡才知道生命的可贵，这是死囚的悲哀。但死囚对待那碗水的全神贯注、目不转睛、如临深渊、如履薄冰的珍爱生命的态度，确实是我们对待生命的应有之义。

二、生命长度的有限和生命宽度的无限

我们用什么来评价生命的价值呢？

是用寿命的长短来评价？用平生获得的金钱、地位来评价？还是用支撑生命的价值观来评价？

有位老师在大学新生入学时提了一个问题："你们希望活到多少岁？"

"只希望活到 30 岁的人请举手。"——当然，没有一个人举手。

随着年龄增加，当问到 45 岁的时候，有人开始举手了。

"希望活到 50 岁的人请举手。"——又有几个人举了手。

问到 60 岁的时候，大部分人举起了手。

问到 70 岁的时候，举手的人已经很少了。

"那么，希望活到 80 岁的人请举手。"——仅仅只有两个人举了手。

对于这两个人，全班同学哄堂大笑。目前，我国平均寿命已经超过了 70 岁，活到 90 岁的人也绝非少数。活到 80 岁的愿望本来再正常不过，但那些不谋求长寿的学生却对两个人投去了不解的目光，仿佛在问："你们真的希望活到 80 岁吗？"

很多伟人用自己的生命和实际行动告诉我们：有的人生命虽然短暂，却能活出生命的深度。人在年轻的时候，往往认为"老年"和"死"都是别人的事情，跟自己没有多大关系，所以不会太认真地去思考这个问题。而当我们的生命受到威胁时，可思考的时间就显得太短。那时我们是否能像他们一样有勇气做出正确的选择？如果在日常生活中，

我们就有科学的生死观念,有良好的面对不如意生活事件的心理素质,才能热爱生活和生命。

在阿富汗艾哈农的贝多利亚王朝(公元前250年左右建立的国家,前后持续百余年)都城遗址中曾发现过一篇当时的碑文,上面这样写道:

孩提时学会良好节制

青年时学会控制感情

中年时学会正义

老年时学会成为好的建言者

然后无悔地死去

当年老病重,开始回顾自己一生的时候,如果敢对自己说"我已竭尽全力,我真诚地度过了一生",那么这个人在离开世间时内心一定很平静。但若等到年老病重才开始考虑今后该怎么做的话,结果可能是狼狈不堪的。

为避免这种情况出现,我们在珍视现在分分秒秒的同时,必须提前将目光投向正朝我们走来的"老年"和"死"。

瑞士人在为刚出生的孩子填写拥有的财产时,写的都是"时间"二字。他们认为,对一个刚出生的孩子来说,他们自身所带来的财富,就是一生的时间,而不会有其他东西。

其实,一个人出生后,所拥有的无非是你活在世上所拥有的时间。所谓生命,就是一个利用时间的过程,也是逐渐支付时间的过程。所谓生命的价值和意义,也只有通过你对时间的利用来体现。

从古至今,富有成就的伟人都意识到了时间的宝贵。有人问发明家托马斯·爱迪生,世界上最重要的东西是什么?他的回答是"时间"。美国发明家、作家兼政治家本杰明·富兰克林对时间的认识更为深刻,他说:"你热爱你的生命吗?那么,别浪费时间,因为时间是构成生命的元素。"

这些伟人的至理名言,从一个角度说出了人生的真谛。在现实生活中,我们大多数人只重视对空间的争夺和占领,而忽视对时间的珍惜和利用。如果对时间处于一种无意识状态,而没有站在生命的高度来看待和利用一生的时间,我们的生命就会随着时间的推移而被动地走向终点。

人生是由我们活在世上所拥有的有限的时间构成的。我们都知道生命宝贵,却又常常浪费构成生命的时间。为什么会这样呢?这主要是下面一些意识上的原因:

第一,人们没有意识到,怎样花时间是可以由自己控制的。从某种角度讲,人和人之间的差别不在于所拥有的时间多少,而在于如何利用时间。如果没有意识到怎样花时间是可以由自己支配和控制的,时间就会在这种无意识状态下悄悄地溜走。

第二,人们不了解要取得人生的成功,一个人所拥有的时间其实是很少的。有人曾做过粗略统计,一个活到72岁的美国人是以这样的方式消费自己一生的时间的:

睡　　觉	工　　作	个人卫生	吃　　饭	旅　　行	学　　习
21 年	14 年	7 年	6 年	6 年	4 年
开会	找东西	其他	打电话	排队	
3 年	1 年	3 年	2 年	5 年	

这就是说，一个人要在工作时间取得成功，所能利用的时间其实是很少的。

第三，没有意识到多少时间是被浪费掉的。在对时间无意识的状态下，许多人对自己、对生命不负责任，得过且过，对当日应该做的事情一拖再拖；同时，不注重调动自己的积极性，没有全身心地投入自己应该做的事情上去，表现为劳动效率低。这样，构成生命的时间就在这种浑浑噩噩的状态下被丢失了。

第四，缺少分配时间的系统或方法。有些人虽然认识到了时间的宝贵，但他们没有利用时间的合理计划，这也相应地造成了对时间的浪费。节约时间的最佳方法是预先思考、计划一下怎样合理分配、使用时间。如果你能避免在无谓的事情上花费时间，你每天便有更多的时间可以利用。

管理时间就是管理自己的生命。但我们很多人都缺乏这样的意识，随心任性，让懒惰空耗了时间和生命。懒惰就好比是时间之马拉着空载着的生命之车，没有目标地行走。这或许是积极性不高，或许是自律不严，或许是性格使然，还有一些人是对自己应做什么，什么时候去做不甚清楚。

在日常工作和生活中，我们应该注意采取措施，减少懒惰给我们造成的时间损失，养成有条理的习惯，将有用的东西分门别类保管好，并放在固定的位置，用记事本或日志等方式，提示自己尚有未做的事以及何时应该做完。

三、不完美的人生，创造完美的人生意义

季羡林说："每个人都争取一个完满的人生。然而，自古及今，海内海外，一个百分之百完满的人生是没有的，不完满才是人生。"这世上没有绝对完美的人生。"人有悲欢离合，月有阴晴圆缺。"如一首歌唱到："你不必太完美，我不必太完美，人性的可爱就是不能完美。"不完美的人生是可塑的，不完美就是一种完美。

（一）不完美是人生常态

也许你正忍受着病痛的折磨，也许你正经历着失恋后那刻骨铭心的痛，也许你在为自己的身材矮小、容貌不佳而自卑着，也许你在为自己学业无成而哀叹着、自责着，也许你在为求职屡屡受挫而难过着、愤愤不平着，也许你在为父母干涉你的恋爱而抗争着、无奈着，也许……

每个人的生命都有一些缺憾，有的来得早些，有的来得迟些；有的表现在这一方面，有的表现在另一方面。每个人都会为生命的不完美而伤心、难过甚至悲观绝望；为生命的不

完美而紧张、害怕甚至于惊恐万分；为生命的不完美而自卑、自怜进而怀疑生命的价值。但人们对待不完美的态度和行动却并不相同。有的人愤世嫉俗，内心不愿接受不完美的现实，并且在行动上也不会积极地改变它；有的人自暴自弃，其内心已接受不完美的现实，行动上也不做任何改变现实的努力；有的人在内心接受不完美现实的基础上还会积极地采取行动来改变它。

生活中，多少失落、痛苦和不幸正是源于追求完美。俗话说："金无足赤，人无完人"，现实就是这样的残酷。若过于执着且不肯变通，必然陷入完美主义的心理误区。欲除掉珍珠斑点的那个人一定是最痛苦的人。因为在他的眼中，看到的多是不完美，因而一次次与机遇擦肩而过，与成功遥遥相望，最终只落得两手空空。

生命永远不可能是完美的，不完美是人生的常态，完美仅仅是人们一厢情愿的幻想。生活中，有知识的人不一定有健康，健康的人不一定有自由，自由的人不一定就生活得幸福。每一个人都不能得到生命的全部，音乐大师贝多芬创作无数，《命运交响曲》是世界之极品，可他却双耳失聪；美国总统罗斯福在二战期间成就卓越，可他却只能终日坐在轮椅上；为人类做出巨大贡献的富兰克林，也要抱怨夜晚的失眠……对于生命中的不完美，假如你无法改变，那就理智地接受它，譬如说，眼前有一堵墙，我们就只好承认它，若是不承认，使劲往前撞，那就可能头破血流了。假如你有可能改变，那你就试着去改变。

只有在不完美中，人们才能找到自己人生的定位。不完美是"昨夜西风凋碧树"的清醒，而完美往往是"高处不胜寒"的迷惘。杨绛曾说，她愿有一件凡间的隐形衣，而这隐形衣就是身处卑微。权力、财富上的不完美，使一个人隔绝于世，更能清楚地找到自己人生的定位，认清世间百态。

（二）生命的意义是靠自己创造的

奥地利精神科医师、著名心理学家维克多·弗兰克是少数从奥斯维辛集中营里活着走出来的人，他在《活出意义来》一书中写道："人类的生命无论处在任何情况仍都有其意义。这种无限的人生意义，涵盖了痛苦和濒死、困顿和死亡。"许多大学生，尤其是在遭受挫折的时候经常会问自己这样一个问题："生命到底有什么意义？"事实上弗兰克已经用其痛苦的经历给了我们每个人最好的回答。弗兰克是奥地利籍犹太人，第二次世界大战中他全家都被纳粹投入集中营。在集中营极端恶劣的环境下，许多人被摧残致死，还有许多人因为忍受不了这种非人的待遇和无尽的痛苦而选择了自杀。弗兰克的父亲、母亲、哥哥都死在集中营中，唯独弗兰克坚持活下来了。而且，不仅他本人活下来了，他还帮助其他一些人活下来了。弗兰克的专业是精神病学，他在集中营中成为囚徒们的心理医生，他经常悄悄地与同室的难友们彻夜长谈，千方百计唤起他们生活的勇气。

弗兰克最初的努力是帮助难友们树立未来的目标和期望，这在开始时取得了一定的效果。但后来他发现，在圣诞节到新年的一周里，囚徒的死亡率明显高于平常，甚至高于如食品供应中断、恶劣的气候和瘟疫的流行等这类最艰难的时期。原因很简单，因为他们的希望破灭了。他们曾天真地希望会在圣诞节和新年得到解救并与家人团聚，当他们的希望破灭时,他们被绝望所笼罩,这严重损害了他们身体的抵抗力,许多人就是这样离开人世的。那么怎么挽救那些不再对生活有任何期望的人?弗兰克经过彻底的思考,领悟到必须从根本上改变人们对生活的态度。就是说,要使那些绝望的人们认识到,我们对生活的期望是什么并不重要,重要的是生活对我们的期望是什么。要使那些打算自杀的人认识到,生活还在期望着他什么,未来还在期望着他什么。这种期望可以是一件很平常的事情,比如孩子在等着他回家,未写完的书稿在等着他完成等。这些事情尽管平常,却是每一个人唯一的、独有的和珍藏在心中的东西,是使之有别于他人的东西,是赋予他存在的意义的东西。当一个人意识到生活对他的期望时,他不会放弃他的生命,不会放弃他所爱的人们,不会放弃他的工作。

读到弗兰克的命题时,有一种醍醐灌顶的感觉。太透彻了,一个人如果不是挣扎在纳粹集中营的死亡线上,怎么会有这种大彻大悟!是呀,人寻求意义而不仅是追求需要的满足,这个意义就是认识到生活对我们的期望并为之奋斗。这道理看上去那么简单,但又是如此具有震撼力。

生命是一个不断创造出意义的机会。每一个独特的个体都必须自己孕育出意义。你拥有创造出意义的自由,也拥有创造出意义的能量,尽可能地去探索生命,然后你就会拥有丰富的生命。

相关链接

别盯着杯子

一次,我们几位同学去拜访大学时的老师。老师问我们生活得怎么样。一句话勾出了大家的满腹牢骚,大家纷纷诉说着生活的不如意:工作压力大呀,生活烦恼多呀,做生意的商战不顺呀,当官的仕途受阻呀……一时间,大家仿佛都成了上帝的弃儿。

老师笑而不语,从房间里拿出许许多多的杯子,摆在茶几上。这些杯子各式各样,有瓷器的,有玻璃的,有塑料的,有的杯子看起来高贵典雅,有的杯子看起来简陋低廉……老师说:"都是我的学生,我就不把你们当客人看待了。你们要是渴了,自己倒水喝吧。"

我们说得已经口干舌燥了,便纷纷拿了自己中意的杯子倒水喝。等我们手里都端了一杯水时,老师讲话了,他指着茶几上剩下的杯子说:"大家有没有发现,你们挑选去的杯子都是最好看最别致的杯子,而像这些塑料杯就没有人选中它。"我们并不觉得奇怪,谁都希望手里拿着的是一只好看的杯子。

老师说:"这就是你们烦恼的根源。大家需要的是水,而不是杯子,但我们有意无意地会去选用好的杯子。这就如我们的生活——如果生活是水的话,那么,工作、金钱、地位这些东西就是杯子,它们只是我们用来盛起生活之水的工具。杯子的好坏,并不能影响水的质量,如果将心思花在杯子上,你哪有心情去品尝水的苦甜,这不是自寻烦恼吗?"

资料来源:http://jyj.hzxc.gov.cn/xsyd/qcqjy/201505/t20150505_196204.shtml.

在生命的过程中，当我们将自己的所有心思都放在生命以外的客体时，我们就忽略了生命的过程，三亿精子在竞争的过程中只有一个精子得以造就生命，所以，生命本身就是来之不易的，享受生命才能懂得生命的美好。

在《生活的艺术》中林语堂写道："生之享受包括许多东西：我们本身的享受，家庭生活的享受，树木、花朵、云霞、溪流、瀑布，以及大自然的形形色色，都足以称为享受，此外又有诗歌、艺术、沉思、友情、谈天、读书等的享受，后者都是心灵交流的不同表现。"

第三节　危机面前不慌张

心香一瓣

人生是一次旅行，航行中，必然会遇见从各个方向袭来的劲风，然而每一阵风都会加快你的航速，只要你稳住船舵，即使是暴风雨，也不会使你偏离航向。

——利希滕格

大学阶段是一个人一生中生理、心理变化最剧烈的时期。一方面，大学生需要解决所面临的学业、人际、恋爱、就业和人生发展规划等诸多重大问题；另一方面，大学生的身心发展还不够成熟，正处于从青少年心理向成人心理过渡的关键期，世界观、人生观和价值观尚不稳定，看问题容易形成偏差，解决问题的能力也很有限。因此，当大学生面临复杂的人生课题时，这种不稳定的心理状态和应对问题能力的欠缺，使得他们极易受到外界的影响和干扰，从而产生心理危机。

一、什么是心理危机

（一）心理危机的概念及其表现

心理危机是指个体或群体运用惯常的应对方式无法处理目前所面临的困境时所产生的一种心理失衡状态。换句话说，它是指个体运用以往的应对方式无法解决所面临的突发性事件或重大生活事件时，出现的一种暂时性的心理失衡状态。通常只有符合下列三个条件的才是心理危机：第一，有诱发事件，即影响人心理变化的重大事件的存在；第二，重大事件的发生引起人的情绪、躯体、认知和行为等方面的改变，如出现恐惧、悲伤、愤怒、心慌、手脚冰凉等心理和生理变化，但这些变化又不符合任何精神疾病的诊断标准；第三，当事人用以往的应对方式处理无效，因而产生无助、无力和绝望的感觉等。

很多大学生在出现心理危机或者周围的同学出现心理危机时，并不知道这就是心理危机,因而耽误了最佳的干预时间,导致情况越来越严重。当发生心理危机时,个体有以下几个方面的变化。

1. 生理变化

当人处于心理危机时,身体各系统功能会大受影响,生理变化非常明显,如失眠、食欲不振、头痛眩晕、心跳加快、呼吸短促、胸口疼痛、手脚冰凉等。

2. 情绪变化

不良的情绪体验是发生心理问题的主要因素,也是判定个体产生心理危机的重要指标。异常情绪所造成的负面影响足以产生心理危机。异常情绪包括抑郁、焦虑、淡漠、躁狂等。如果出现情绪突然改变,明显不同于往常,如情绪低落、悲观失望、焦虑不安、无故哭泣、忧郁苦闷、喜怒无常、持续不断的悲伤或焦虑等,就有可能产生心理危机。

3. 行为变化

行为变化与情绪变化密切相关,不良的情绪必然导致行为的异常,行为异常也是判定个体产生心理危机的重要指标之一。当出现睡眠困难、体重明显增加或减少、个人卫生习惯变差、孤僻独行、无缘无故生气或与人敌对、人际交往明显减少、旷课、吸烟酗酒等异于平常的行为时,就有可能已经陷入了心理危机。

二、心理危机的特征

我们认为心理危机的特征主要表现在以下几个方面:

(一) 危险与机遇并存

心理危机既能给人带来威胁和痛苦,也能成为当事人成长的机遇。在当事人碰到的危机事件十分严重,或者当事人采用应对方式未能解决危机事件时,当事人容易产生焦虑、抑郁、愤怒等不良情绪,导致其心理社会功能的下降,甚至出现自杀行为或杀害他人,致使自身或他人的人身安全受到危害。若当事人能成功地控制住危机情境,或者能够得到及时有效的干预和帮助,那么他不但能够重新恢复心理平衡,学会新的应对技能,而且还能使其心理得到发展,这时,当事人遇到的心理危机便成为其人生发展的机遇。

如失恋,有的个体会从中汲取教训,总结经验,领悟到爱情的真谛,为将来的生活积极准备;而有的个体失恋后很快陷入另外的情感纠葛中,通过新的恋爱忘记过去;还有的个体自暴自弃采用极端手段放弃生命,甚至采取杀人报复的行为。

(二) 复杂性与系统性并存

心理危机是复杂的,就像我们常说的,祸不单行。危机的症状就像一张网,个体环境与周围大环境相互交叉,一旦个体出现危机,很多复杂的问题会同时浮出水面。此外,个体所处的环境决定危机处理的难度,个体的社会支持系统直接影响问题的解决和新的平衡建立。如果社会支持系统中的很多人在同一时间也受到危机的影响,那么整个系统就会卷入进去。

如 2020 年开始的新冠疫情,短短几天时间造成全国几千人的去世、几万人的感染、十四亿中国人的居家隔离。人们每天生活在惶惶不安之中。十四亿中国人的家庭生活因此而彻底改变,特别是医务系统和公安系统的很多人受到了疫情感染,此刻,他们及其家人都面临重大的心理危机,而对于全国人民来说,同样面临一场健康、经济、生活、工作的危机。

相关链接

你也在井里吗?

人生必须渡过逆流才能走向更高的层次,最重要的是永远看得起自己。

有一天,某个农夫的一头驴子,不小心掉进一口枯井里,农夫绞尽脑汁想办法救出驴子,但几个小时过去了,驴子还在井里痛苦地哀号。最后,这位农夫决定放弃,他想这头驴子年纪不大,不值得大费力气把它救出来,不过无论如何,这口井还是得填起来。于是农夫便请来左邻右舍帮忙一起将井中的驴子埋了,以免它痛苦。

农夫的邻居们人手一把铲子,开始将泥土铲进枯井中。当这头驴子了解到自己的处境时,刚开始哭得很惨。但出人意料的是,一会儿之后,这头驴子就安静下来了。农夫好奇地探头往井底一看,出现在眼前的景象令他大吃一惊。当铲进井里的泥土落在驴子的背部时,驴子的反应令人惊奇——它将泥土抖落在一旁,然后站到铲进的泥土堆上面。

就这样,驴子将大家铲倒在它身上的泥土全数抖落在井底,然后再站上去,很快地,这只驴子便得意地上升到井口,然后在众人惊讶的表情中快步地跑开了。

就如驴子的情况,在生命的旅程中,有时候我们难免会陷入"枯井"里,会被各式各样的"泥沙"倾倒在我们身上,而想要从这些"枯井"脱困的秘诀就是:将"泥沙"抖落,然后站到上面去。

资料来源:段鑫星,程婧著.大学生心理危机干预[M].北京:科学出版社,2006:98-99.

三、大学生应该如何对待心理危机

大学生在四年的成长过程中,难免有心理危机的困扰,危机与成长伴随大学生走过青春岁月。我们碰到的大多数心理危机都是可以通过自我调节或专业人士的帮助顺利渡过的。

(一) 将危机转换为动力

作为一名大学生,即使遭遇心理危机也没什么大不了,应该看成是很正常的一件事情,积极地去面对,将危机看成是一种考验。这不仅是在考验我们的心理素质,也是在考验我们的人生价值观。

(二)将危机看成是一场考试

我们的一生中会经历很多的考验,我们必须将危机也当作一道考试的题目。在看到这个题目时我们就应该想到解题的步骤,并积极寻找更为有效的解题方法,使之井然有序地进行,让危机一点点地化解。

(三)将危机转化为提升心理素质的契机

有些人在逆境中失败了,有些人在逆境中成功了,适者生存的意义就在于此。一个拥有良好心理素质的人,在面对危机时,会找到危机的出口。而一个心理素质不佳的人,则会在危机爆发时自暴自弃。所以我们要不断提升自己的心理素质,在面对危机时,不要畏惧,把它当成是对自己心理素质的一次考验。

(四)寻求社会支持

如果通过自己的力量不能够较快地从危机中走出来,就需要寻求社会支持,如与父母、亲朋好友、老师同学沟通,或者寻求专业心理咨询中心的老师的帮助等。

五、大学生心理危机的极端行为——自杀

当处在心理危机状态下的个人尝试措施无效,不相信可以摆脱危机带来的挥之不去的痛苦时,有人就可能采取极端的方式结束自我生命——自杀。

人都有求生的原始本能,即使是在自杀的刹那间也不例外。自杀者只是在选择解决问题时,情绪上混乱,没有人理解、帮助,判断力缺失。多数自杀者性格内向,因不肯向人家诉说内心的痛苦,造成自杀行为顺利实施。

(一)自杀者的识别

世界上没有什么能比生命更重要,因此预防自杀是每一个公民的责任。而大多数自杀者都有征兆,会发出一些讯号,如果人们忽略这些征兆,对自杀者微弱的呼救不闻不问,往往会更令自杀者心灰意冷。

当发现你的亲友、同学有人有下列特征,可能他正处在心理危机之中,应马上采取有效措施,防患于未然。

1. 直接说出要自杀。
2. 曾经有过自杀未遂的经历。
3. 有条理地安排后事,将自己珍爱的物品送给他人。

4. 收集与自杀方式有关的资料并与人探讨。

5. 流露出绝望、无助、愤怒、无价值感等不良情绪。

6. 将死亡或抑郁作为谈话、写作的主题。

7. 谈论自己现有的自杀工具。

8. 经常喝酒，借酒浇愁，喝到醉酒，滥用药物。

9. 出现自伤行为。

10. 最近有朋友或家人自杀或者死亡。

11. 突然的性格改变、反常的中断、有攻击性或闷闷不乐。

12. 学习成绩突然显著恶化，不愿参加集体活动，不学习、旷课。

13. 存在严重睡眠障碍，如嗜睡或严重失眠的学生。

（二）大学生自杀的干预

如果发现身边的同学有自杀倾向或自杀的可能性时，我们应在第一时间向自己的辅导员报告，同时要与心理咨询中心的老师联系，在此，不要有顾虑，认为自己是告密者，相反，我们是挽救同学生命的心灵天使，即便是判断失误，老师也不会责怪你们，因为在这个问题上，我们宁可判断失误，也不能有任何的疏忽大意。若情况紧急，联系不上老师，同学们在现场就要立即对危机中的同学进行干预，在这个过程中，不要惊慌，应注意做好以下几点：

1. 表达你的关心，询问他们目前面临的困难以及困难给他们带来的影响。

2. 保持冷静，多倾听，少说话，让他谈出自己内心的感受。要有耐心，不要因为他们不愿意与你交谈就轻言放弃，允许谈话中出现沉默，有时候重要的信息就在沉默之后。他们可能会拒绝你要提供的帮助，有心理危机的人有时候会否认他们所面临的难以处理的问题，不要认为他们的拒绝是针对你本人。

3. 不要试图说服他改变自己的想法，他这样想一定有他的原因。要接纳他，不对其做任何道德或价值评判。

4. 不要给出劝告，也不要想着怎么帮他解决问题，尽力想象自己处在他们的位置时是如何感受的。说出你的感受，让他们知道并非只有他们自己有这样的感受。

5. 大胆询问其是否有自杀的想法，"你是否有过很痛苦的时候，以致令你有想结束自己生命的想法。"（询问一个人有无自杀念头不但不会引起自杀，反而可以拯救生命，这一点常常被误解。）

6. 不要答应对他的自杀想法给予保密。

7. 让他相信别人是可以给予他帮助的，鼓励他再次与你讨论相关的问题，并且要让他知道你愿意继续帮助他。

8. 鼓励他向其他值得信赖的人谈心，寻求他人的帮助、支持。

9. 给予希望，让他知道面临的困境能够有所改变。

10. 如果你认为他需要专业的帮助，请提供转介信息。如果他对寻求专业的帮助恐惧或担忧,应花时间倾听他的担心,告诉他一般人遇到这种情况都需要专业帮助,这是关心他的做法。

11. 相信他所表露出来的任何自杀迹象,如果你认为他即刻要自杀的可能性很大,要立即采取措施,不要让他独处,去除自杀的危险物品,或将他转移到安全的地方。

12. 在对自杀的危机干预中,要注意自身的安全,尽可能多寻找一些同学与你一起承担。

相关链接

困境即是赐予

一个障碍,就是一个新的知己条件,只要愿意,任何一个障碍,都会成为一个超越自我的契机。有一天,素有森林之王之称的狮子来到了天神面前:"我很感谢你赐给我如此雄壮威武的体格、如此强大无比的力气,让我有足够的能力统治这整片森林。"

天神听了,微笑地问:"但是这不是你今天来找我的目的吧,看起来你似乎为了某事而困扰呢。"

狮子轻轻吼了一声,说:"天神真是了解我啊,我今天来的确是有事相求。因为尽管我的能力再好,但是每天鸡鸣的时候,我总是会被鸡鸣声给吓醒。神啊,祈求您,再赐给我一个力量,让我不再被鸡鸣声给吓醒吧!"

天神笑道:"你去找大象吧,它会给你一个满意的答复的。"

狮子兴冲冲地跑到湖边去找大象,还没见到大象,就听到大象踩脚发出的砰砰响声。狮子加速地跑向大象,却看到大象正气呼呼地直踩脚。

狮子问大象:"你干吗发这么大的脾气?"大象拼命地摇晃着大耳朵,吼着:"有只讨厌的蚊子,总想钻进我的耳朵里,害我都快痒死了。"

狮子离开了大象,心理暗自想着,原来体型这么巨大的大象,还会怕那么瘦小的蚊子,那我还有什么好抱怨的呢,毕竟鸡鸣也不过一天一次,而蚊子却是无时无刻地骚扰着大象,这样想来,我可比他好多了。

狮子一边走,一边回头看着仍在踩脚的大象,心想,天神要我来看看大象的情况,应该就是想告诉我,谁都会遇上麻烦事,而它并无法帮助所有人。既然如此,那我只好靠自己了。以后鸡鸣的时候,我就当作鸡在提醒我该起床了,如此一想,鸡鸣声对我还算是有益处呢。

在人生的路上,无论我们走得多么顺利,但只要稍微遇上一些不顺的事,就会习惯地抱怨老天亏待我们,进而祈求老天赐给我们更多的力量,帮助我们渡过难关。但实际上,老天是最公平的,就像它对狮子和大象一样,每个困境都有其存在的价值。

资料来源:段鑫星,程婧著.大学生心理危机干预[M].北京:科学出版社,2006:133.

心理自测

应对危机的能力

以下 20 道测试题,可以帮助你对自己做出判断,请认真回答。每道题都有三个选项,A 表示"是",B 表示"否",C 表示"不全是""不一定"或"不确定"。请在相应题后面作答。

题　目	是	否	不全是/不一定/不确定
1. 你童年时很受父母宠爱。	A	B	C
2. 你步入社会后经历坎坷,屡遭挫折。	A	B	C
3. 你初恋失败后几乎丧失了生活的勇气。	A	B	C
4. 你的收入不高,但手头并不缺钱花。	A	B	C
5. 你无法忍受和性格不同的人一起工作。	A	B	C
6. 你从不失眠。	A	B	C
7. 你的朋友突然带一个你非常讨厌的人来访,对此你感到恼火。	A	B	C
8. 原定你担任干部,可公布名单时却换别人,你也心情坦然,并向他祝贺。	A	B	C
9. 你看到那些穿着奇装异服的人就讨厌。	A	B	C
10. 你认为一些新规定的颁布和实施,都是理所当然的。	A	B	C
11. 你接连遇到几件不愉快的事,苦恼不断增加。	A	B	C
12. 即使同工作上的竞争对手交谈,你也能友善和平。	A	B	C
13. 你结交新朋友相当不容易。	A	B	C
14. 别人未经允许随便动用你的物品,你会长时间感到恼火。	A	B	C
15. 即使多次失败,你也不放弃再做一次尝试的机会。	A	B	C
16. 对没有完成的重要事情,你会寝食不安。	A	B	C
17. 至少有一半的成功把握,你才会冒险干一些事情。	A	B	C
18. 你很容易染上传染病。	A	B	C
19. 别人若对你不公平,你会怀恨在心,一定找机会进行报复。	A	B	C
20. 有空闲时间,你就想读小说和娱乐性报纸。	A	B	C

评分规则：

选项 / 分值	1	2	3	4	5	6	7	8	9	10
A	1	5	1	1	1	6	1	5	1	5
B	5	1	5	5	5	1	5	1	5	1
C	3	3	3	3	3	3	3	3	3	3

选项 / 分值	11	12	13	14	15	16	17	18	19	20
A	1	5	5	1	3	5	5	1	1	5
B	5	1	1	5	5	1	1	5	5	1
C	3	3	3	3	1	3	3	3	3	3

结果解释：

20～51分为A型：无法承受突如其来的变故。这可能与你一帆风顺的经历有关。你性格脆弱，经受不住刺激，更经不起意外打击，即使稍不遂意也使你寝食不安。这是你的主要弱点，建议你增强心理承受力，勇敢面对生活的挑战。同时也要少想个人得失，因为应对困难的能力说到底是对个人利益损失的承受力。

51～75分为B型：心理承受力一般。在通常情况下不会有什么问题，至多有点烦恼。要注意的是在大的挫折面前要坚强一些。

76～100分为C型：敢于迎接命运的挑战。你有不平凡的经历，能正视现实，对来自生活的困难应对自如，随遇而安。

互动训练

1. 算算自己成长的经济成本

时间段	学费、书本费、住宿费	吃的费用（吃饭、零食）	衣服及生活用品费用	娱乐费用（请客、旅游、游戏）	手机话费	电脑、上网费	恋爱费用	每个月零花钱
小学阶段								
初中阶段								
高中阶段								
大学阶段								
总计								

2. 画画自己的生命线

目的：画一条直线来代表自己的生命线，并评估自己在过去、现在和未来的理想。

材料：一张白纸、一支红笔、一支黑笔、一把直尺。

操作：

（1）根据自己的健康状况，参照人类的平均寿命和自己的家族寿命，估计自己能活多少岁。

（2）画一条直线，标明出生点、现在点和死亡点。

（3）标出自出生以来在自己身上发生的几件大事和今后可能面临的重要时刻。例如：7岁上学、30岁结婚、工作、疾病、父母离世等。愉快的事情用红笔标在线的上方，越愉快标的点越高，不愉快和伤心的事情用黑笔标在线的下方，越伤心越向下标。

（4）将生命线的上方点连起来，生命线的下方点连起来。

（5）仔细触摸，观察自己的内心感受。

```
                    ▽                                    ▽      X(年龄)
────────────────────────────────────────────────────────────────→
  出生         现在的年龄                          预测死亡年龄
```

3. 为自己写下一个墓志铭

在这里埋葬的是：＿＿＿＿＿＿＿＿＿＿＿＿＿＿＿＿＿＿＿＿＿＿＿＿＿＿＿

＿＿＿＿＿＿＿＿＿＿＿＿＿＿＿＿＿＿＿＿＿＿＿＿＿＿＿＿＿＿＿＿＿＿＿

＿＿＿＿＿＿＿＿＿＿＿＿＿＿＿＿＿＿＿＿＿＿＿＿＿……。

4. 我的五样

（1）请拿出一张白纸，在白纸顶端，一笔一画，写下"×××的五样"。这个×××就是你的名字。请你用黑色的笔在雪白的纸上，飞快地写下你生命中最重要的五样。可以是人、事、物，有形的或者无形的东西。

（2）相互交流分享各自的五样。

（3）选择与舍弃

现在，你的生活中出了一点意外，怎么办？生命中最宝贵的五样，保不住了。你要舍去一样。请你拿起笔，把五样之中的某一样抹去。

注意，不是在那样东西旁边上一个叉，还保留着它的基本形态，就是说，你还可以透过稀疏的遮挡看清它。丧失绝非这样仁慈。你要用黑墨水，将这样东西缓缓地，但是毫不留情地涂掉，或者用刀子将它剜掉。直到它在洁白的纸上成为一个墨斑或黑洞，再也无法辨识。

你的纸上剩下了四样宝贵的东西，还有一个黑洞。此刻，生活又发生了重大变故，来得更凶猛急迫，你保不住你的四样了，必须再放弃一样。

生命进程中，你又遇到了险恶挑战。这一次，你又要放弃一样宝贵的东西了。

你的生活滑到了前所未有的低谷，你必须做出你一生中最艰难也是最果决的选择。你只能留下一样，其余全部放弃。

① 最后留下的是否是自己最先写的？（如果不是，说明什么？）

② 依次舍弃的都是什么？有什么想法？

③ 最后留下了什么？它为什么对你如此重要？

相互交流与分享自己的回答。

拓展资源

心理学网站：

1. 中国大学生心理健康在线：http://www.psyhealth.cn/

2. 中国心理网：http://www.psy.com.cn/

3. 中国心理卫生协会：http://www.camh.org.cn/

心理学电影：

1.《生命的意义》(2005)

2.《时间规划局》(2011)

电影片段

心理学书籍：

1. (美)露易丝·海:《生命的重建》,徐克茹译,中国宇航出版社,2008 年。

2. 毕淑敏:《心灵游戏》,北京十月文艺出版社,2010 年。

第十章

架桥铺路 生涯规划

案例导读

求职屡受挫，我要放弃吗？

李芳是江西省某高校会计学专业一名即将毕业的学生。2013年9月，她迎来了一个真正属于自己的就业季。对于平时学习刻苦努力的她来说，找一份自己想要的工作应该是轻而易举的事情。于是她做了一份漂亮大方的简历，准备迎接她的第一份offer。然而，在她的简历投出后，久久没有收到用人单位的面试邀请，终于她按捺不住心中的不甘，鼓起勇气给用人单位打了电话，询问没有通知她面试的原因，用人单位用简单的几个字"你不适合我们单位"给回绝了。就这样，她的第一次求职经历以失败告终。在接下来的日子里，她没有放弃，仍然积极参加各种招聘会，争取把自己的三方协议早日签下。但是，几次都被用人单位以各种理由拒绝了。

经历了几次碰壁后，她已经没有了之前的激情，慢慢变得心灰意冷起来，她对自己的求职路失去了信心甚至自卑起来。每当听到同学们讨论哪家单位怎么样，要不要去签协议这样的话题时，她都会悄悄躲开。看着身边有些学习成绩不如自己的同学都成功签署了自己的三方协议，她的消极心理更加严重，经常抱怨社会对她不公平。眼看着就要毕业，还没找到工作的她不知后面该怎么办？

资料来源：汪立夏，王森，刘修财.大学生心理疏导促就业（大学生心理自助丛书）[M].
北京：中国人民大学出版社，2015.

想一想：

（1）李芳求职屡次受挫的原因可能有哪些？

（2）如何帮助李芳重拾信心找到合适的工作？

本章概要

1. 生涯规划的概念；

2. 大学生生涯规划中常见的心理问题；

3. 大学生的能力发展与时间管理。

于丹说:"站在大境界上,就会感到天生我才必有用。而站在小境界上,只能一生碌碌无为。"有人觉得大学是人生的转折点,有人觉得大学是人生的加油站,也有人觉得大学是人生的竞技场,而大学究竟是什么呢? 在很多人眼里,大学是为今后的职场人生做准备的地方。大学期间除了发展自身的能力之外,也要不断完善自身的生涯规划。通过本章的学习,了解在大学期间需要发展的能力目标,并在此基础上对自己的大学生涯进行规划,有目的地安排好自己的时间,更好地适应大学生活,获得自我发展。

第一节　生涯规划概述

心香一瓣

一个人若是看不到未来,他就掌握不住现在。
一个人若是掌握不住现在,他就看不到未来。

——金树人

正如金树人所说,如果对于未来非常盲目,那么你当下的生活也难免会迷失方向。生涯既是人生的发展道路,也是一个人一生的发展过程,它包含了一个人一生中所扮演的系列角色与职位的总和。大学阶段是迈向成功的关键时期,这一时期的人生任务在于合理进行生涯规划,选好自己的人生之路。

一、生涯规划的内涵

生涯,也就是人生的发展道路,指一个人一生的发展过程,也指一个人一生中所扮演的系列角色与职位的总和。人的生命有两个端点:出生和死亡,生涯就是使我们的人生更富有意义,简而言之就是"过一辈子"。美国学者舒伯(Donald Super)认为:生涯就是终其一生,不同时期不同角色的组合。规划,是指进行比较全面的长远的发展计划,是对未来整体性、长期性和基本性问题的思考,设计未来整套行动方案。

相关链接

生涯的形态与态度

不同的人,生涯形态会有所不同,日本生涯学家高桥宪行将人的生涯形态归纳为

18 种：

超级巨星型：知名度极高，一举一动常常在无形之中牵动许多人的利益，乃是众所周知的知名人士。

卓越精英型：品行端正，知识丰富，具有敏锐的观察力，常常适时化险为夷，扭转乾坤。

劳碌型：安分守己，过着朝九晚五的安定生活。

得过且过型：缺乏理想、抱负，很少为工作奋斗和拼搏，只求生活过得去即可。

捉襟见肘型：机会来了不知把握，机会走了又怨天尤人，自暴自弃。

祸从口出型：喜欢批评，常在言谈中将过错推卸给别人，喜欢标新立异，又常常提出一些根本无法实现的计划。

中兴二代型：继承可观家产，又能兢兢业业发扬光大。

出外磨炼性：将第二代接班人送到其他公司去工作，从基层做起，靠自己的能力、关系发展自己，磨炼成长。

家道中落型：面对困难时，常常束手无策，欲振乏力。

游龙翻身型：能充分运用人生的蛰伏期，深刻思考自己的未来，并重新设计自己，终至飞跃。

专业成功型：面对生涯困境，能迈开步伐，解脱束缚，另谋出路，闯出另一番天地。

一飞冲天型：智能与经营才华出众，又有冲劲，遇有好的机会，就能一跃而起。

强力搭档型：在幸遇知音、志趣相投、能力互补的强力搭档下，开创成功的职业生涯。

福星高照型：相当幸运，往往随着时势的推移，在风云际会中成就美好的事业前程。

暴起暴落型：人性乖舛，起伏不定，崛起、衰败往往在一夕之间。

随波逐流性：目标不够明确，策略不够坚定，行动也常三心二意，因此只有随波逐流，难有创进。

强者落日型：能够呼风唤雨，才能出众，但常因人生的际遇，虎落平阳，以致了度残生。

一技在身型：专精某一领域，专心钻研，始终不懈，显得特别踏实。

资料来源：彭萍.未来的金钥匙——生涯规划[M].北京：高等教育出版社，2008：31-32.

职业生涯规划，简称生涯规划，又叫职业生涯设计，是指个人结合自身情况以及眼前制约因素，在对职业生涯的主客观条件进行测定、分析和总结的基础上，对自己的兴趣、爱好、能力、特点进行综合分析与权衡，结合时代特点，根据自己的职业倾向，为自己实现职业目标而确定最佳的行动方向、行动时间和行动方案。

相关链接

生涯规划的金三角

美国伊利诺伊大学教授斯温指出生涯规划鼎足而立的"金三角"，见下图。第一，对个人的自我探索；第二，对职业与教育资料的探索；第三，对环境资源的评估和掌握。

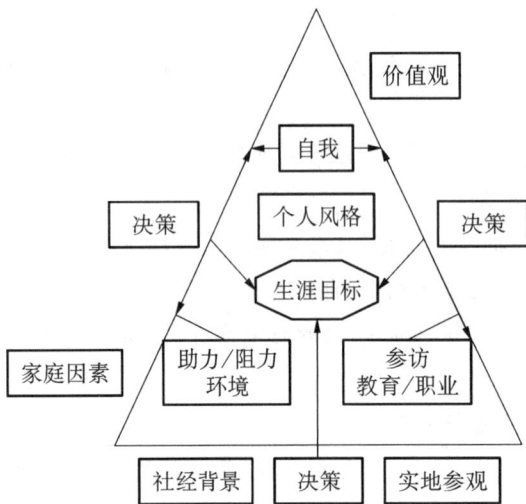

林清文先生和斯文教授都提到了生涯规划的 3 个要素：对自我的认识，对教育、职业资料的认识，对环境的认识。其中对自我的认识包含了解个人所追求的生活形态，了解自己的兴趣、能力、价值观、性格等；对职业与教育资源的探索包括对职业信息的了解、对工作世界的认识等；对环境资源的掌握还包括父母、家人、师长朋友的期许和协助，社会资源的助力和阻力等。

不难看出，上面提到的概念不只是一个静态的概念，其实是职业规划和选择的影响因素。在整个职业规划的不同阶段，所有影响因素都是不断发展变化的，生涯规划正是从一个平衡点(金三角)走向另一个平衡点(金三角)的过程。而在这个过程中，经过各方面因素的平衡，以选择适合个人特点的专业、职业及具体的工作岗位，确定特定的职业规划期望，并形成相应的职业行为；在以后的生涯道路中，如果个人并没有得到预期的结果，则会调整原来的设想，改变行为方式或期望值。因此，生涯规划是一个开放式的动态系统工程。

资料来源：戚晰.大学生心理健康教程[M].北京：人民邮电出版社，2010：190-191.

从意义上说，生涯规划不仅仅是帮助大学生根据自己的条件找到一份适合的工作，更重要的是帮助大学生了解自己，为自己明确方向、筹划未来。它一方面是当前社会发展的内在要求，另一方面也有利于大学生发掘自身潜能，鞭策自己取得更大进步。从内容上说，生涯规划包括对学习、爱情、家庭生活和职业等的预先设计。从阶段上说，大学期间分为四个规划周期：一年级试探期、二年级定向期、三年级冲刺期和四年级分化期。

二、生涯规划的理论

(一) 职业生涯发展的四阶段理论

以人的生理成长阶段来区分职业生涯的发展阶段，目前比较一致的看法是把职业生涯的发展划分为以下四个阶段：

1. 探索和尝试阶段——职业生涯的初期

这个阶段通常发生在 15～25 岁。在青少年时期，人们通过对家人、朋友、老师的认同以及与他们之间的互动，逐渐形成自我的概念。但对大多数人而言，在经过了一段时期的集中学习之后，对找工作、成为雇员这个问题开始认真对待了。职业的第一阶段也就开始了。而大学生正处于这一个阶段。在这个学习的阶段,包含了很多的"第一",如第一次面试、第一份兼职、第一份全职等。这个阶段也会让人感受到工作所带来的挑战。

2. 学习和进步阶段——职业生涯的高峰期

这个阶段发生在 25～35 岁,是人们工作生命周期的核心部分。人们在这时开始了第一份真正意义上的工作,会经历成功、失败、晋升或是调离。在这个阶段,很多人开始了从上个阶段的自己想要什么到自己需要什么的转变,同时也衡量并发展自己的职业规划,开始确定一个专门的领域,期望获得长久的成功。

3. 稳定与转折阶段——职业生涯的中期

这个阶段发生在 35～50 岁。在这个阶段,大多数人一般都已经在自己的工作领域中拥有了一席之地,但同时也有三个发展方向:向上、向下和水平发展。如果向上发展,个人被单位赏识、获得提升、承担更大责任;如果水平发展,个人将被调离,虽安全,但也不会有提升希望;如果走下坡路,那么个人在组织里会觉得多余,没有安全感,可以考虑换个工作环境,或者不断提升自己。

4. 引退阶段——职业生涯的后期

这个阶段发生在 50 岁到退休之间。对前一阶段处于向上发展的人来说,这个阶段意味着职业生涯的顶峰。个人的价值体现在他的判断和经验,以及与他人分享其知识的能力。同时,他们也是下一代管理者的向导与教练。

根据这一理论划分,大学生正处在探索与尝试阶段。在这个时期,大学生的能力迅速提高,兴趣逐渐稳定,许多学生需要对自己未来职业生涯做出关键性的决策。在这段时间,大学生应培养自己的职业兴趣,积累相应的社会工作经验,尽可能地实现人力资本、兴趣和职业的匹配,有针对性地进行生涯规划。

(二) 职业锚

职业锚是个人工作中依循需要、动机和价值观,经过不断搜索所确定的长期职业贡献区域和职业定位,是人们选择和发展职业时所围绕的中心。这是生涯设计的关键,也是生涯设计最重要的一点。施恩根据自己多年研究,提出以下五种职业锚:

1. 技术型职业锚

具有较强的技术或功能型职业锚的人往往倾向于选择那些能够保证自己在既定的技术领域不断发展的职业,他们往往不愿意选择带有一般管理性质的职业。

2. 管理型职业锚

此类型的人通常认为自己具备分析能力、人际沟通能力、情感能力,在人际危机面前,不易受困扰,在较高的责任压力下不易不知所措。他们表现出成为管理人员的强烈动机,必须承担较高责任的管理职位是这些人的最终目标。

3. 创造型职业锚

施恩认为,某些人有这样的需要:建立或创设某种完全属于自己的东西,如一件署有自己名字的艺术品、一家自己的公司等。

4. 自主型职业锚

现在时髦的自主创业正符合自主型职业锚毕业生的心理需求。他们希望自己决定自己的命运,希望摆脱大企业中工作的束缚。

5. 安全型职业锚

相当一部分的毕业生最重视的是长期稳定的职业和工作保障。相比较富有挑战性的工作强度、高薪的报酬,他们更倾向于可靠的未来生活,比如良好的退休计划和较高的医疗保险。

(三) 心理动力理论

心理动力理论,是心理学家鲍亭、纳奇曼、施加等人,以精神分析理论为基础,吸取了特质因素理论和心理咨询的一些概念和技术,对职业团体进行大量研究,于20世纪60年代后期提出的。该理论强调个人内在动力和需要等动机因素在个人职业选择过程中的重要性。

心理动力理论认为职业选择是个人综合快乐原则和现实原则的结果。个人在人格与冲动的引导下,透过升华作用,选择可以满足其需要与冲动的职业。该理论认为个体职业选择的动力来源是个人早期经验及态度的发展,个体生命的前六年决定着他未来的需要模式,这种需要模式的发展受制于家庭环境。心理动力理论强调以发展当事人的自我概念,通过当事人个人人格重建来达到职业选择,重视当事人在其职业选择过程中的自主作用。而职业辅导的最根本目的是帮助个体发展良好的职业自我概念。

(四) 霍兰德的性格类型——职业匹配理论

霍兰德是美国著名职业指导专家,提出了性格类型——职业匹配理论。他认为学生的性格特点、学习兴趣和将来的职业密切相关。他将人的性格分为六种:现实型、研究型、艺术型、社会型、用人单位型和常规型。

1. 现实型

他们通常喜欢有规则的具体劳动和需要技术的工作。这类人擅长技能性职业、技术性职业,但往往缺乏社交能力。他们粗犷、强壮和务实,情绪稳定,有吃苦精神,生活上求平安、幸福、不激进,倾向于简单地看待事物和世界。适合职业主要有需要用手工工具或是机器进行工作的手工工作和技术工作。

2. 研究型

他们喜欢智力的、抽象的、分析的、独立的定向任务。这类人喜欢独立,不愿受人督促,对自己的学识与能力充满自信;擅长解决抽象问题,尊重客观事实而不愿接受传统观念。具有创造精神,不喜欢做重复工作,但往往缺乏领导能力。这类人擅长科学研究和实验工作。

3. 艺术型

他们喜欢通过艺术作品来表达自己的思考和情感,爱想象,感情丰富,不顺从,有创造力,习惯于自省,擅长于艺术、文学方面的工作,但往往缺乏办事员的能力。适合职业主要指艺术创作工作(包括音乐、摄影、绘画、文艺表演等)。

4. 社会型

他们喜欢社会交往,喜欢有组织的工作,喜欢能让他们发挥社会作用的工作。喜欢讨论人生观、世界观、人生态度等问题。关心他人利益,关心社会问题,愿为团体活动工作,对教育活动感兴趣,往往缺乏机械能力。社会型的职业主要指为大众服务的工作(包括教师、医生、服务员、社团工作者等)。

5. 用人单位型

他们喜欢竞争,乐于使他们的言行对团体行为产生影响,自信心强,善于说服别人,喜欢加入各种社会团体,喜欢权力、地位和财富,性格外倾,爱冒险,喜欢担任领导角色,具有支配和使用语言的技能,但缺乏耐性和科研能力,擅长管理、销售等工作。

6. 常规型

他们喜欢有系统、有条理的工作,具有安分守己、务实、友善和服从的特点。此类人适宜从事文件档案管理、出纳员、会计、秘书等工作。

一般而言,具有六种典型的职业个性的人是极少数的,多数人的职业个性具有多重性,是这六种典型个性的交叉。我们可以通过"霍兰德职业爱好问卷"测试自己的职业兴趣。以下是霍兰德理论中的各兴趣类型特点及对应职业。

类 型	兴趣特点	对应职业
现实型	1. 愿意使用工具从事操作性工作 2. 动手能力强,做事手脚灵活,动作协调 3. 不善言辞,不善交际	主要是指各类工程技术工作、农业工作,通常需要一定体力,需要运用工具或操作机器 主要职业有:工程师、技术员、机械操作、维修、安装人员、矿工、木工、电工、鞋匠、司机、测绘员、描图员、农民、牧民、渔民等
研究性	1. 抽象思维能力强,求知欲强,肯动脑,善思考,不愿动手 2. 喜欢独立的和富有创造力的工作 3. 知识渊博,有学识才能,不善于领导他人	主要是指科学研究和科学实验工作 主要职业:自然科学和社会科学方面的研究人员、专家;化学、冶金、电子、无线电、电视、飞机等方面的工程师、技术人员;飞行员、计算机操作员等
艺术型	1. 喜欢以各种艺术形式的创作来表现自己的才能,实现自身的价值 2. 具有特殊艺术才能和个性 3. 乐于创造新颖的、与众不同的艺术成果,渴望表现自己的个性	主要是指各类艺术创作工作 主要职业:音乐、舞蹈、戏剧等方面的演员、编导、教师;文学、艺术方面的评论员;广播节目的主持人、编辑、作者;画家、书法家、摄影家;美术、家具、珠宝、房屋装饰等行业的设计师等
社会型	1. 喜欢从事为他人服务和教育他人的工作 2. 喜欢参与解决人们共同关心的社会问题,渴望发挥自己的社会作用 3. 比较看重社会义务和社会道德	主要是指各种直接为他人服务的工作,如医疗服务、教育服务、生活服务等 主要职业:教师、保育员、行政人员、医护人员;衣食住行服务行业的经理、管理人员、服务人员、福利人员等

类　型	兴趣特点	对应职业
企业型	1. 精力充沛、自信、善交际,具有领导才能 2. 喜欢竞争,敢于冒险 3. 喜爱权利、地位和物质财富	主要是指那些组织与影响他们共同完成组织目标的工作 主要职业:经理、企业家、政府官员、商人、行业部门领导者、单位的管理者等
传统型	1. 喜欢按计划办事、习惯接受他人指挥和领导,自己不谋求领导职务 2. 不喜欢冒险和竞争 3. 工作踏实,忠诚可靠,遵守纪律	主要是指与文件档案、图书资料、统计报表相关的各类科室工作 主要职业:会计、出纳、统计人员、打字员、办公室人员、秘书和文书、图书管理员、从事旅游/外贸工作的职员、保管员、邮递员、审计人员、人事职员等

第二节　大学生生涯规划中常见心理问题

> 征服世界的将是这样一些人:开始的时候,他们试图找到梦想中的乐园,当他们无法找到的时候,他们亲手创造了它。
>
> ——乔治·萧伯纳

心香一瓣

　　大学生自身的不稳定性,以及社会评价系统的不稳定,让部分大学生在大学生涯规划中,出现一些心理困扰。可以从大学生生涯规划中的心理误区和生涯规划中的心理问题两方面进行探讨。

一、大学生生涯规划中的心理误区

　　心理误区是指人们在心理上尤其是认识上陷入无出路的境地而又不能自拔,且本人对此缺乏意识的状态。大学生涉世不深、经验不足、自我期望过高,面对复杂的就业环境,难免因心理矛盾的积累而出现不适应,从而导致心理误区。大学生生涯规划中常见的心理误区有以下几点:

(一)职业期望过高

　　"眼高手低"的现象在大学生人群中比较普遍。大学生有理想、有梦想,渴望美好、高薪、高社会地位和高生活质量的工作,但是求职过程中的许多因素是他们不能控制的,导致了大学生的期望不符合现实。如果期望值过高,难免在生涯规划的过程中,做出有偏差的判断。

(二)职业准备不足

职业准备分两部分,一是能力的准备,二是心理的准备。一方面,大学生在学校里学习的更多的是书本上的理论知识,无论是专业素养还是沟通、合作等职场能力方面普遍不足。另一方面,大学生对以后可能的工作现实、择业受挫等,并没有充分的了解与评估,存在心理准备不足。

相关链接 ·+·

10个经典面试问题

在面试过程中,面试官会向应聘者发问,而应聘者的回答将成为面试官考虑是否接受他的重要依据。对应聘者而言,了解这些问题背后的"猫腻"至关重要。本文对面试中经常出现的一些经典问题进行了整理,并给出相应的回答思路和参考答案。读者无须过分关注分析的细节,关键是从这些分析中"悟"出面试的规律及回答问题的思维方式,达到"活学活用"。

一、"请你自我介绍一下。"

答题思路:

1. 这是面试的必考题目。

2. 介绍内容要与个人简历相一致。

3. 表述方式上尽量口语化。

4. 要切中要害,不谈无关、无用的东西。

5. 条理要清晰,层次要分明。

6. 事先最好以文字的形式写好背熟。

二、"谈谈你的家庭情况。"

答题思路:

1. 家庭情况对于了解应聘者的性格、观念、心态等有一定的作用,这是招聘单位问该问题的主要原因之一。

2. 简单地罗列家庭人口。

3. 宜强调温馨和睦的家庭氛围。

4. 宜强调父母对自己教育的重视。

5. 宜强调各位成员的良好状况。

6. 宜强调家庭成员对自己工作的支持。

7. 宜强调自己对家庭的责任感。

三、"你有什么业余爱好?"

答题思路:

1. 业余爱好能在一定程度上反映应聘者的性格、观念、心态,这是招聘单位问该问题的主要原因之一。

2. 最好不要说自己没有业余爱好。

3. 不要说自己有哪些庸俗的、令人感觉不好的爱好。

4. 最好不要说自己仅限于读书、听音乐、上网,否则可能令面试官怀疑应聘者性格孤僻。

5. 最好能有一些户外的业余爱好来"点缀"你的形象。

四、"你的座右铭是什么?"

答题思路:

1. 座右铭能在一定程度上反映应聘者的性格、观念、心态,这是面试官问这个问题的主要原因之一。

2. 不宜说那些易引起不好联想的座右铭。

3. 不宜说那些太抽象的座右铭。

4. 不宜说太长的座右铭。

5. 座右铭最好能反映出自己的某种优秀品质。

6. 参考答案——"只为成功找方法,不为失败找借口。"

五、"谈一谈你的一次失败经历。"

答题思路:

1. 不宜说出自己没有失败的经历。

2. 不宜把那些明显的成功说成失败。

3. 不宜说出严重影响所应聘工作的失败经历。

4. 所谈经历的结果应是失败的。

5. 宜说明失败之前自己曾信心百倍,尽心尽力。

6. 说明仅仅是由外在客观原因导致失败。

7. 失败后自己很快振作起来,以更加饱满的热情面对以后的工作。

六、"你为什么选择我们公司?"

答题思路:

1. 面试官试图从中了解你求职的动机、愿望以及对此工作的态度。

2. 建议从行业、职业和岗位这三个角度来回答。

3. 参考答案——"我十分看好贵公司所在的行业,我认为贵公司十分重视人才,而且这项工作很适合我,我相信自己一定能做好。"

七、"如果我录用你,你将怎样开展工作?"

答题思路:

1. 如果应聘者对于应聘的职位缺乏足够的了解,最好不要直接说出自己开展工作的具体办法。

2. 可以尝试采用迂回战术来回答,如"首先听取领导的指示和要求,然后就有关情况进行了解和熟悉,接下来制定一份近期的工作计划并报领导批准,最后根据计划展开工作。"

八、"我们为什么要录用你?"

答题思路:

1. 应聘者最好站在招聘单位的角度来回答。

2. 招聘单位一般会录用这样的应聘者:基本符合条件、对于这份工作感兴趣、有足够的信心。

3. 参考答案——"如果我符合贵公司的招聘条件,那么凭我目前掌握的技能、高度的责任感和良好的适应能力及学习能力,完全能胜任这份工作。我十分希望能为贵公司服务。如果贵公司给我这个机会,我一定能成为贵公司的栋梁之一!"

九、"你能为我们做什么?"

答题思路:

1. 基本原则是"投其所好"。

2. 回答这个问题前应聘者最好能"先发制人",了解招聘单位期待这个职位所能发挥的作用。

3. 应聘者可以根据自己的了解,结合自己的专业领域的优势来回答这个问题。

十、"你是应届毕业生,缺乏经验。如何能胜任这项工作?"

答题思路:

1. 如果招聘单位对应届毕业生的应聘者提出这个问题,说明招聘单位并不真正在乎"经验",关键看应聘者怎样回答。

2. 对这个问题的回答最好要体现出应聘者的诚恳、机智、果敢及敬业。参考答案——"作为应届毕业生,在工作经验方面的确会有所欠缺,因此在读书期间我一直利用各种机会在这个行业里做兼职。我也发现,实际工作远比书本知识丰富、复杂。但我有较强的责任心、适应能力和学习能力,而且勤奋自律,所以在兼职中均能圆满完成各项工作,从中获取的经验也令我受益匪浅。请贵公司放心,学校所学及兼职的工作经验使我一定能胜任这个职位。"

同一个面试问题并非只有一个答案,而同一个答案并不是在任何面试场合都有效,关键在于应聘者掌握了规律后,对面试的具体情况进行把握,有意识地揣摩面试官提出问题的心理背景,然后投其所好。

资料来源:王军.大学生健康心理学[M].合肥:中国科学技术大学出版社,2010:220-225.

(三) 自我认知模糊

除了对职业缺乏理性的认识之外,不少毕业生对自己也不能清晰地了解。主要表现在三个方面:不了解自我、自我评价过低或自我评价过高。很多大学生不知道自己喜欢做什么、适合做什么、擅长做什么,对学习没有明确目标;自我评价过低的学生只看到自己的劣势,产生不同程度的自卑心理,很难发挥潜能;自我评价过高的学生看不到自己的劣势,把求职目标定得过高,挑三拣四,不能脚踏实地为目标而努力。

(四) 缺乏规划意识

很多大学生仍抱着"车到山前必有路"的念头,不仅没有做好专业上的准备,也没有认真进行生涯规划。前三年无计划,第四年抱佛脚,即将毕业时焦虑迷茫。很多大学生不仅没有学习生涯规划的方法,为自己未来的人生做规划,甚至连大学四年的学习计划也没有制定。

相关链接

一个大学生的生涯规划

我的前期目标:2008 年 9 月—2009 年 7 月

1. 取得英语六级证书,并争取在口语方面达到日常交流的水平;广泛涉猎关于学年论文的书籍(20 本),做好学年论文和学士论文;不断参加社会实践,增加自己的社会阅历。

2. 广泛涉猎各种书籍,全面提升个人素质(社会学、心理学);争取在一些重要刊物上发表文章。

3. 努力拓展自己的人际交往面,提高自我修养,发展自己的情商;适时训练自己的口才,培养良好的生活习惯以及掌握人际交往技巧。

4. 初步涉猎销售的基础知识,阅读图书 20 本;取得营销师资格证,并努力考取高级资格证。

5. 保持良好的生活、工作习惯,善于规划,勤于执行,锻炼体魄,坚持每周打球,每天跑步。

2009 年 8 月—2010 年 6 月

1. 努力参与实习,并找到一份兼职,以增加就业资本。

2. 不断扩大自己的交际面,拓展自己的人脉。

3. 继续巩固销售知识,理论联系实际,多参加社会实践活动。

4. 尝试适应社会的发展需要,调整自己的心态,准备面对社会的机遇和挑战。

5. 持续拓展营销知识,阅读相关书籍(20 本)。

我的中期目标:2010—2015 年

在此,我运用目标项目管理方式,把自己的中前期目标定为:在大学期间刻苦学习销售知识和专业知识,将来能够在惠普、戴尔之类的大企业工作,并成为优秀的职业经理人(毕业后 5 年之内)。

目标分解,毕业5年后,我必须是:

能力:能够管理一支13人的销售团队;

资力:拥有基本工资5万以上的年薪;

物力:有属于自己的车子、房子;

学历:取得高级营销师资格证、高级社会工作师资格证;

资历:我的社交人脉中有很多优秀的职业经理人和成功人士;

分享力:我的家人能过上好日子,并认可我的成绩,我为社会公益事业做出一些贡献。

我的长期目标:2015—2030年

这将会是一段辉煌的时期,不断地创造财富,不断地实现自己的价值,不断地让自己以及家人过上好日子。当然,这期间一定会有小小的挫折,但我想那不过是人生乐章中的一支小插曲罢了,我将感谢上天给我这样一些机会,更深地感受生命的美好!

我会一直"挖井",从一名销售人员到销售代理,再到区域主管,再到公司的中、高层骨干职员,我享受这样一个过程! 15年的时间十分漫长,我将树立终身学习的理念,不断读书,不断给自己充电,如努力成为项目管理师、人力资源管理师、电子商务师等。

当然,我会一如既往地坚持锻炼自己的身体,并适时放松身心,在国内到处看看——唯美的黄山、天柱山、内蒙古大草原、北国之春、桂林地貌……

资料来源:戚晰.大学生心理健康教程[M].北京:人民邮电出版社,2010:194-196.

二、大学生生涯规划中的心理困扰

在大学生生涯规划中,大部分的大学生都存在不同程度的就业焦虑,对于未来能不能找到满意的工作存在不同程度的担忧。而就业焦虑不同于其他焦虑,它会一直维持到工作确定为止,与大学生平时的学习紧密相连。除了就业焦虑这样的情绪困扰之外,还有其他一些心理困扰存在。

(一)迷惘心理

大学生面对生涯规划充满矛盾,想实现自我价值却没有做好艰苦创业的准备,渴望竞争又缺乏竞争勇气,在职业目标上理想与现实的反差,自我认知上自信与自卑并存,使得这部分大学生们感到十分迷惘和困惑。

案例思考

小木是某高校大四女生,22岁,面临就业。小木自己想毕业后去工作,但父母希望她考研究生,小木感到矛盾和困惑。

大学四年,小木的学习成绩属于中等偏上,考研有一定的希望。但小木觉得自己并不喜欢做科学研究,而是适合做实实在在的事情。小木希望自己在工作实践中获得更多的锻炼和发展。大学期间,小木在学习之余参加了自己喜欢的学生社团。在学生会里也是一直做到文艺部部长,小木感到自己在工作实践中学到了比书本上更多的东西,组织协调能力和与人沟通能力都有了很大的提高。三年多的时间里,小木对学生会工作付出了很多,也取得了非常突出的成绩,自己感到非常有成就感。但另一方面,小木对于找工作也充满了顾虑和担心,因为现在就业竞争非常激烈,而自己所学的文科专业在竞争中并不占太多优势,因此小木非常担心自己找不到合适的工作。她又害怕自己不听父母的劝告,如果找不到好工作又失去了考研的机会而后悔。

(二) 依赖心理

有不少大学生面对职业生涯可能的竞争勇气不足,在不确定的就业机会面前顾虑重重。在整个大学期间,没有主动去关注就业市场的竞争,也没有为以后的求职做准备,他们寄希望于学校、家庭,缺乏主动性。这样的依赖心理会使自己在就业中处于劣势。

(三) 消极心理

在校大学生纷纷向毕业的学长学姐打听本专业的就业状况,得到的信息都是就业形势严峻。有的大学生本身心理承受能力与自我调节能力较差,想到以后不太乐观的就业形势,情绪也因此波动较大。在生涯规划中产生悲观、怨天尤人、不思进取等消极心理。

案例思考

欣然是某大学三年级女生,21岁,父母都是农民,家境贫困,还有一个姐姐和一个弟弟也在上学。因为马上要找工作,但她不知道如何选择而前来咨询。在咨询室里,欣然看上去有点忧郁,一坐下来就谈起自己的悲苦命运。她的父母经常吵架,家里没有爱和温暖。父亲内向、不善言辞;母亲高中毕业,比较上进,脾气暴躁。本来想报考另外一所大学的中文专业,因拗不过母亲,报考了本校的会计专业。虽然考上了大学,但在大学里欣然从未感到真正的自信与快乐。她对专业不感兴趣,没有明确的学习目标,不知道将来要做什么,几门课程成绩不及格。欣然认为自己各个方面都不好:学习不好、长得不漂亮、家境不好。现在马上面临毕业,欣然真不知道自己该何去何从,也不知道自己到底想要什么。欣然的母亲近年来在北京打工,而欣然内心更希望留在自己读书的城市,她已经习惯了这里的生活。她该如何应对这些问题呢?

(四) 从众心理

青年大学生容易受社会思潮和新观念的影响,难免人云亦云。有些大学生在生涯规划中,忽视自己所学专业的特点,过分追求功利,在地域选择上也倾向于经济发达城市,一味追求那些自己并不适合,甚至还不了解的热门职业,从众心理会阻碍这些大学生在生涯规划中的个性发展。

（五）攀比心理

有人说"女人天生爱嫉妒，男人天生好战斗"。竞争是人的本性。在生涯规划中，理性的竞争是有利于大学生共同进步的。但是，如果并非以合适的生涯规划为目标，而仅仅把攀比当作主要目标，就犯了本末倒置的错误。盲目的攀比、一味地追求在某些方面超过别人，不仅会使生涯规划的侧重点发生偏移，也会延误毕业生签约就业。

（六）急功近利心理

在新的市场经济大环境下，不少年轻人过分看重经济待遇。但在现实生活中，高薪往往意味着高技术人才以及高劳动投入。如果在生涯规划中把第一份工作的工资待遇目标定得过高，可能会事与愿违。

（七）患得患失心理

在就业的过程中患得患失、当断不断、错过机遇。很多大学生没有明确的方向，期盼"鱼与熊掌兼得"，或者"捡了芝麻丢了西瓜"，犹豫的性格和模糊的方向，都会造成这样的心理状态，从而与成功失之交臂。

相关链接 ·+·

两块大石头的对话

在一座山上，本来有两块相同的石头，三年后却发生截然不同的变化，一块石头受到很多人的敬仰和膜拜，而另一块却受人冷落，遗弃在路边，遭受风吹雨淋。受冷落的石头极不平衡地说道："老哥呀，三年前我们还是同样的石头，三年后的今天产生这么大的落差，我的心里很难过呀。"另一块石头答道："老兄，你还记得吗？三年前来了一位著名的雕刻家，选中了咱俩。你害怕他割在身上的一刀刀的痛，不让他在你身上雕刻。而我想到日后的情形，不在乎当时割在身上一刀刀的痛，才有了今天的辉煌。"

我们大家也是一样，在过去的几年里，也许是同在一所学校念书、同在一家单位工作，但几年后，人们却发现许多人变了，有的人变成了"佛像"石头，而另一些人却仍然只是一块石头。

资料来源：戚晰.大学生心理健康教程[M].北京：人民邮电出版社，2010：198.

+·+

（八）固执狭隘心理

有些大学生在生涯规划中没有备选方案，只朝着一个限定的目标去努力，不考虑其他变动的可能性。部分大学生只看到自己所热爱专业的独特性，却没有看到各种工作都需要培养一些基本素质,在能力培养上过于狭隘,性格上缺乏弹性,也会让这样的大学生在选择工作时"画地为牢",限制了自己的选择。

相关链接 ••

浓雾中的船长

有艘正在演习的战舰在阴沉的天气中航行了数日。有一天傍晚,瞭望员在船上负责瞭望,但在浓重的雾气下,能见度极差。此时船长也在船上指挥一切。

入夜后不久,船桥一侧的瞭望员忽然报告:"右舷有灯光。"

船长询问灯光是正在逼近还是远离。瞭望员说:"逼近。"这表示对方可能会撞上战舰,后果不堪设想。

船长命令信号手通知对方:"我们正在迎面驶去,建议你转向20度。"

对方答:"建议贵船转向20度。"

船长下令:"告诉他,我是船长,转向20度。"

对方说:"我是二等水手,贵船最好转向。"

这时船长已经勃然大怒,他大叫:"告诉他,这是战舰,转向20度。"

对方却传来信号:"这里是灯塔。"

其实我们每个人在某些时候都是浓雾中的船长:我们对自身及环境的状况并不清楚,但我们却自以为是,身处浓雾中却不自知。浓雾中的船长并非缺乏行动的能力,而是缺乏对自身状况的了解,他不了解自身的真实状况,没法采取相应的活动,或者会采取错误的行动。

资料来源:彭萍.未来的金钥匙——生涯规划[M].北京:高等教育出版社,2008:68-69.

••

第三节 大学生能力发展与时间管理

心香一瓣

生命究竟有没有意义并非我的责任,但怎样安排此生却是我的责任。

——赫赛·赫曼

生涯规划一方面可以探索职业所需能力,另一方面也激励着大学生有针对性地培养自己的能力,使自身素质符合未来职业的需求。

一、大学生能力发展

相关链接

几种常见职业对人才素质的要求

一、各类职业对人才的基本素质要求

1. 较强的专业知识

2. 职业忠诚

3. 有团队合作意识

4. 能开拓创新

二、几种特定职业对人才的素质要求

1. 商业经营人员的素质要求

(1) 求新能力;(2) 信息处理能力;(3) 情绪表达能力;(4) 文学写作能力;(5) 组织管理能力;(6) 果断决策能力;(7) 勇于负责;(8) 改革挑战能力。

2. 工程技术人员的素质要求

(1) 扎实的专业基础知识;(2) 人际关系良好;(3) 实践能力强;(4) 工作思路清晰;(5) 求知欲强;(6) 较好的计算机与英语水平;(7) 严肃认真、实事求是的工作态度。

3. 广告策划、设计人员的素质要求

(1) 较强创造力;(2) 知识丰富;(3) 了解消费者心理规律;(4) 法制观念强,不制造虚假广告;(5) 较强的语言表达与人际沟通能力;(6) 较强的想象力与绘画能力;(7) 计算机应用能力强。

4. 推销、营销人员的素质要求

(1) 独立性和自我管理能力较强;(2) 职业敏感性较强,善于捕捉机遇;(3) 诚实、守信用;(4) 了解消费者心理;(5) 灵活机智;(6) 人际关系好;(7) 较强公关能力。

5. 金融财会人员的素质要求

(1) 有良好的职业道德素质;(2) 严守财经纪律,保守财经秘密;(3) 扎实的专业知识和宽广的知识面;(4) 较强数字反应能力和汇总、规划能力;(5) 认真踏实、工作细致。

6. 物流人员的素质要求

(1) 扎实、复合型的知识结构;(2) 报关报检、国贸、运输、外贸英语等知识;(3) 严谨的思维方式;(4) 组织管理与协调能力;(5) 团队合作精神;(6) 异常事故处理能力。

7. 服务人员的素质要求

(1) 良好的品德,尽心尽责;(2) 较强的异常情况处理能力;(3) 善于与不同人打交道;(4) 大方得体,态度和蔼,有耐心;(5) 身心健康。

资料来源:宋专茂.大学生就业心理辅导[M].北京:高等教育出版社,2008:58-61.

一个人的能力受环境和遗传两方面的影响,遗传提供了发展能力的可能性,而环境决定了是否能把这种可能性转化为现实性。大学生是可以自己把握的,善于利用现有的条件,有意识地进行自我锻炼,培养自身的核心能力。

(一)决策能力

人的一生充满了选择,在选择上的犹豫或者草率都会影响大学生找到理想的单位。因此决策能力是非常重要的。首先,多角度看问题、长远角度想问题,在决策之前多思考;其次,在实践中检验自己的决策力,先在小事上锻炼自己的决策能力,有目的地要求自己当机立断;最后,学习分析问题,掌握逻辑学的方法,学习有经验的人思考问题的思路,学会在每次决策前做利弊分析,最终选择最适合的方案。

(二)合作能力

现代社会格外注重合作。不少心高气傲的大学生刚刚走上工作岗位,因为性格的问题而制约了与其他人的合作。纵然有很多专业上的才华,但上级不赏识、同事不认可,也是徒劳。首先,大学生应认识到合作的重要性,理解在日益激烈的竞争下,孤军奋战往往很难成事,团队的力量会创造出更多的职业果实;其次,大学生不妨在校期间多加入一些长期、稳定的团体,共同参与一些活动或者项目,如志愿者活动或者是技能竞赛,在团队中体验、学习合作的方法,感受合作的乐趣;最后,学会倾听与表达,这些沟通的能力能够帮助大学生提高合作能力。

(三)表达能力

很多大学生专业知识不错,也很有对问题的独到见解,但不善于表达,错失了不少机会。提高表达能力在职场竞争中格外重要。首先,自己要拥有可供表达的知识,丰富自己的知识和阅历是第一步;其次,从“举手”开始,有一个“举手法则”,是指无论你是否准备好,先开口,这也会训练表达的勇气;最后,还可以通过一些具体的方法,如角色扮演、演讲训练、“三最”训练(即“最大声、最清晰、最迅速”),来提高自己的表达能力。

(四)适应能力

大学是迈向社会前的桥梁,但真正的职场生活和大学生活还是有很大不同的。大学生应珍惜大学时光,积极提高社会适应能力。首先,多观察、多体验,不要总把感受停留在过去的经验里,要留心周围环境的变化,并调整自己的行为;其次,多与人交流,多利用各种传媒渠道掌握最新信息,跟上时代的节奏;最后,多行动,少空想,充实自己的生活,真实的生活定会教大学生如何适应、怎样去适应。

(五)创新能力

大学生思维敏捷,接受新鲜事物的能力强。培养创新能力,首先要全心投入,只有这样,才能不放弃努力,花时间、花精力发展大学生的创新能力;其次,变成专家,只有在自己所在的领域拥有较强的专业性,你才能宏观把握,深入理解,才能更好地进行思考与创造;再次,奖励自己的好奇,有的大学生受传统思想的影响,会把一些好奇解读为胡思乱想,这会限制发散性思维的自由,当自己对某件事情好奇的时候,不要阻止自己,要奖励自己,并且鼓励自己继续奇思妙想;然后,树立自信。不自信的人不会认同自己的创造,也会限制自己挑战传统,鼓励自己头脑风暴;最后,克服失败的恐惧。创新的路上必然有失败,不用惧怕失败,认识到这是在所难免的,积极地面对各种可能。

相关链接

大学生求职需要学习的 12 种动物精神

对待一份工作的态度,在很大程度上决定着你是否能够顺利完成从一个校园人到社会人的转变。因此,正确的工作观十分重要。刚入社会的新人应该如何建立工作观呢?以下是一位从事人力资源工作超过 12 年的专业人士给出的建议。

正确的工作观,犹如人生路上的明灯,不但会为你指引正确的方向,也会为个人的职场生涯创造丰富的资源。下面以 12 种动物的精神做比喻,在它们的身上可以看到不同的工作观。

1. 团结合作的蜜蜂

新人进到公司,往往不知如何利用团队的力量完成工作。现在的企业很讲究 Teamwork,这包括借力于团队,寻求资源,也包含主动帮助别人,以团队为荣。

2. 脚踏实地的大象

大象虽然走得很慢,却是一步一个脚印,积累雄厚的实力。脚踏实地的人会让别人有安全感,也愿意将更多的责任赋予你。新人切忌说得天花乱坠,却无法落实到实处。

3. 坚韧执着的鲑鱼

新人由于对自己的人生目标还不确定,常常朝三暮四而不知自己将来要做什么,设定目标是首要任务,变来变去的人,多半一事无成,然后就是坚忍执着地前行,途中当然应该停下来检视一下成果。

4. 尽职的牧羊犬

新人最为人诟病的就是缺乏责任感,作为一个新人,抱着"多做一点多学一点"的心态,建立责任的观念,会让主管、同事觉得孺子可教,很快就会进入状态。

5. 目光锐利的老鹰

不分对错,一味接受指示将是事倍功半,等不到赞赏和鼓励。新人首先要学会分辨是非,懂得细心观察时势。

6. 目标远大的鸿雁

要时时鼓励自己将目标放远。所谓志当存高远,太多的年轻人因为贪图一时的轻松,而放弃未来可能创造前景的挑战。

7. 忍辱负重的骆驼

工作压力、人际关系,往往是新人无法承受之重。人生的路很漫长,学习骆驼负重的精神,才能安全地抵达终点。

8. 严格守时的公鸡

时间就是成本,新人时期养成时间成本的观念,有助于提升工作效率。很多人没有时间观念,上班迟到、无法如期交件等,都是没有时间观念导致的后果。

9. 善解人意的海豚

要常常问自己:我是主管该怎么办? 有助于吸收处理事情的方法。在工作上善解人意,会减轻主管、共事者的负担,也让你更具人缘,更受欢迎。

10. 勇敢挑战的狮子

对于重要任务要勇于承担,是对于新人最好的磨炼。若有机会应该勇敢挑战不可能的任务,借此累积别人得不到的经验,下一个升职的可能就是你。

11. 机智应变的猴子

工作中的流程有些往往是一成不变的,如果只是一味地接受工作的交付,只能学到工作方法的皮毛。只有能思考应变的人,才会学到方法的精髓。新人的优势在于不了解所有的做法,而能创造出新的创意与点子。

12. 感恩图报的山羊

学习山羊反哺的精神,心存感激,工作会更快乐。你可以像海绵一样吸取别人的经验,但是职场毕竟不是补习班,没有谁有责任教导你如何完成工作。

最后,我想奉劝求职的新人,第一份工作不要太计较薪资高低,要将眼光放长远,抱着学习的心态,才会有光明的未来。重要的是,当你拥有了正确的工作观,继而在职场中发现别人的优点加以学习,观察别人的缺点予以警惕,第一份工作就定会让你受用无穷。

资料来源:戚晰.大学生心理健康教程[M].北京:人民邮电出版社,2010:200-202.

二、大学生时间管理

时间管理就是用技巧、技术和工具帮助人们完成工作,实现目标。时间管理并不是要把所有事情做完,而是更有效地运用时间。大学生时间管理的目的除了要决定你该做些什么事情之外,另一个很重要的目的就是决定什么事情不应该做。时间管理不是完全的掌控,而是降低变动性。时间管理最重要的功能将事先的规划,作为一种提醒与指引,它在某种程度上执行了生涯规划的功能。

(一) 时间管理的主要方法

1. 帕累托原则在时间管理中的运用

在有限的时间和资源下实现目标最大化,是高效管理者工作的重要原则。时间是实现目标的重要因素之一,为了高效管理好时间,我们不妨运用帕累托原则。

帕累托原则又称作重要的少数、微不足道的多数,或 80 对 20 定律、犹太法则等,是 19 世纪末 20 世纪初意大利经济学家及社会学家帕累托提出的,最初用于经济领域中的决策。这一原则是说在任何一组东西之中,最重要的通常只占其中的一小部分,因此对于重要但只占少数的部分必须分配更多的资源,更注重对它的管理。在时间管理中运用帕累托原则有助于应付一长列有待完成的工作。将一大堆需要完成的工作列出优先次序,把最应优先完成的作为工作中的重中之重,各花上一段时间集中精力把它们完成。

只有这样,那些看起来可能是无法一一完成的工作才能通过我们所完成的那几件重要工作而得到解决,获得最大的收益。

2. "坐标法"在时间管理中的运用

一个人在同一时间处理两个以上的任务是件极为困难的事情,一直保持高效更是难上加难,因此管理者应把时间花在重要的、必须做的任务上,而不是那些并非必须要做的事情之上。

如果以"轻—重"为横坐标,"缓—急"为纵坐标,我们可以建立一个时间管理坐标体系(见图 10-1)把各项事务放入这个坐标体系,大致可以分为四个类别:重要且紧急、重要不紧急、紧急不重要、不重要不紧急。

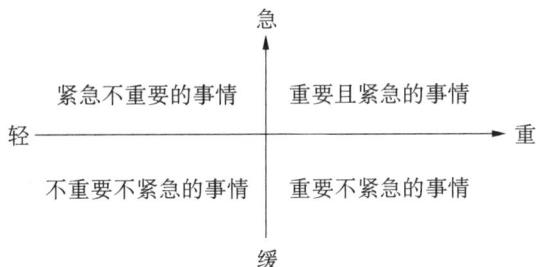

图 10-1 时间管理坐标体系

我们通常会把紧急的事情放在第一位,这不是管理时间的有效办法。在最初,我们可能会重视事情的重要程度,做的是"重要且紧急"的事情,但应避免习惯于"紧急"状态,否则,我们会不由自主地喜欢上"到处救火"的感觉,把自己当成"救火队员",转而去做那些"紧急不重要"的事情了。

这样一来,我们没有时间去做那些"重要不紧急"的事,而这些事往往有着更深远的影响。将大部分时间花在"重要而不紧急"的事情上,可以让我们避免掉进"嗜急成瘾"的陷阱中,更可以避免在事情变得紧急后才疲于应付。

(二) 大学生优化时间的方法

上大学之后,学习时间分为好几块,不少同学也承担了学生会和社团的工作、兼职与社会实践等,这些活动和实践能够提高和锻炼我们各方面的能力,但部分学生事务性工作非常多,基本上没有集中的时间去学习专业的基础知识,有的甚至还挂了科,这是非常可惜的。这就要求大学生要学会规划自己的时间,提高学习和办事的效率。那么我们如何做到时间优化呢?

1. 分清事情的轻重缓急

我们每天只有 24 小时,有约三分之一的时间用来睡觉。面对众多待实现的目标,要学会分清主次和迫切程度,安排优先级。

2. 配合自己的生物钟

每个人都有精力最充沛、注意力最集中、学习效率最高的一段时间。"黄金时间"因人而异,大致分为三种类型:早上型,早晨的精力非常充沛;晚上型,晚上劲头十足,这种状态可持续到深夜;白天型,只要得到必要的休息和睡眠,整个白天都能保持旺盛的精力。大学生在安排时间时应考虑到自己的生物钟特点,在自己状态最好的时间段里安排最重要最困难的功课,或思考最难解决的问题。

3. 提高单位时间的利用率

(1) 采用"轮流作业"法。即不同科目、不同类型的学习内容交叉进行,使大脑各部分轮流得到休息,缓解疲劳,提高学习效率。

(2) 要养成全神贯注做事情的习惯。投入地去做一件事情在无形中就节省了很多时间,大大提高了办事效率。同时,还应懂得通过分工与合作来节约时间。

(3) 珍惜时间,积零为整。如在每天晚上睡前花 10 分钟背 5 个英语单词,去教室的路上听听外语磁带,中午午休前阅读一些课外书籍,善于利用零星时间的人,能取得事半功倍的效果。寒暑假的时间也要充分利用,为自己的职业目标充电。

总之,没有不成功的人,只有不成功的职业生涯规划。在职业生涯发展的道路上,大学生们要明确自己的兴趣和目标,克服生涯规划中的心理障碍,学会管理时间,发展和自己生涯规划相匹配的各种能力。只要开始,永远不晚;只要进步,总有空间;只要合理地规划未来,青春的明天就不是梦。

心理自测

测测你的性格适合何种职业

下列题目有两组共 20 题,请根据你的实际情况,做出"是"或"否"的选择。

第一组:

1. 就我的性格来说,我喜欢同年龄较小而不是年龄大的人在一起。(   )

2. 我想我心目中的伴侣应该具有与众不同的见解和活跃的思想。(   )

3. 对于别人求助我的事情,总乐意帮助解决。(   )

4. 我做事情考虑较多的是速度和数量,而不是在精雕细琢上下功夫。(   )

5. 总之,我喜欢新鲜这个概念,如新环境、新旅游点、新朋友等。(   )

6. 我讨厌寂寞,希望与大家在一起。(   )

7. 我上学的时候就喜欢语文课。（　　　）

8. 我喜欢改变某些生活惯例,使自己有一些充裕的时间。（　　　）

9. 我不喜欢那些零散、琐碎的事情。（　　　）

10. 假如我在应聘时被引进经理室,经理抬头瞅了我一眼,说声请坐,然后就埋头阅读他的文件不再理我,可我一看旁边并没有座位,这时我没有站在那里等,而是悄悄搬个椅子坐下来等经理说话。（　　　）

第二组:

1. 我上学的时候很喜欢数学课。（　　　）

2. 看了一场电影、戏剧后,喜欢独自思考其内容,而不喜欢与别人一起讨论。（　　　）

3. 我书写整齐清楚,很少写错别字。（　　　）

4. 我不喜欢读长篇小说,喜欢读议论文、小品文或散文。（　　　）

5. 业余时间我爱做智力测验、智力游戏一类题目。（　　　）

6. 墙上的画挂歪了,我看着不舒服,总想方设法将它扶正。（　　　）

7. 收录机、电视机出了故障时,我喜欢自己动手摆弄、修理。（　　　）

8. 我做事情时总希望精益求精。（　　　）

9. 我对一种服装的评价是看它的设计而不大关心是否流行。（　　　）

10. 我能控制经济开支,很少有"月初松、月底空"的现象。（　　　）

评分规则:

选择"是"记1分,"否"不记分,各题得分相加,分别计算两组得分。假设第一组得分为A分数,第二组得分为B分数。你A分数为_____。B分数为_____。

结果解析:

A＞B:你的思维活跃,善于与人交往。你喜欢把自己的想法让别人去实现,或者与大家共同去实现,适宜你的职业是记者、演员、推销员、采购员、服务员、人事干部、宣传机构的工作人员等。

B＞A:你具有耐心、谨慎、肯专研的品质,是个精深的人,适宜于选择编辑、律师、医生、技术人员、工程师、会计师、科学工作等职业。

A＝B:你具备AB两种类型人的长处,不仅能独立思考,也能处理好人际关系。供你选择的职业包括教师、护士、秘书、美容师、理发师、各类管理人员(如科长、厂长、经理等)。

互动训练

1. 大学"五个最"

目的:帮助大学生探讨入学以来的感受,交流体会,获得共鸣,唤起对规划大学生活和生涯的觉察。

操作:

(1) 信任背靠。开始1、2、3……报数,形成8个人一组,手挽手成信任圈,其中一个成员到圈内,闭上眼睛随意倒向任何一方,圈上其他人保护。每个成员都可以进去体验一次,以增加成员彼此的信任。

(2) 填写进入大学后"五个最",先每人在组内进行交流,每组再派代表交流分享体会。

进入大学后的"五个最"

进入大学后,我最满意的是:＿＿＿＿＿＿＿＿＿＿＿＿＿＿＿＿＿＿＿＿。

进入大学后,我最高兴的是:＿＿＿＿＿＿＿＿＿＿＿＿＿＿＿＿＿＿＿＿。

进入大学后,我最关心的是:＿＿＿＿＿＿＿＿＿＿＿＿＿＿＿＿＿＿＿＿。

进入大学后,我最担心的是:＿＿＿＿＿＿＿＿＿＿＿＿＿＿＿＿＿＿＿＿。

进入大学后,我最想做的是:＿＿＿＿＿＿＿＿＿＿＿＿＿＿＿＿＿＿＿＿。

(3) 团体总结。

(4) 布置家庭作业。在1周内访问1～2位高年级的同学,了解自己所学的专业。如本专业学习的主要课程有哪些? 哪个年级课程最重? 哪门课最难学? 将来可以干什么工作? 以前毕业的学生都在哪里就业?

2. 专业知多少

目的:帮助大学生深入了解所学专业,认识有关的所学专业和可能从事职业的关联,引导大学生建立有效的学习与生活的目标,充实地度过大学生活。

操作:

(1) 把了解到的所学专业和职业方面的信息在小组内交流。每组派代表交流分享。

(2) 填写"我对专业知多少?",先分组交流,然后每组派代表交流分享体会。

我的专业是怎样选择的＿＿＿＿＿＿＿＿＿＿＿＿＿＿＿＿＿＿＿＿＿＿＿。

我对专业的了解情况是＿＿＿＿＿＿＿＿＿＿＿＿＿＿＿＿＿＿＿＿＿＿。

我对专业的总体感觉是＿＿＿＿＿＿＿＿＿＿＿＿＿＿＿＿＿＿＿＿＿＿。

我的专业今后可以做的职业有＿＿＿＿＿＿＿＿＿＿＿＿＿＿＿＿＿＿＿。

我最喜欢的专业是＿＿＿＿＿＿＿＿＿＿＿＿＿＿＿＿＿＿＿＿＿＿＿＿。

如果有重新选择的机会,我会选择＿＿＿＿＿＿＿,为什么? 上述练习给我的启发是＿＿＿＿＿＿＿＿＿＿。

(3) 团体总结。

3. 我喜欢什么——生涯兴趣探索

目的:帮助学生了解自己的兴趣以及兴趣与职业、休闲、发展的关系。

操作:

(1) 分组并发给"我最喜欢做的事情"清单,每个人填写,并在组内交流。

我最喜欢做的事情清单

	事件	英文代号
1	＿＿＿＿＿＿＿＿＿＿＿＿＿＿＿＿＿	(　　　)
2	＿＿＿＿＿＿＿＿＿＿＿＿＿＿＿＿＿	(　　　)

3 ＿＿＿＿＿＿＿＿＿＿＿＿＿＿＿＿＿＿＿＿＿ （ ）

4 ＿＿＿＿＿＿＿＿＿＿＿＿＿＿＿＿＿＿＿＿＿ （ ）

5 ＿＿＿＿＿＿＿＿＿＿＿＿＿＿＿＿＿＿＿＿＿ （ ）

6 ＿＿＿＿＿＿＿＿＿＿＿＿＿＿＿＿＿＿＿＿＿ （ ）

7 ＿＿＿＿＿＿＿＿＿＿＿＿＿＿＿＿＿＿＿＿＿ （ ）

8 ＿＿＿＿＿＿＿＿＿＿＿＿＿＿＿＿＿＿＿＿＿ （ ）

9 ＿＿＿＿＿＿＿＿＿＿＿＿＿＿＿＿＿＿＿＿＿ （ ）

10 ＿＿＿＿＿＿＿＿＿＿＿＿＿＿＿＿＿＿＿＿ （ ）

英文代码为理解这 10 件事情对你的意义,请选择合适的英文代号填在上列括号内:

a. 3 年前没有这想法　　　　　　　　f. 需要极大信心

b. 3 年前已有这想法　　　　　　　　g. 最优先的

c. 要冒险　　　　　　　　　　　　　h. 晚年才做

d. 要放弃某些东西　　　　　　　　　i. 与我的人生观有关

e. 有人反对　　　　　　　　　　　　j. 这是原则

(2) 各组推派代表交流分享。

(3) 从"海岛旅行"项目的填报中看出个人不同的爱好。引出霍兰德的职业自我探索简表,测试并说明六边形理论的内容与理解方法。同时引导学生认识自己的职业适应性。

(4) 总结。

4. 生涯面面观

目的:协助学生了解自己的个性,接纳自己,帮助学生澄清个人的工作价值观,走适合自己的生涯之路,并形成对个人未来生涯发展的初步计划。

操作:

(1) 按小组分配原则把成员分成 8 个人一组。

(2) 发给每一位同学一张"工作价值清单",老师引导同学思考:自己排出这些工作价值在自己心目中的优先地位,按 5 级分类:1 表示最重视,5 表示最不重视。在小组内交流。

(3) 填写"简易生涯规划表",思考个人的长远规划、中期规划、近期目标和具体安排。再请每组推荐一名代表将该组讨论的结果与全体同学分享。

(4) 针对小组的每个人写一句祝福的话,结束团体。

5. 时间馅饼

目的:使成员意识到时间管理的重要性。

操作:

(1) 每人准备 1 张纸,1 支笔。

(2) 每人分别在纸上画一个圆,代表自己一天的时间。

(3) 用分割法表示出自己一天中的时间安排,并标示出来。

(4) 每组做出一个认为较为合理的时间安排,用表演的方式展示出来。

（5）讨论：每个人向大家介绍自己的时间安排和每一件事对自己的价值。有没有其他可能的安排方式？如果没有明确的时间规划，是否会造成时间的浪费？我会安排我的时间吗？

拓展资源

心理学网站：

1. 江苏省心理卫生协会：http://www.jsxlws.org/
2. 贝克 CBT 研究所：https://beckinstitute.org/get-informed/tools-and-resources/
3. 江苏省青少年健康心理健康服务平台：http://www.61xinli.com/

心理学电影：

1.《危险方法》（2011）
2.《记忆碎片》（2000）
3.《穿普拉达的女王》（2006）
4.《蒙娜丽莎的微笑》（2003）

电影片段

参考文献

1. 中共重庆市委教育工委.让心灵追上人生的脚步——大学生心理成长导引[M].重庆：西南师范大学出版社,2011.

2. 邢群麟,王君.心理医生讲述的 88 个心理故事[M].北京：中央编译出版社 2007.

3. 廖冉,张静.大学生团体心理辅导方案指南[M].北京：知识产权出版社,2013.

4. 仲少华,蒋南牧.新编大学生心理健康教程[M].上海：上海交通大学出版社,2012.

5. 孙继才,刘娟.大学生心理健康教育[M].南京：南京大学出版社,2018.

6. 戚昕,刘国军.大学生心理健康教程[M].北京：人民邮电出版社,2010.

7. 李梅,潘永亮.大学生心理健康教育[M].杭州：浙江大学出版社,2014.

8. 周家华,王金凤.大学生心理健康教育[M].北京：清华大学出版社,2010.

9. 李子勋.幸福从心开始——李子勋的 100 个快乐处方[M],北京：中国广播电视出版社,2006.

10. 文书锋,胡邓,俞国良.大学生心理健康通识[M],北京：中国人民大学出版社,2010.

11. 樊富珉,何瑾.团体心理辅导[M].上海：华东师范大学出版社,2010.

12. 樊富珉.结构式团体辅导与咨询应用实例[M].北京：高等教育出版社,2015.

13. 桑志芹.大学生心理健康教程[M].南京：南京大学出版社,2016.

14. 董惠娟,张爱珠.大学生心理健康教育[M].重庆：西南交通大学版社,2015.

15. 朱卫国,桑志芹.大学生心理健康教程[M].南京：南京大学出版社,2012.

16. 郑日昌.大学生心理健康——自主与自助手册[M].北京：高等教育出版社,2007.

17. 张大均,邓卓明.大学生心理健康教育[M].重庆：西南师范大学出版社,2004.

18. 岳晓东.登天的感觉[M].上海：上海人民出版社,2012.

19. 刘艳红,廖昕,白苏好,大学生心理健康[M].长春：吉林大学出版社,2015.

20. 孟然,崔正华.大学生心理健康与素质培养[M].北京：首都师范大学出版社,2017.

21. 吴少怡.新编大学生心理健康教程[M].西安：西安交通大学出版社,2016.

22. 胡月.大学生心理健康教育[M].大连：大连理工大学出版社,2014.

23. 唐晓明,杜牧.基础心理学[M].武汉：湖北科学技术出版社,2012.

24. 葛明贵,王军,施玉琴.大学生心理健康教育[M].北京：教育科学出版社,2001.

25. 高小梅.大学生心理健康教育[M].北京：人民邮电出版社,2014.

26. 张金明,蒲文慧,陆时莉.大学生心理健康教育[M].北京：北京邮电大学出版社,2011.

27. 吴本荣,曾巧莲.大学生心理健康教育[M].上海:同济大学出版社,2012.

28. 刘靖华.大学生心理健康教育[M].北京:中国电力出版社,2013.

29. 张建华,滕飞,刘燕.大学生心理健康[M].徐州:中国矿业大学出版社,2014.

30. 李春茹.悦纳·完善·成长——大学生心理健康教育[M].重庆:西南师范大学出版社,2017.

31. 吴薇莉,陈秋燕.心理素质教育与训练[M].成都:四川科学技术出版社,2005.

32. 聂振伟.大学生心理健康教程[M].西安:陕西科学技术出版社,2005.

33. 黄希庭.大学生心理健康教育[M].上海:华东师范大学出版社,2004.

34. 章志光.社会心理学[M].北京:人民教育出版社,1998.

35. 张玲著.心理健康研究与指导[M].北京:教育科学出版社,2001.

36. 韦广雄,范慧玲.让关爱走进心灵——大学生心理咨询与辅导案例集[M].桂林:广西师范大学出版社,2015.

37. 徐隽,徐水,张潇.大学生心理健康教程[M].上海:上海交通大学出版社,2017.

38. 蔺桂瑞,杨芷英.大学生心理健康与人生发展[M].北京:高等教育出版社,2010.

39. 艾里希·弗洛姆.爱的艺术[M].刘福堂,译.上海:上海译文出版社,2018.

40. 陆晓娅.影像中的生死课[M].北京:北京师范大学出版社,2016.

41. 欧文·亚隆.直视骄阳(征服死亡恐惧)[M].北京:中国轻工业出版社,2016.

42. 毕淑敏.愿你与这世界温暖相拥[M].南京:江苏文艺出版社,2013.

43. 毕淑敏.心灵游戏[M].北京:北京十月文艺出版社,2010.

44. 路易斯·海.生命的重建[M].北京:中国宇航出版社,2008.

45. 段鑫星,程婧.大学生心理危机干预[M].北京:科学出版社,2006.

46. 汪立夏,王森,刘修财.大学生心理疏导促就业(大学生心理自助丛书)[M].北京:中国人民大学出版社,2015.

47. 彭萍.未来的金钥匙——生涯规划[M].北京:高等教育出版社,2008.

48. 樊富珉.团体心理咨询[M].北京:高等教育出版社,2005.

49. 王军.大学生健康心理学[M].合肥:中国科学技术大学出版社,2010.

50. 叶奕乾,何存道,梁宁建.普通心理学[M].上海:华东师范大学出版社,1997.

52. 宋专茂.大学生就业心理辅导[M].北京:高等教育出版社,2008.

52. 张光绪,孙彩惠,杨永宁.大学生职业生涯发展与规划[M].北京:北京师范大学出版社,2013.

53. 田秀平.职业生涯规划[M].上海:上海交通大学出版社,2014.